新时代新理念职业教育教材·铁道运输类
“互联网+”融媒体立体化教学资源新形态教材
“模块化+活页式”校企合作特色教材

# 动力集中型动车组
# 牵引传动与控制

主　编　晋永荣　张亚兵
副主编　滕汉卿　郭　阳　邵　瑞
参编者　陈　江　谭　斌　王　瑾　陈晓丽　张兴玲
主　审　李宝志　马　楠

（扫描二维码，获取配套资源）

北京交通大学出版社
·北京·

## 内 容 简 介

本书是针对动车组牵引传动与控制技术的专业性教材，以 CR200J 型动力集中型动车组为实训对象，以实践项目为载体，将动力集中型动车组牵引传动与控制领域的基础知识和技术贯穿于实践教学过程中，校企合作共同编写。

全书共设 6 个实训项目，先对动力集中型动车组检修体系进行介绍，然后介绍受电弓、网侧高压设备、牵引变压器、牵引变流器、牵引电机的控制与检修。对于每一个实训项目，先简要介绍工作原理，再按照行业实际介绍检修方法、检修过程及相关标准，并在实训过程中达成职业素养培养目标。

本书适合用作高等职业教育动车组检修技术专业的实训教材，也可用作铁路相关工种的培训教材。



**图书在版编目（CIP）数据**

动力集中型动车组牵引传动与控制 / 晋永荣，张亚兵主编. -- 北京 ：北京交通大学出版社，2024. 8. --ISBN 978-7-5121-5325-7

Ⅰ. U266

中国国家版本馆 CIP 数据核字第 202482U09K 号

**动力集中型动车组牵引传动与控制**
DONGLI JIZHONGXING DONGCHEZU QIANYIN CHUANDONG YU KONGZHI

---

策划编辑：张　亮　　责任编辑：陈跃琴
出版发行：北京交通大学出版社　　电话：010–51686414　　http://www.bjtup.com.cn
地　　址：北京市海淀区高梁桥斜街 44 号　　邮编：100044
印 刷 者：艺堂印刷（天津）有限公司
经　　销：全国新华书店
开　　本：185 mm×260 mm　　印张：16.5　　字数：398 千字
版 印 次：2024 年 8 月第 1 版　　2024 年 8 月第 1 次印刷
定　　价：49.80 元

---

本书如有质量问题，请向北京交通大学出版社质监组反映。对您的意见和批评，我们表示欢迎和感谢。
投诉电话：010–51686043，51686008；传真：010–62225406；E-mail：press@bjtu.edu.cn。

# 项目 1
# 动力集中型动车组检修体系

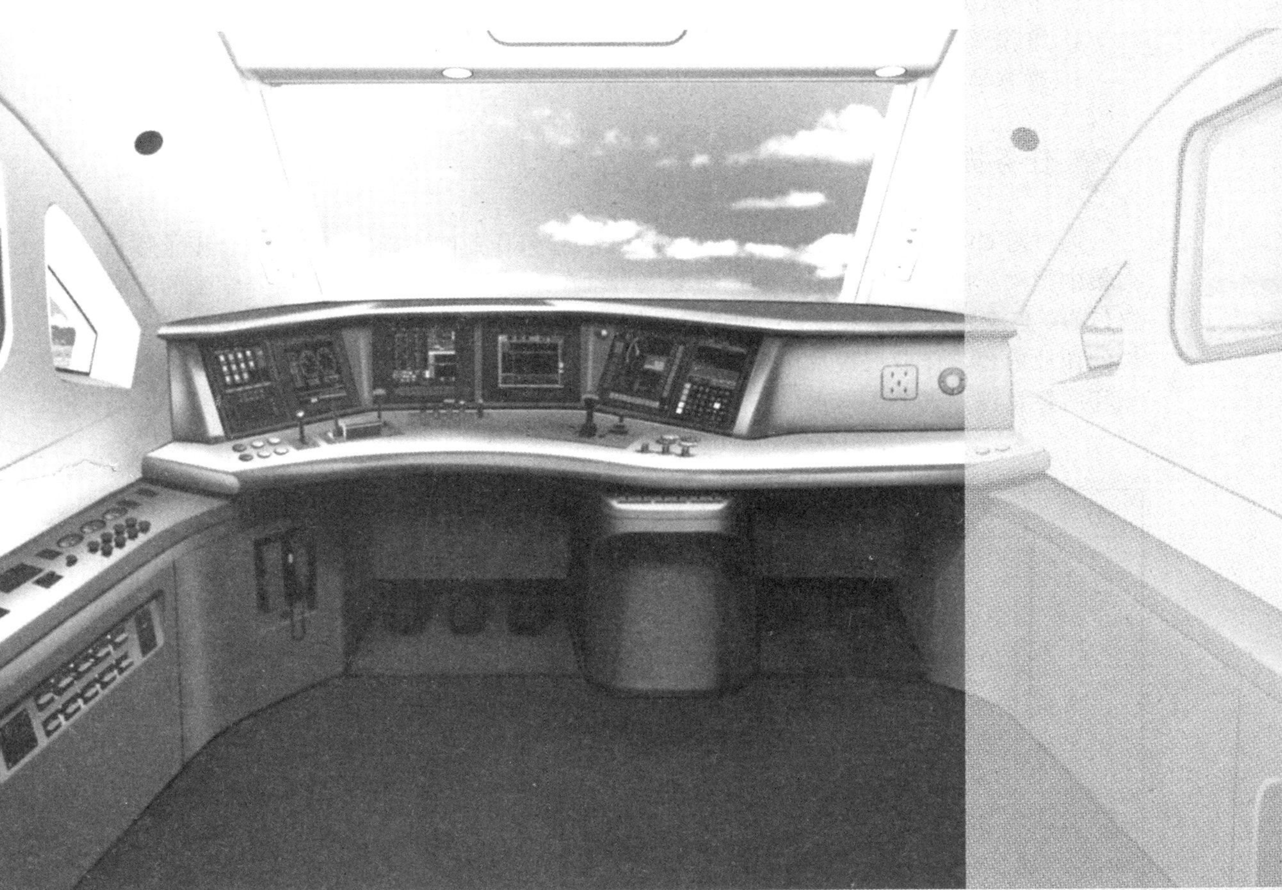

# 任务 1.1　动力集中型动车组的 D1 级检修

## 教学目标

1. 掌握 CR200J 型动力集中型动车组 D1 级检修的作业内容及作业标准，能够准确描述各号位 D1 级检修的作业路线；
2. 了解 CR200J 型动力集中型动车组总体技术；
3. 培养学生“安全行车”意识和质量意识；
4. 培养学生民族自信心、自豪感及集体荣誉感。

## 任务描述

通过对 CR200J 型动力集中型动车组 D1 级检修作业的实施，使学生进一步了解动力集中型动车组的总体技术；通过对复兴号动车组发展历程的了解，培养学生的民族自信心、自豪感及集体荣誉感；通过各号位作业路线设计，让学生掌握 D1 级检修各号位的作业内容、作业流程及作业质量；通过典型故障案例，培养学生“安全行车”意识和质量意识。表 1–1 为本任务的任务清单。

**表 1–1　任务清单**

| 序号 | 任务内容 | 任务要求 |
|---|---|---|
| 1 | CR200J 型动力集中型动车组 D1 级检修作业程序设计 | 能够描述 CR200J 型动力集中型动车组关键技术参数，能够解释车辆编号、车种代号的含义，能够详细描述 D1 级检修各设备的作业质量 |
| 2 | 各号位无电作业路线设计 | 能够详细描述各号位无电作业的作业路线及作业流程 |
| 3 | 各号位有电作业路线设计 | 能够详细描述各号位有电作业的作业路线及作业流程 |

# 目录

# 前言

CR200J 型动车组是动力集中型动车组，是时速 200 km 速度等级的复兴号动车组，主要承担普速铁路的运输任务。CR200J 型动车组采用了动力集中型设计和空气动力学设计，使车辆结构轻量化，具有较好的气动性能和能耗控制能力。其牵引传动系统采用了先进的电力传动技术，具有高效节能、平稳可靠的特点。CR200J 型动车组在车辆内部设计上注重乘客舒适性和便利性，配备了舒适的座椅、先进的信息娱乐系统和便捷的乘客服务设施，可为乘客提供舒适、愉快的旅行体验。此外，CR200J 型动车组还具有较强的安全性能和智能化管理系统，具备自动监控、故障诊断等功能，能够实现列车运行的安全可靠，并提高了列车的运行效率和安全性。

《动力集中型动车组牵引传动与控制》一书是针对动车组牵引传动与控制技术领域的一部专业性教材，内容涵盖了动力集中型动车组整车的检修体系，以及受电弓、网侧高压设备、牵引变压器、牵引变流器、牵引电机的控制与检修。本书以实践项目为载体，将动力集中型动车组牵引传动与控制领域的基础知识和技术贯穿于实践教学的过程中。

本书的编写得到了乌鲁木齐车辆段、兰州车辆段的大力支持，乌鲁木齐车辆段李宝志、兰州车辆段马楠担任本书的主审。本书的项目 1 由湖南铁道职业技术学院陈晓丽、兰州车辆段王瑾编写，项目 2 由湖南铁道职业技术学院滕汉卿、乌鲁木齐车辆段张亚兵编写，项目 3 由湖南铁道职业技术学院晋永荣、乌鲁木齐车辆段郭阳编写，项目 4 由湖南铁道职业技术学院陈江、兰州车辆段刘锦江编写，项目 5 由湖南铁道职业技术学院谭斌、兰州车辆段李保编写，项目 6 由湖南铁道职业技术学院邵瑞、兰州车辆段黄彦玮、新疆铁道职业技术学院张兴玲编写，全书由晋永荣、张亚兵统稿。本书的编写还得到了中国中车株洲电力机车有限公司张少林、张伟、张明凯，兰州车辆段石林生等人的鼎力相助，在此一并致谢！

最后，由于技术的不断发展和编者水平有限，本书中难免有不当之处，恳请读者批评指正！

编　者

2024 年 5 月 16 日

## 任务分析

见表 1–2。

**表 1–2　知识/技能点确认单**

| 序号 | 知识/技能点 | 答案 | 自我评价 |
| --- | --- | --- | --- |
| 1 | 简述 CR200J 型动力集中型动车组的编组形式 | | |
| 2 | CR200J 型动力集中型动车组 D1 级检修共有几个号位？各号位是如何分工的？ | | |
| 3 | 简述 CR200J 型动力集中型动车组车辆编号的规则及各符号的含义 | | |

## 制订计划

见表 1–3。

**表 1–3　小组决策单**

1. 计划参与人

负责人：________________小组成员：________________________________________

2. 讨论决策及方案

（1） 人员分工

________________________________________________________________________

________________________________________________________________________

（2） 工艺方案

|  |
| --- |
|  |

3. 小组互换决策

| 优点 | 缺点 | 综合评价/A B C D E |
| --- | --- | --- |
|  |  |  |

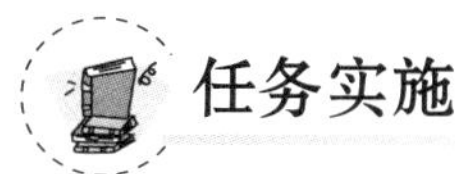

## 任务实施

见表 1–4。

表 1–4　任务实施方案

| 工序/工步 | 工序/工步名称及内容 |
| --- | --- |
| 1 | **CR200J 型动力集中型动车组 D1 级检修作业程序（见图 1–1、图 1–2）** |

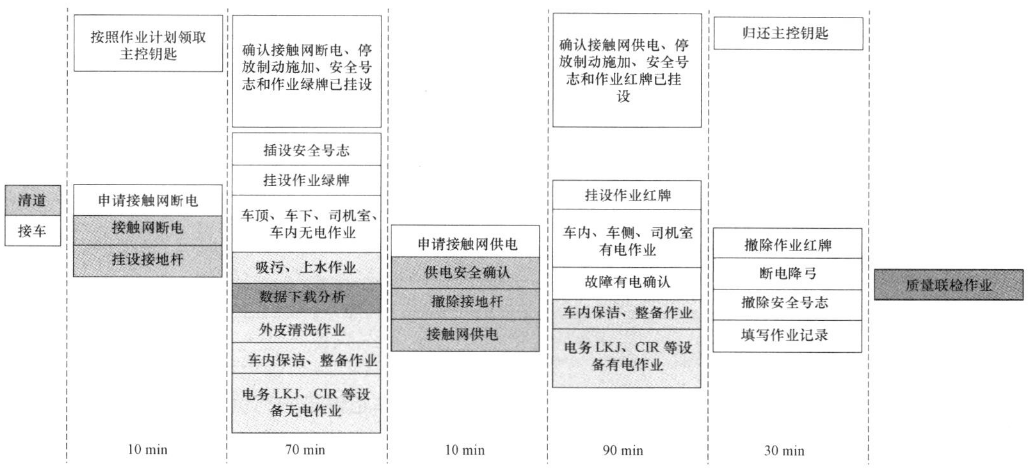

清道
接车

按照作业计划领取主控钥匙
申请接触网断电
接触网断电
挂设接地杆
10 min

确认接触网断电、停放制动施加、安全号志和作业绿牌已挂设
插设安全号志
挂设作业绿牌
车顶、车下、司机室、车内无电作业
吸污、上水作业
数据下载分析
外皮清洗作业
车内保洁、整备作业
电务 LKJ、CIR 等设备无电作业
70 min

申请接触网供电
供电安全确认
撤除接地杆
接触网供电
10 min

确认接触网供电、停放制动施加、安全号志和作业红牌已挂设
挂设作业红牌
车内、车侧、司机室有电作业
故障有电确认
车内保洁、整备作业
电务 LKJ、CIR 等设备有电作业
90 min

归还主控钥匙
撤除作业红牌
断电降弓
撤除安全号志
填写作业记录
30 min

质量联检作业

**图 1–1　作业程序**

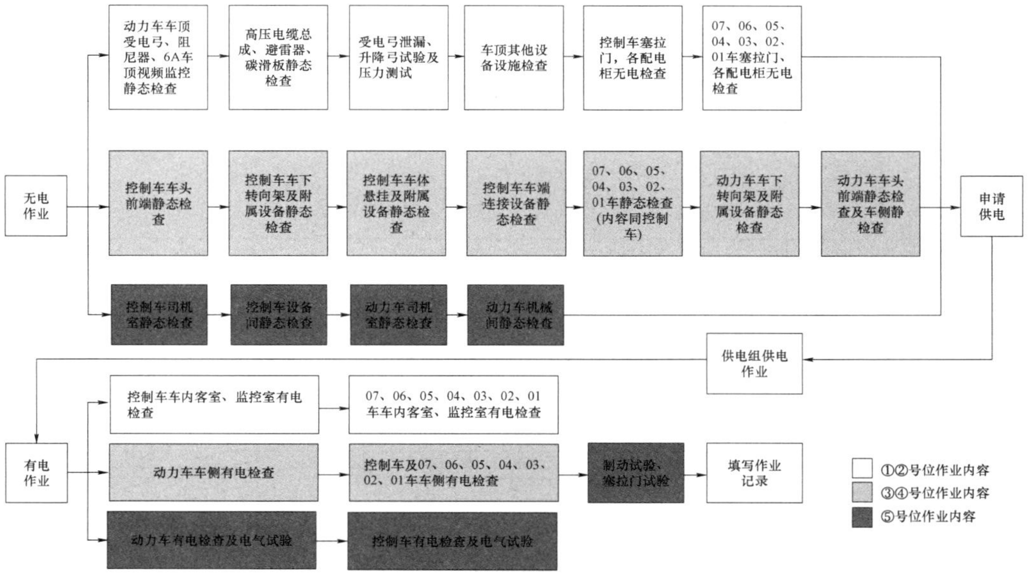

无电作业

动力车车顶受电弓、阻尼器、6A车顶视频监控静态检查
高压电缆总成、避雷器、碳滑板静态检查
受电弓泄漏、升降弓试验及压力测试
车顶其他设备设施检查
控制车塞拉门，各配电柜无电检查
07、06、05、04、03、02、01车塞拉门、各配电柜无电检查

控制车车头前端静态检查
控制车车下转向架及附属设备静态检查
控制车车体悬挂及附属设备静态检查
控制车车端连接设备静态检查
07、06、05、04、03、02、01车静态检查（内容同控制车）
动力车车下转向架及附属设备静态检查
动力车车头前端静态检查及车侧静检查

控制车司机室静态检查
控制车设备间静态检查
动力车司机室静态检查
动力车机械间静态检查

申请供电
供电组供电作业

有电作业

控制车车内客室、监控室有电检查
07、06、05、04、03、02、01车车内客室、监控室有电检查

动力车车侧有电检查
控制车及07、06、05、04、03、02、01车车侧有电检查
制动试验、塞拉门试验
填写作业记录

动力车有电检查及电气试验
控制车有电检查及电气试验

①②号位作业内容
③④号位作业内容
⑤号位作业内容

**图 1–2　作业内容**

续表

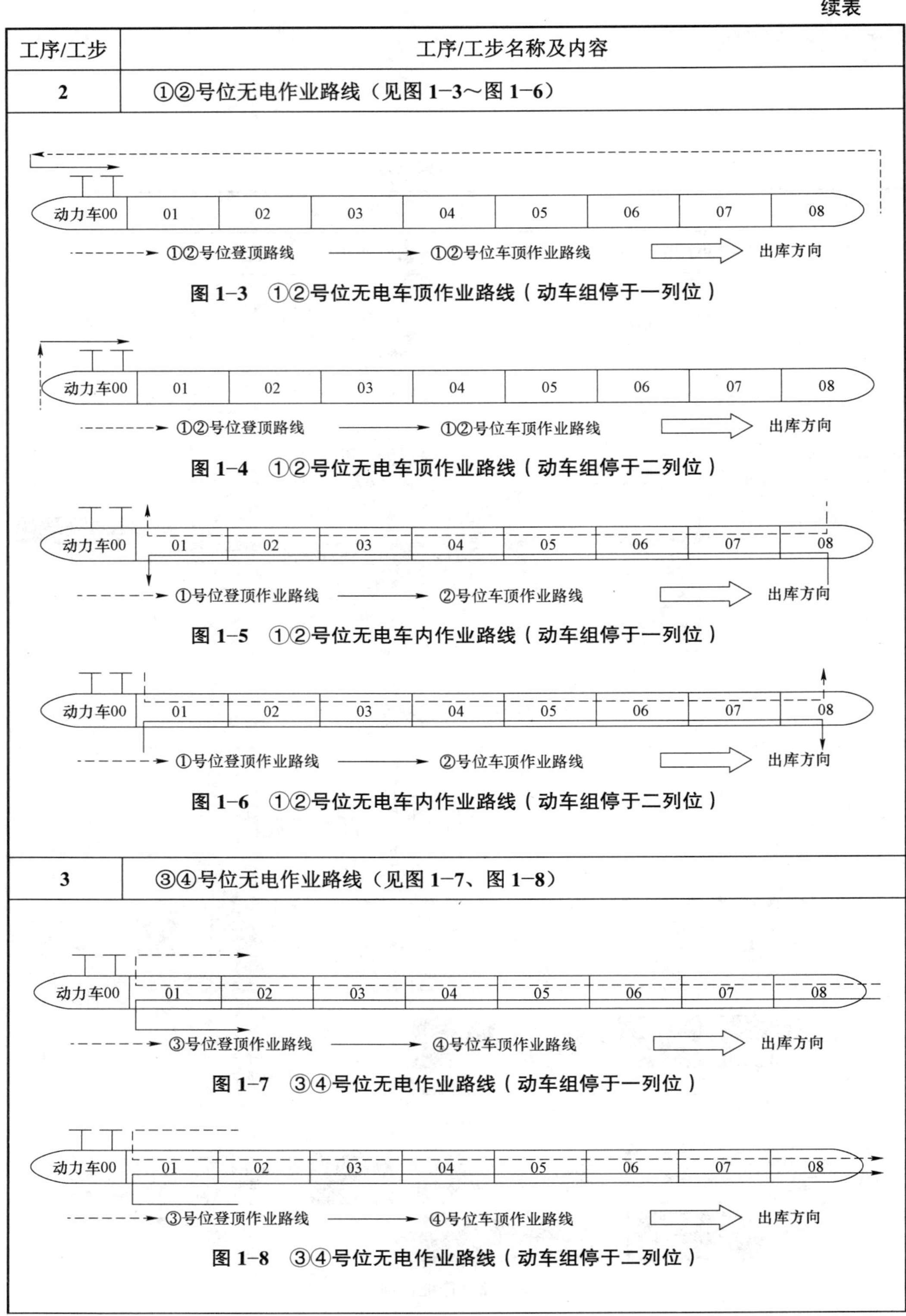


| 工序/工步 | 工序/工步名称及内容 |
| --- | --- |
| 2 | ①②号位无电作业路线（见图 1-3～图 1-6） |
| | 图 1-3　①②号位无电车顶作业路线（动车组停于一列位）<br>图 1-4　①②号位无电车顶作业路线（动车组停于二列位）<br>图 1-5　①②号位无电车内作业路线（动车组停于一列位）<br>图 1-6　①②号位无电车内作业路线（动车组停于二列位） |
| 3 | ③④号位无电作业路线（见图 1-7、图 1-8） |
| | 图 1-7　③④号位无电作业路线（动车组停于一列位）<br>图 1-8　③④号位无电作业路线（动车组停于二列位） |

续表

<table>
<tr><th>工序/工步</th><th>工序/工步名称及内容</th></tr>
<tr><td>4</td><td>⑤号位无电作业路线（见图 1-9）</td></tr>
<tr><td colspan="2"> 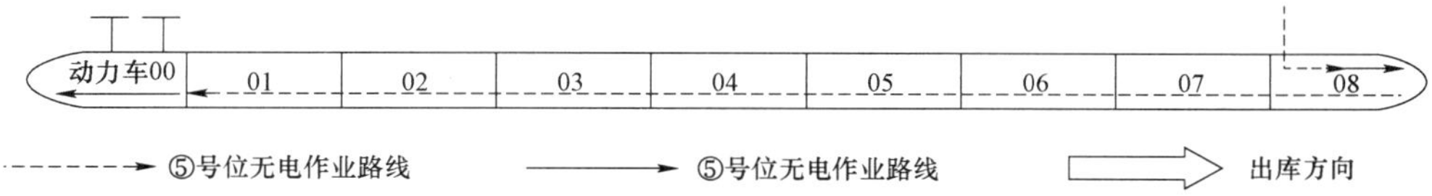动力车00 01 02 03 04 05 06 07 08<br>⑤号位无电作业路线　⑤号位无电作业路线　出库方向<br>图 1-9　⑤号位无电作业路线</td></tr>
<tr><td>5</td><td>①②号位有电作业路线（见图 1-10）</td></tr>
<tr><td colspan="2"> 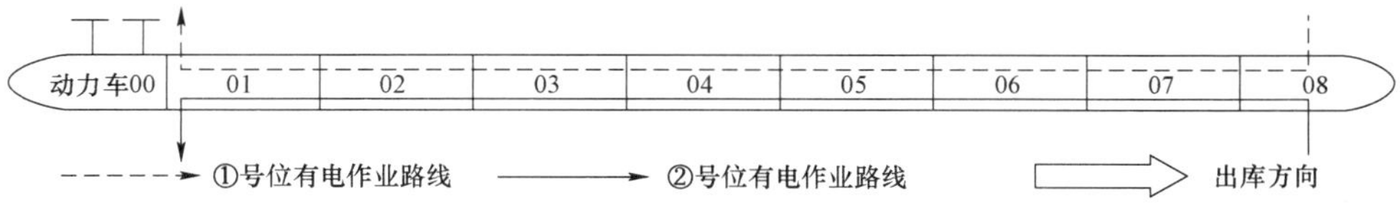动力车00 01 02 03 04 05 06 07 08<br>①号位有电作业路线　②号位有电作业路线　出库方向<br>图 1-10　①②号位有电作业路线</td></tr>
<tr><td>6</td><td>③④号位有电作业路线（见图 1-11、图 1-12）</td></tr>
<tr><td colspan="2"> 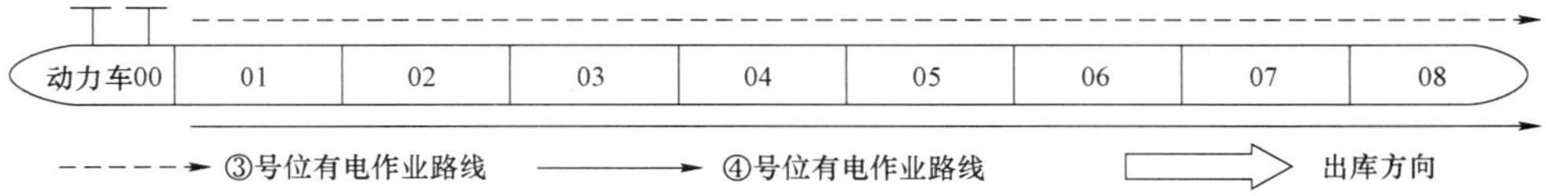动力车00 01 02 03 04 05 06 07 08<br>③号位有电作业路线　④号位有电作业路线　出库方向<br>图 1-11　③④号位有电作业路线（动车组停于一列位） 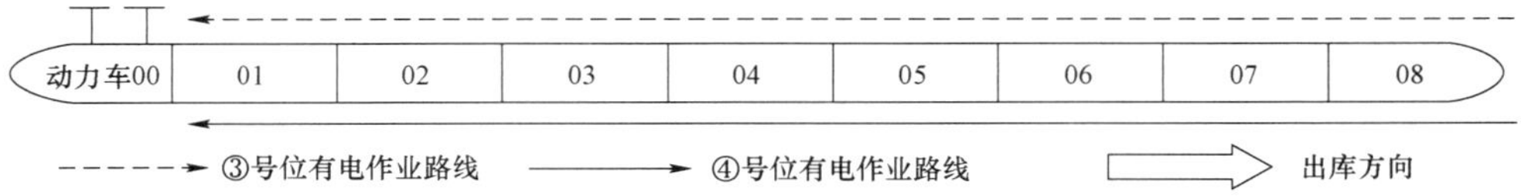<br>动力车00 01 02 03 04 05 06 07 08<br>③号位有电作业路线　④号位有电作业路线　出库方向<br>图 1-12　③④号位有电作业路线（动车组停于二列位）</td></tr>
<tr><td>7</td><td>⑤号位有电作业路线（见图 1-13）</td></tr>
<tr><td colspan="2"> 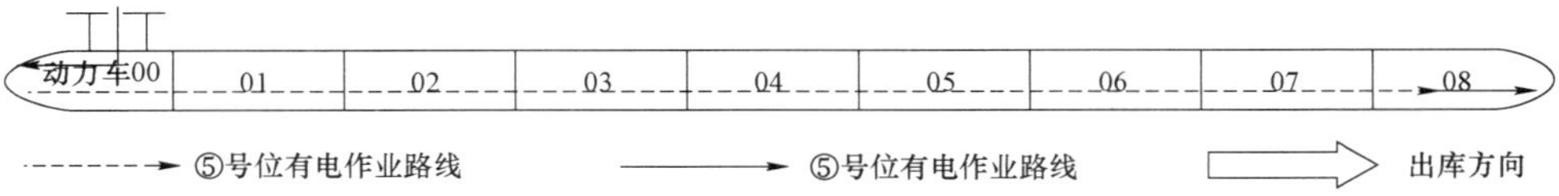动力车00 01 02 03 04 05 06 07 08<br>⑤号位有电作业路线　⑤号位有电作业路线　出库方向<br>图 1-13　⑤号位有电作业路线</td></tr>
</table>

## 检查评价

见表 1–5。

**表 1–5　任务评价单**

| 序号 | 检查项目 | 检查内容与评分标准 | 记录 | 评分 | 总分 |
|---|---|---|---|---|---|
| 1 | 作业质量（70 分） | （1） CR200J 型动力集中型动车组 D1 级检修作业程序设计<br>□10　□9　□8　□7　□6　□<6<br>（2） ①②号位无电作业路线<br>□10　□9　□8　□7　□6　□<6<br>（3） ③④号位无电作业路线<br>□10　□9　□8　□7　□6　□<6<br>（4） ⑤号位无电作业路线<br>□10　□9　□8　□7　□6　□<6<br>（5） ①②号位有电作业路线<br>□10　□9　□8　□7　□6　□<6<br>（6） ③④号位有电作业路线<br>□10　□9　□8　□7　□6　□<6<br>（7） ⑤号位有电作业路线<br>□10　□9　□8　□7　□6　□<6 | | | |
| 2 | 职业素养（30 分） | （1）“安全行车”意识和质量意识。<br>（2） 民族自信心、自豪感及集体荣誉感 | | | |

## 反思与改进

见表 1–6。

**表 1–6　反思与改进记录单**

| 序号 | 项目 | 收获与不足 | 改进措施 |
|---|---|---|---|
| 1 | CR200J 型动力集中型动车组 D1 级检修的作业程序 | | |
| 2 | 各号位无电作业内容、作业路线 | | |
| 3 | 各号位有电作业内容、作业路线 | | |
| 4 | “安全行车”意识和质量意识 | | |
| 5 | 民族自信心、自豪感及集体荣誉感 | | |

## CR200J 型动力集中型动车组总体技术

CR200J 型动力集中型动车组主要在我国既有铁路上运行，并能在 200 km/h 速度等级及以上的客运专线上以 160 km/h 速度级正常运行。CR200J 型动力集中型动车组是复兴号动车组系列的重要组成部分，是铁路旅客运输的新型运载工具。

CR200J 型动力集中型动车组指两端为动力车或一端为动力车、另一端为控制车，中间为拖车的最高运营速度为 160 km/h 的电力动车组，两端均设有司机室，按编组型式分为长、短编组动车组。

### 1. CR200J 型动力集中型动车组车种及编号

1）车型型号

动力车为八轴客运电力机车一般改进型，车型为 $FXD_1$、$FXD_3$。为与八轴客运电力机车区分，体现动力集中，在车号前增加大写字母“J”。

拖车及控制车车种表示如表 1–7 所示。

**表 1–7 拖车及控制车车种表示**

| 序号 | 车种名称 | 车种代码 | 车种英文名称 | 备注 |
|---|---|---|---|---|
| 1 | 一等座车 | ZY | First Class Coach | |
| 2 | 一等座车 | KZ | First Class Coach | 带司机室 |
| 3 | 二等座车 | ZE | Second Class Coach | |
| 4 | 二等座车/餐车 | ZEC | Second Class/Dining Coach | 涂打残疾人设施标识 |
| 5 | 一等卧车 | WY | First Class Sleeper Coach | |
| 6 | 二等卧车 | WE | Second Class Sleeper Coach | 无障碍二等卧车，涂打残疾人设施标识 |

2）车辆编号

拖车及控制车车号由车组号和编组顺位代码组成，共 6 位阿拉伯数字。车组号以 4 位阿拉伯数字表示，按照铁路部分采购的国铁动车组和非国铁集团控股企业采购并过轨运输的地方、自备动车组两类进行编号；编组顺位代码以 2 位阿拉伯数字表示。

车辆编号的具体组成如下：

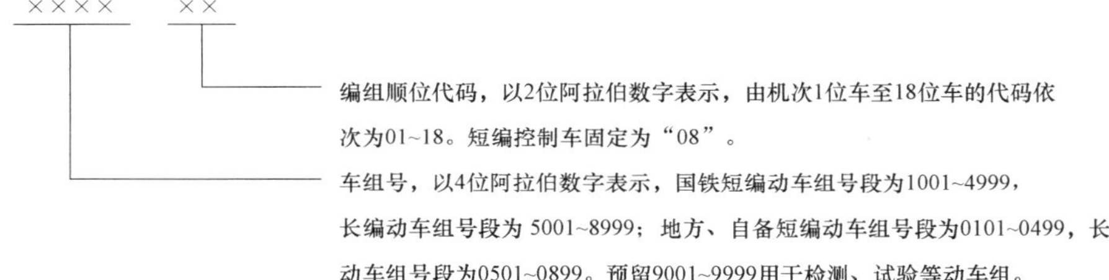

### 2. CR200J 型动力集中型动车组的编组型式

CR200J 型动力集中型动车组的编组型式有两类，分别是长编组动车组和短编组动车组。

如图 1–14 所示，长编组动车组的标准编组型式为：1Mc+18T+1Mc。长编组动车组也可灵活编组，如 1Mc+（9～18）T+1Mc。其中，Mc 为带司机室的动力车，T 为拖车。

注意：（1）长编组动车组减编时不得减编设有机械师室的拖车（餐座合造车）。（2）长编组动车组不得重联运行。

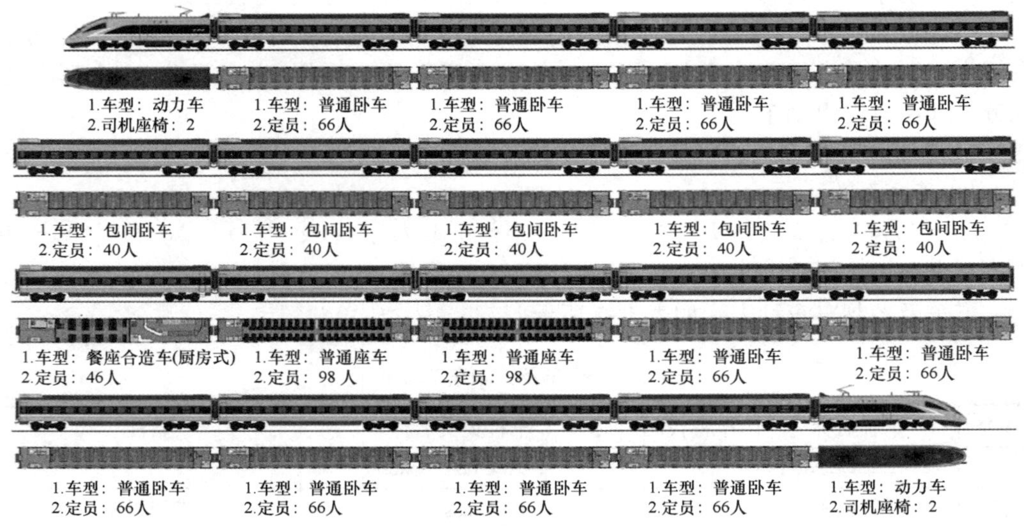


**图 1–14 CR200J 型动力集中型长编组动车组典型编组型式**

如图 1–15 所示，短编组动车组标准编组型式为：1Mc+7T+1Tc。其中，Mc 为带司机室的动力车，T 为拖车，Tc 为带司机室的拖车，即控制车。短编组动车组不得减编，但可以重联运行。重联时，原则上应采用控制车与控制车的连挂方式，确需采用动力车与控制车的连挂方式时，应确认动车组技术条件；不允许采用动力车与动力车的连挂方式。重联操作必须在重联端进行。

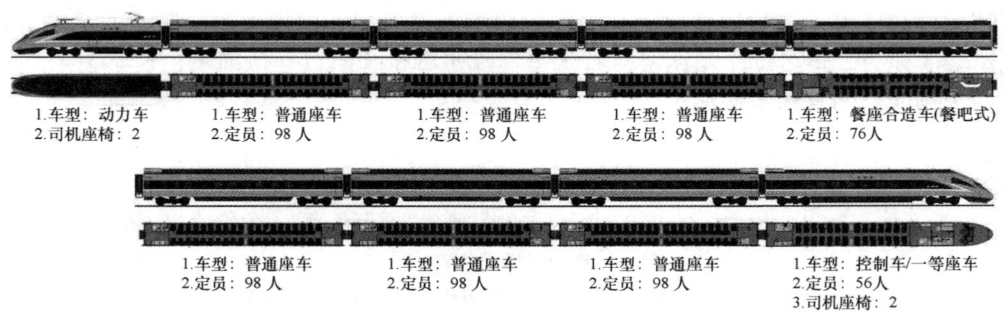


**图 1–15 CR200J 型动力集中型短编组动车组典型编组型式**

### 3. CR200J 型动力集中型动车组车辆概述与布局

1）普通座车

如图 1–16 所示，普通座车定员 98 人。两端设通过台；一位端设座式便器卫生间、乘务员室（或大件行李区）及小走廊，小走廊内设电气综合控制柜、电热开水器间；车体中部为客室，设置 2+3 普通座椅及 4 个安全锤；二位端设蹲式便器卫生间、隐藏式垃圾箱、开敞式双人洗面间及小走廊。

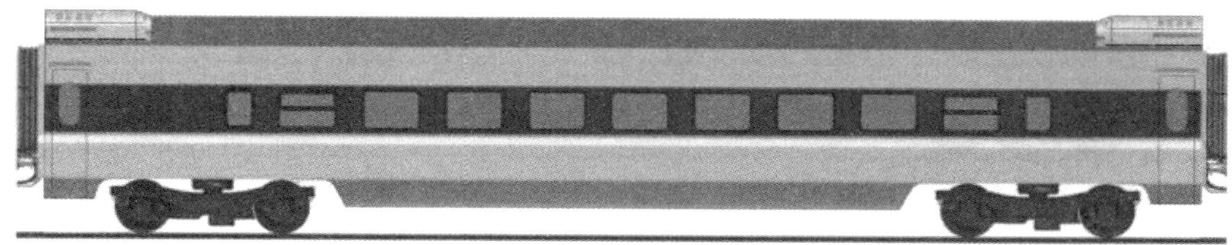

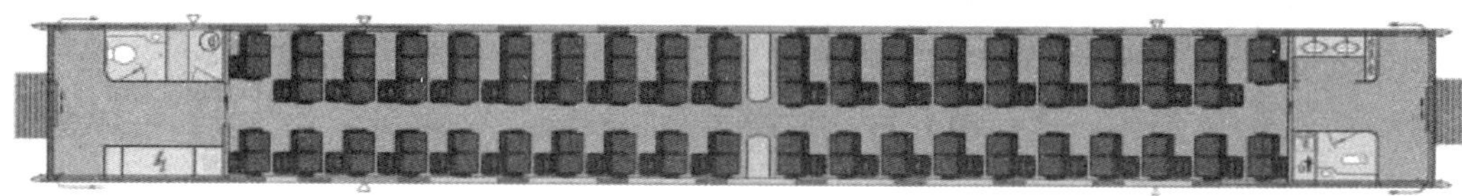

**图 1–16　普通座车**

2）餐座合造车（长编组）

如图 1–17 所示，餐座合造车（长编组）定员 46 人。一位端设通过台、一个无障碍卫生间、播音室及小走廊，小走廊内设电气综合控制柜；车体中部为客室，设置 2+3 面对面座椅及 4 个安全锤，客室设有无障碍座位和残障人士轮椅存放区；二位端设一体化吧台、厨房配餐区及侧走廊，厨房采用配餐式厨房设备；客室与配餐区之间设机械师室。

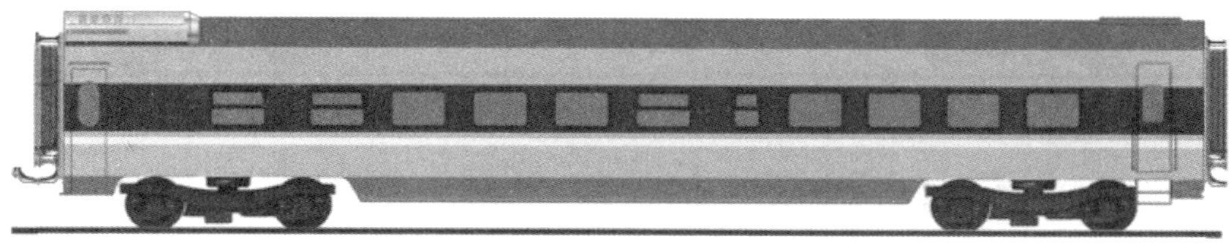

**图 1–17　餐座合造车（长编组）**

3）餐座合造车（短编组）

如图 1-18 所示，餐座合造车（短编组）总定员 76 人。一位端设通过台、隐藏式垃圾箱和一个无障碍卫生间；车体中部为客室，设置 2+3 普通座椅及 4 个安全锤，客室设有无障碍座位和残障人士轮椅存放区；二位端设播音室、机械师室、配电柜、电热开水器间、餐吧区及侧走廊，餐吧区设有方便售卖的展示及储藏设备。

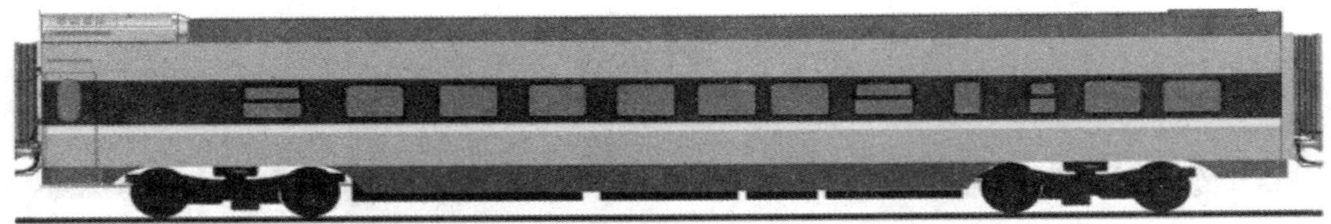

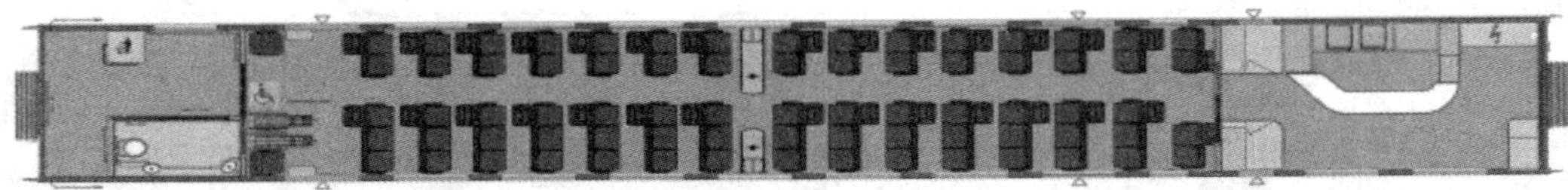

**图 1-18　餐座合造车（短编组）**

4）普通卧车

如图 1-19 所示，普通卧车定员 66 人。一位端设通过台、座式便器卫生间、乘务员室及小走廊，小走廊内设电气综合控制柜、卧具柜、电热开水器间；车体中部设 11 个半封闭式卧铺包间及侧走廊，上铺与中铺、中铺与下铺间设脚蹬；二位端设三人洗面间及隐藏式洁具柜、垃圾箱、蹲式便器卫生间及小走廊。

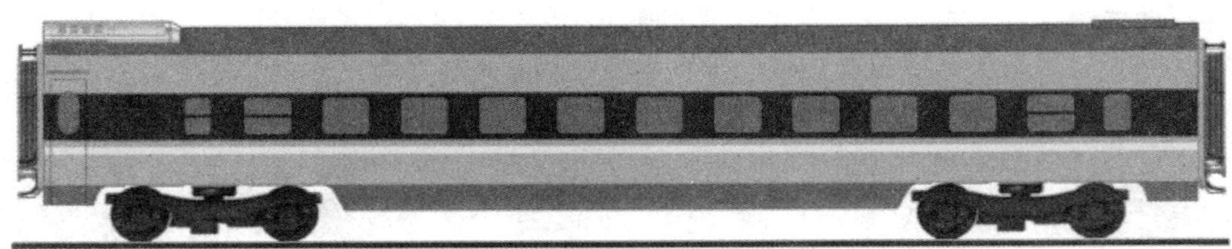

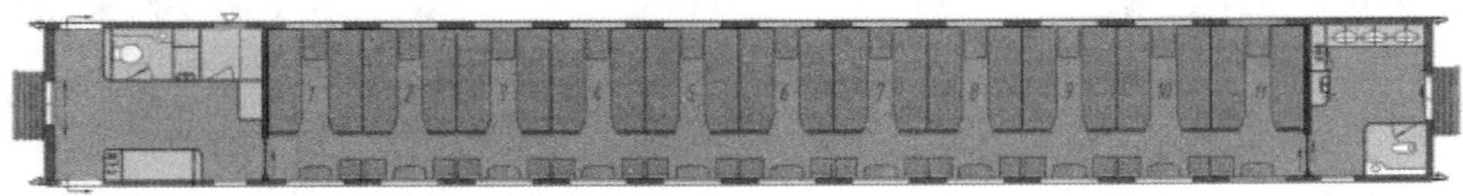

**图 1-19　普通卧车**

5）包间卧车

如图 1-20 所示，包间卧车定员 40 人。一位端设通过台、座式便器卫生间、乘务员室及小走廊，乘务员室内设电热开水器间，小走廊内设电气控制柜、卧具柜；车体中部设 10 个封闭式卧铺包间及侧走廊；二位端设三人洗面间及隐藏式洁具柜、垃圾箱、蹲式便器卫生间及小走廊。

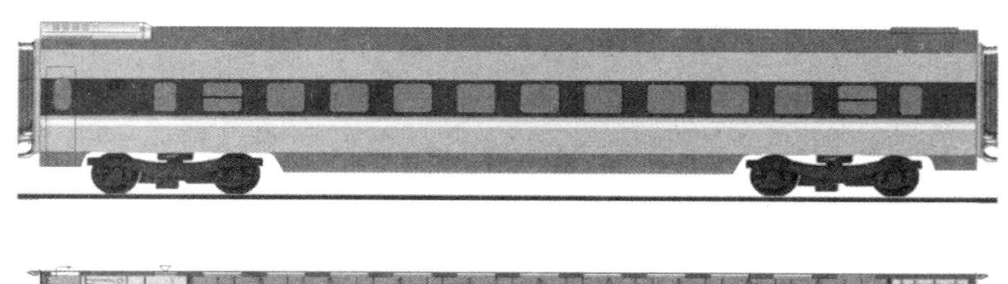

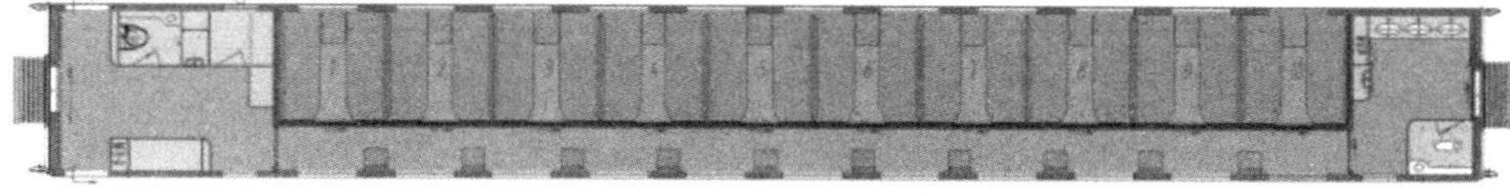

图 1-20　包间卧车

6）控制车

如图 1-21 所示，控制车总定员 56 人。车两端设通过台；一位端设蹲式便器卫生间、乘务员室及小走廊，小走廊内设电气控制柜、电热开水器间；车体中部为客室，设置 2+2 一等座椅及 4 个安全锤；二位端设座式便器卫生间、隐藏式垃圾箱、开敞式双人洗面间、小走廊及司机室。

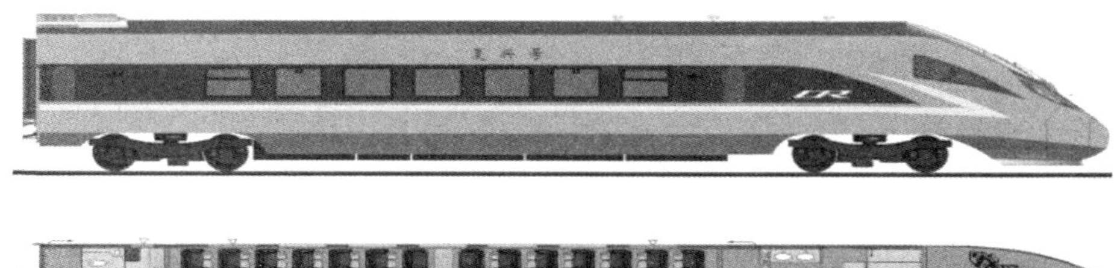

图 1-21　控制车

### 4. CR200J 型动力集中型动车组的技术参数

见表 1-8。

表 1-8　CR200J 型动力集中型动车组的技术参数

<table>
<tr><th>序号</th><th colspan="2">项目</th><th>参数</th></tr>
<tr><td rowspan="6">1</td><td rowspan="6">定员</td><td>普通座车/人</td><td>98</td></tr>
<tr><td>餐座合造车（长编组）/人</td><td>46</td></tr>
<tr><td>餐座合造车（短编组）/人</td><td>76</td></tr>
<tr><td>普通卧车/人</td><td>66</td></tr>
<tr><td>包间卧车/人</td><td>40</td></tr>
<tr><td>控制车/人</td><td>56</td></tr>
</table>

续表

| 序号 | 项目 | 参数 |
|---|---|---|
| 2 | 轴重 | 不大于 16.5 t |
| 3 | 车体长度/mm | 25 500 |
| 4 | 车体宽度/mm | 3 105 |
| 5 | 车顶距轨面高度（空车时）/mm | 4 433 |
| 6 | 车辆定距/mm | 18 000 |
| 7 | 轨距/mm | 1 435 |
| 8 | 中间密接式车钩中心线距轨面高度/mm | $880_{-30}^{0}$ |
| 9 | 通过台渡板面距轨面高度/mm | 1 283 |
| 10 | 客室地面距轨面高度/mm | 1 283 |
| 11 | 最高运营速度/（km/h） | 160 |
| 12 | 最高试验速度/（km/h） | 176 |
| 13 | 在平直道上重车（考虑 30%超员）紧急制动距离/m | 初速 120 km/h，不大于 800 |
|  |  | 初速 160 km/h，不大于 1 400 |
| 14 | 通过最小曲线半径/m | 单车：100 |
|  |  | 连挂时：145 |
| 15 | 静止状态下车体传热系数（$K$）/［W/（m$^2$·K）］ | 客室：$K \leqslant 1.11$ |
| 16 | 轴距/mm | 2 500 /2 600 |
| 17 | 轮对内侧距/mm | 1 353±1 |

## 习　题

1. 简述动力集中型动车组车辆编号内容的含义。
2. 简要描述动力集中型动车组 D1 级检修作业各号位的作业路线。
3. 动力集中型动车组级有哪些车种？
4. 简述动力集中型动车组 D1 级检修无电作业的主要内容。
5. 简述动力集中型动车组 D1 级检修有电作业的主要内容。

# 任务 1.2　动力集中型动车组检修辅助作业

## 教学目标

1. 了解清道作业的目的与方法；
2. 掌握接、送车作业的目的及具体接车方式，具备检修库内接、送车的能力；
3. 掌握检修作业的安全防护方法，具备安全防护的能力；
4. 掌握检修人员“四必”作业法，能够在检修项目中准确应用“四必”作业法开展作业。

## 任务描述

通过对检修辅助作业的训练，使学生进一步熟悉检修作业的程序，了解清道作业的目的，掌握接、送车作业的实施方法，学会开展高压电、高空作业安全防护，能够正确使用“四必”作业法开展检修作业。表 1–9 为本任务的任务清单。

表 1–9　任务清单

| 序号 | 任务内容 | 任务要求 |
|---|---|---|
| 1 | 清道作业的实施 | 能够详细描述清道作业实施的时刻及目的 |
| 2 | 接、送车作业的实施 | 能够详细描述接、送车作业的目的及方式 |
| 3 | 作业安全防护 | （1）能够正确开展供断电操作维护；<br>（2）能够正确开展登顶作业安全防护；<br>（3）能够正确插设安全号志、挂设作业牌 |
| 4 | “四必”作业法 | 能够正确使用“四必”作业法开展检修作业 |

## 任务分析

见表 1–10。

**表 1–10　知识/技能点确认单**

| 序号 | 知识/技能点 | 答案 | 自我评价 |
| --- | --- | --- | --- |
| 1 | 简述 CR200J 型动力集中型动车组动力车内部主要设备有哪些 | | |
| 2 | D1 级检修①②号位要开始登顶作业，应确认哪些条件？需要注意的事项有哪些？ | | |
| 3 | 说说你对“四必”作业法的理解 | | |
| 4 | 你所知道的高空作业防护措施有哪些 | | |

## 制订计划

见表 1-11。

**表 1-11　小组决策单**

1. 计划参与人

负责人：________________小组成员：________________________________________

2. 讨论决策及方案

（1） 人员分工

________________________________________________________________________

________________________________________________________________________

（2） 工艺方案

3. 小组互换决策

| 优点 | 缺点 | 综合评价/A B C D E |
| --- | --- | --- |
| | | |

## 任务实施

见表 1−12。

**表 1−12　任务实施方案**

| 工序/工步 | 工序/工步名称及内容 |
| --- | --- |
| **1** | **清道作业** |
| 1.1 | **目视清道**<br>动车组出、入库前，供、断电监护员对行车股道进行目视清道，确认没有人员作业，没有人员穿行 |
| 1.2 | **广播清道**<br>供、断电作业前，供、断电操作员按下“警示”按钮，广播 3 遍：“各单位请注意，检×道×列位，准备分闸断电/合闸供电，请注意安全。” |
| 1.3 | **对讲机清道**<br>供、断电作业前，对讲机呼 3 遍：“各单位请注意，检×道×列位，准备分闸断电/合闸供电，请注意安全。” |
| **2** | **接、送车作业** |
| 2.1 | 检修班组接、送车人员收到接车通知后，提前 5 min 到达进、出车股道两侧黄线以外指定地点，准备接、送车 |
| 2.2 | 接、送车人员面向来车方向 45° 蹲式接车。在进、出车过程中，听轮对及车下设备和风机运转有无异音；看悬吊件、裙板、外显及指示灯有无异常；手持摄像手电，拍摄动车组车体侧面及走行部部件状态 |
| 2.3 | 接、送车完毕后，向调度汇报接车情况：“检×道×列位接、送车完毕，接、送车无异常。” |
| **3** | **作业安全防护** |
| 3.1 | **供、断电操作**<br>（1）监护员、操作员双人到岗，一人监护，一人操作。<br>（2）供、断电作业结束后，使用验电杆进行接触网验电。<br>（3）断电作业结束后，挂设接地杆 |
| 3.2 | **插设安全号志、挂设作业牌**<br>（1）检修班组及所有一体化单位，均应在确认接触网已断电、接地杆已挂设、接触网供电显示屏显示无电后，向供电组借领安全号志和无/有电作业绿/红牌。<br>（2）检修班组在动车组出库方向的头车一位转向架上插设安全号志（红灯），挂设作业绿/红牌。<br>（3）各一体化单位分别在安全号志上挂设各自的作业绿/红牌 |
| 3.3 | **车顶作业防护**<br>（1）车顶作业人员须按要求领取登顶卡，进出三层平台必须一人一卡，严禁一卡多人进出三层平台。<br>（2）车顶作业人员必须按规定挂好安全带、佩戴安全帽、穿好绝缘鞋，升降弓过程中注意联控，切勿与弓接触，以防人身伤害 |

续表

| 工序/工步 | 工序/工步名称及内容 |
|---|---|
| **4** | “四必”作业法 |
| 4.1 | 必指：手指关键检修项目。<br>必看：眼睛看向检修设备。<br>必呼：检修设备名称及状态。<br>必画：在关键检修设备指定位置标记检修结果。<br>**注意：**执行“四必”作业法时，左脚收回并拢直立 |

## 检查评价

见表 1–13。

**表 1–13 任务评价单**

| 序号 | 检查项目 | 检查内容与评分标准 | 记录 | 评分 | 总分 |
|---|---|---|---|---|---|
| 1 | 作业质量（70 分） | （1） 清道作业<br>□10 □9 □8 □7 □6 □<6<br>（2） 接、送车作业<br>□10 □9 □8 □7 □6 □<6<br>（3） 作业安全防护<br>供、断电作业防护：<br>□10 □9 □8 □7 □6 □<6<br>插设安全号志、挂设作业牌：<br>□10 □9 □8 □7 □6 □<6<br>车顶作业个人防护——安全带、安全帽、绝缘靴：<br>□10 □9 □8 □7 □6 □<6<br>三层作业平台“一人一卡”制：<br>□10 □9 □8 □7 □6 □<6<br>（4）“四必”作业法<br>□10 □9 □8 □7 □6 □<6 | | | |
| 2 | 职业素养（30 分） | （1） 作业环境确认、作业场所安全确认。<br>（2）“工完料净场地清”状态确认 | | | |

## 反思与改进

见表 1–14。

表 1–14　反思与改进记录单

| 序号 | 项目 | 收获与不足 | 改进措施 |
|---|---|---|---|
| 1 | 清道作业的方法与实施 | | |
| 2 | 接、送车作业的方法与实施 | | |
| 3 | 供、断电作业的方法与实施 | | |
| 4 | 安全号志的插设方法、作业牌的设置方法 | | |
| 5 | 三层作业平台“一人一卡”制的执行情况 | | |
| 6 | “四必”作业法的正确使用 | | |

## 知识链接

### 动力车设备布置

CR200J 型动力集中型动车组动力车（见图 1–22）是一台 4 轴动力车。在动力车的前端设有一个司机室，中间是机械室。在机械室内设有 700 mm 宽的中央通道，在通道左右两侧设有主变流装置、通风机、复合冷却器、空气压缩机等电气设备。在车体下设有 2 台 2 轴的转向架及主变压器，在顶盖上设有受电弓及避雷器。车内设备布置以平面斜对称布置为主，设备成套安装，有利于动力车的重量分配和动力车的制造、检修和部件的互换。

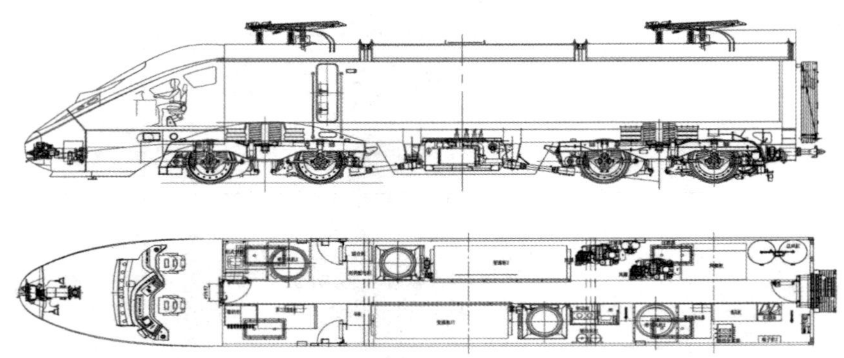

图 1–22　动力车外形图及设备布置

### 1. 车顶设备布置

每台动力车设有 3 块顶盖。第Ⅰ和第Ⅲ块顶盖上布置有受电弓及支撑绝缘子、避雷器、高压电缆穿墙套管，避雷器底部和高压电缆穿墙套管上部和下部采用绝缘防护，能够有效防止污闪；第Ⅰ块顶盖上还设有天线安装预留座；第Ⅱ块顶盖上设有受电弓摄像头、LKJ 车载三合一天线、北斗天线、3G 天线和活动天窗，活动天窗用于登上车顶进行检修作业（为确保安全，天窗设置钥匙联锁装置）。车顶设备布置如图 1–23 所示。

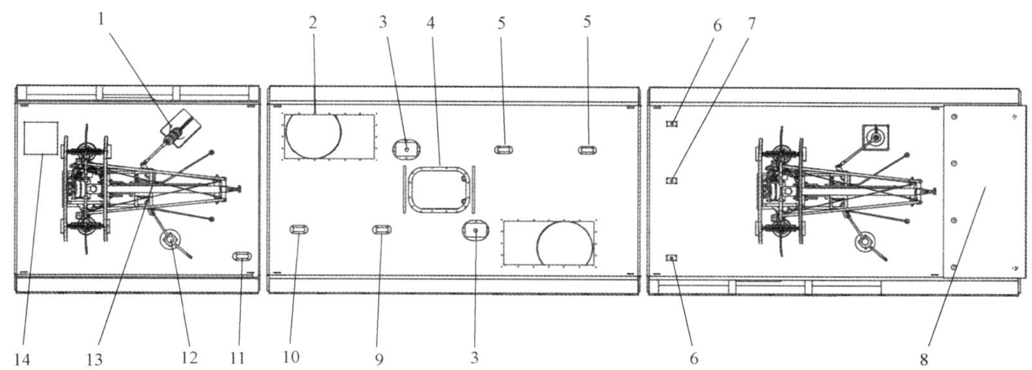


1—高压电缆穿墙套管；2—复冷风机通风口；3—受电弓摄像头；4—活动天窗；5—LKJ 车载三合一天线；6—多频天线；7—电台 GPS 天线；8—导流罩；9—北斗天线；10—3G 天线；11—天线安装预留座；12—避雷器；13—受电弓；14—空调风道。

**图 1–23　车顶设备布置**

### 2. 司机室设备布置

每节机车在前端设置有单司机室，整个司机室布置及设计经过人机工程优化，并进行降噪处理。司机室内宽敞明亮，司机能够方便地接近司机室内的每一个部位（见图 1–25）。司机室两侧各设有 1 个可打开的侧窗，后墙中部设有通向机械间的门。整个司机室分为操纵台设备布置区、后墙设备布置区、顶盖设备布置区、侧墙设备布置区、前墙设备布置区共五个部分。下面分区介绍各部分的设备布置。

**图 1–24　司机室效果图**

1）仪表盘区域设备布置

仪表盘区域（见图 1–24）从左至右分别为 6A 显示屏、司机显示屏 2、监控显示屏、CTCS–2 显示屏、紧急制动按钮、门关闭指示灯、蜂鸣器指示模块、司机显示屏 1、CIR 电台的 MMI 显示终端和送受话器等。

**图 1–25　仪表盘区域设备布置效果图**

2）操纵台面板设备布置

操纵台面板（见图 1–26）从左至右分别为后备制动阀、过分相蜂鸣器、高音风笛按钮、左门控制等按钮、制动控制器、半自动过分相按钮、牵引模式按钮、司机控制器、扳键开关（主断路器、受电弓、空压机）等。中柜顶部布置了刮雨器、空调、遮阳帘等的控制开关、按钮等（见图 1–27）。

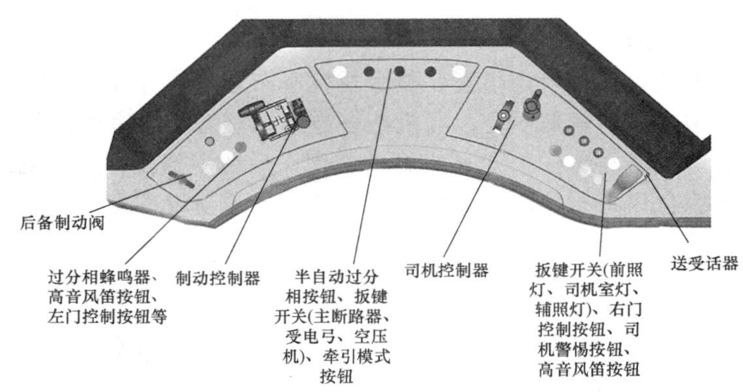


**图 1–26　操纵台面板设备布置效果图**

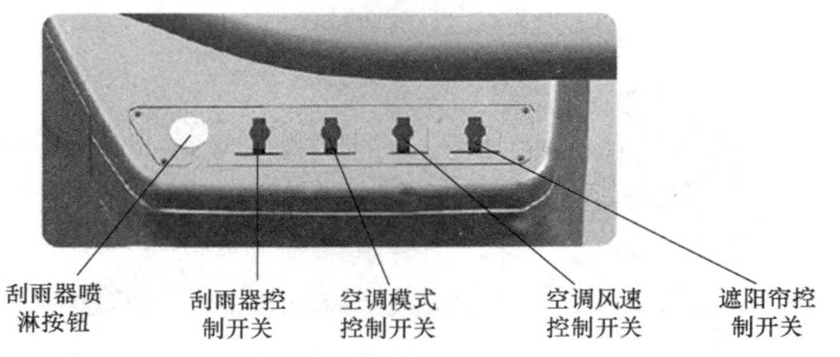


**图 1–27　中柜顶部设备布置图**

3）左边柜功能区布置

左边柜功能区（见图 1–28）主要有网压表、控制电压表、制动缸压力表、总风/列车管压力表、后备均衡压力表、茶杯托、紧急放风阀、开关面板 1（见图 1–29）、开关面板 2（见图 1–30）等。左柜立面上布置有烟灰盒、打印机及外部扬声器、重联电话。

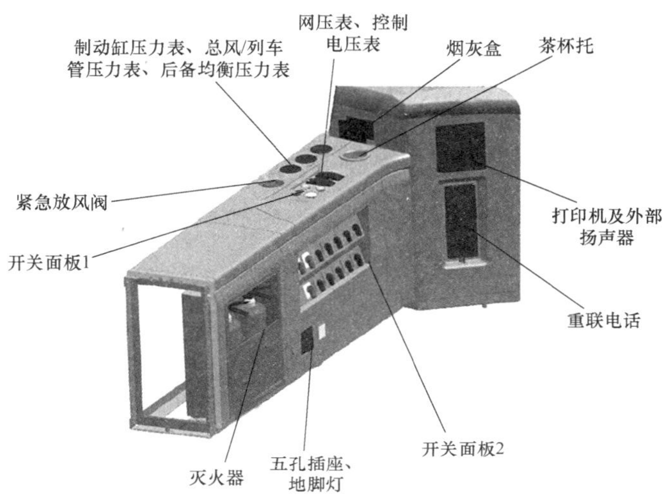


图 1–28　左边柜设备布置图

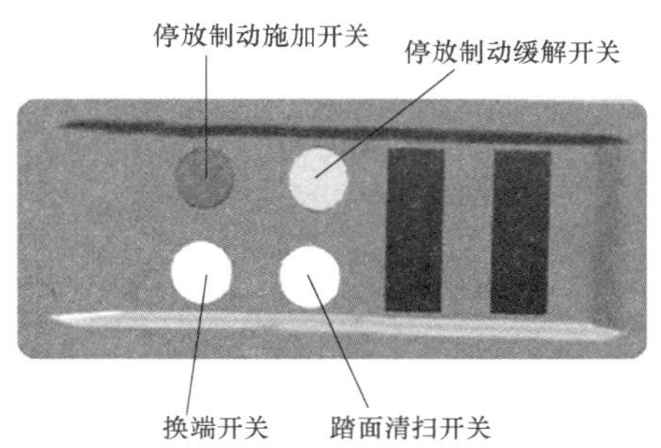


图 1–29　开关面板 1 设备布置图

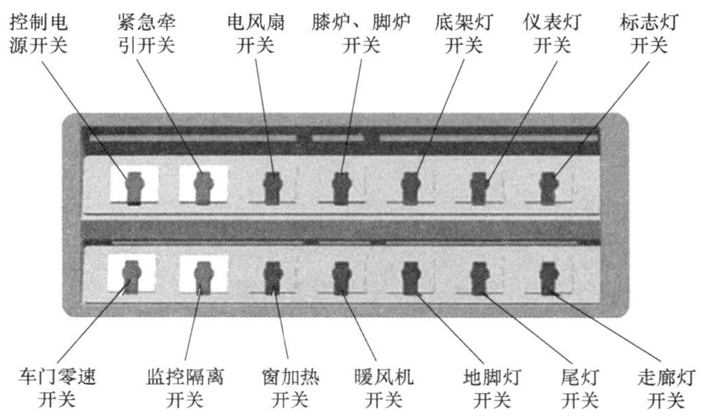


图 1–30　开关面板 2 设备布置图

4）后墙设备布置

后墙（见图 1–31）上主要布置有衣帽钩、暖风机、添乘座椅、后柜，以及通向机械间的隔墙门和防夹手装置。

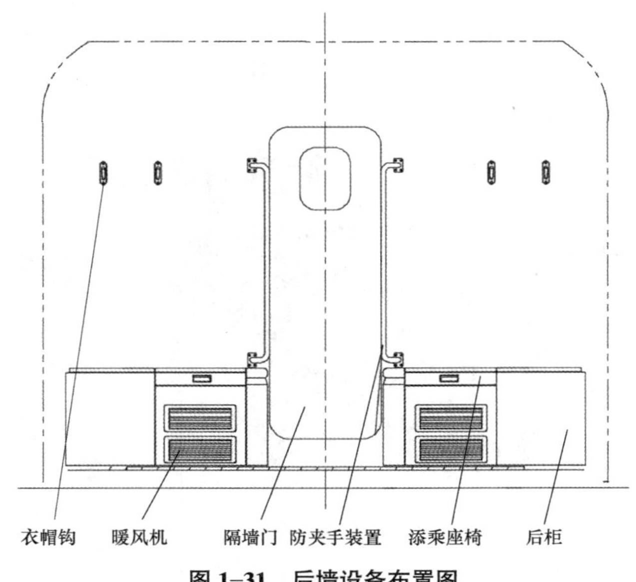


**图 1–31　后墙设备布置图**

5）顶盖设备布置

顶盖（见图 1–32）上布置有风扇回风栅、风扇、摄像头、感温探头、感烟探头、顶灯及头灯检修仓。

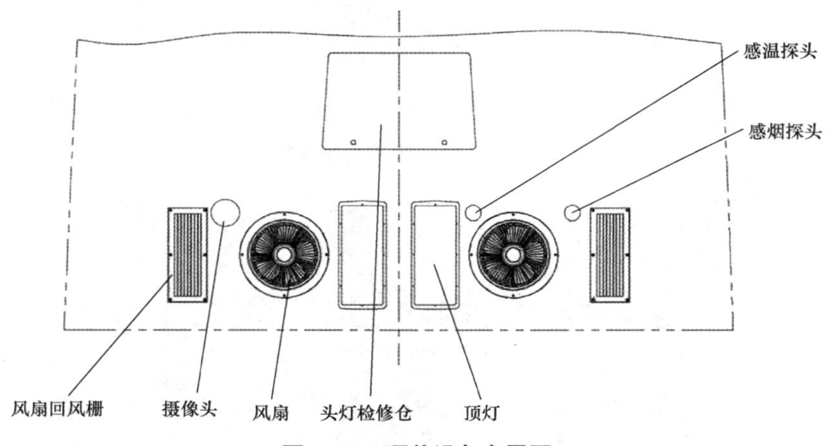


**图 1–32　顶盖设备布置图**

6）侧墙设备布置

侧墙（见图 1-33）上布置有固定窗、侧开窗、边柜及灭火器。

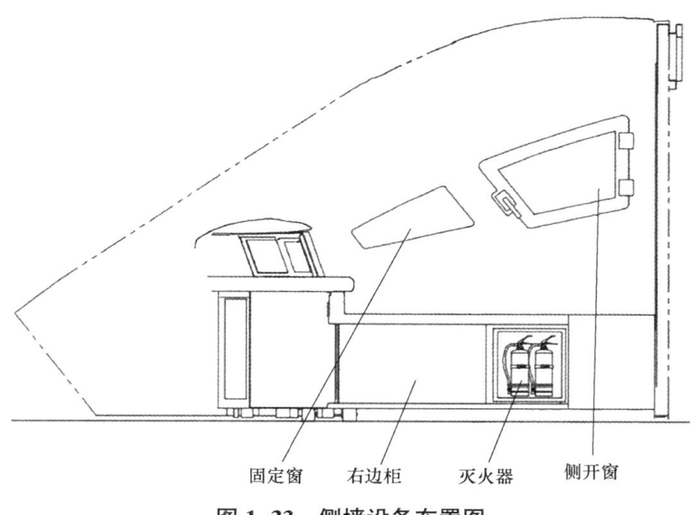


**图 1-33　侧墙设备布置图**

7）前墙设备布置

前墙（见图 1-34）上布置有八显灯、刮雨器、暖风机、遮阳帘、脚炉、操纵台，上部还设有出风口。

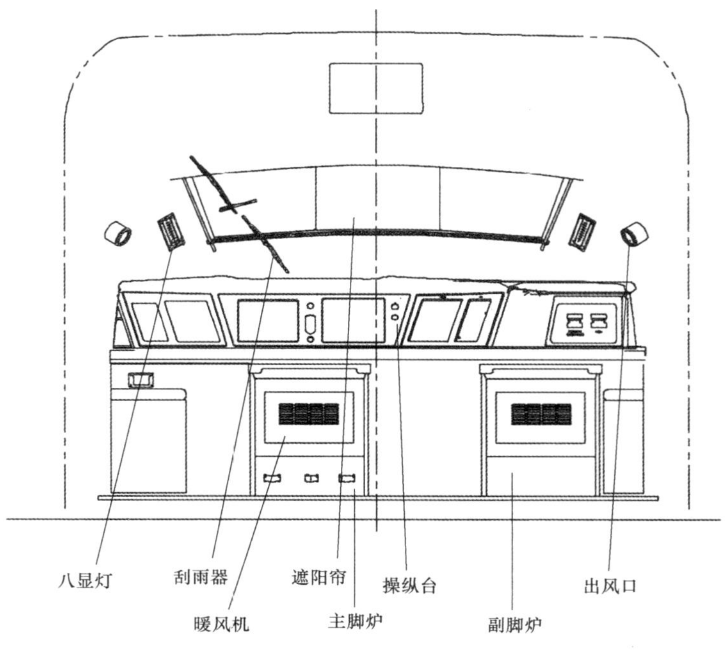


**图 1-34　司机室前墙设备布置**

### 3. 机械室设备布置

机械室设备配置如图 1-35 所示，主要特点如下：

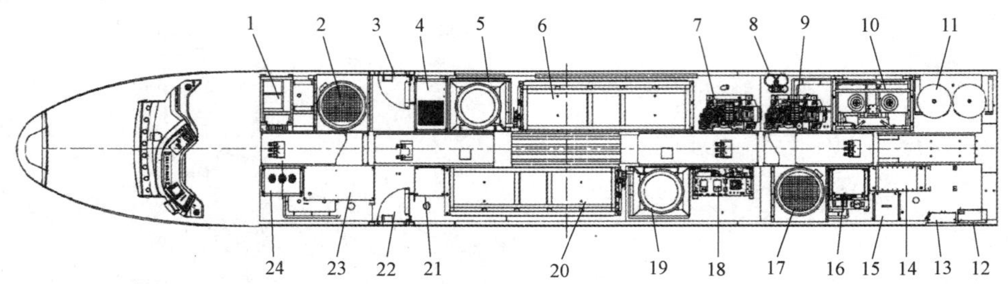


1—柜式空调；2—牵引风机 1；3—侧入门 1；4—列供管理柜；5—复合冷却器 1；6—变流柜 1；7—空压机 1；8—干燥器；9—空压机 2；10—网侧柜；11—总风缸；12—空气箱；13—端子柜；14—低压柜；15—辅助变压器；16—蓄电池充电柜；17—牵引风机 2；18—制动柜；19—复合冷却器 2；20—变流柜 2；21—6A 柜；22—侧入门 2；23—三方设备柜；24—微机柜。

**图 1-35　机械室设备配置**

（1）牵引变流器、复合冷却器、牵引风机采用斜对称布置，便于平衡轴重。

（2）电器柜采取适当集中、合理化布置的方式。

（3）主变压器位于机车中部，下悬于底架下，以降低机车重心。

（4）机车采用先进的油水冷却设备来冷却变压器油和变流器水，散热器采用共体分层模式，充分利用空间并提高冷却效率。

（5）内部管路和布线采用先进的预布式中央管排、线槽方式，安装在中央走廊地板下，美观且便于安装和维护。

（6）采用独立式通风系统，各通风系统相互独立，互不影响。机车运行时机械室保持微正压工况。

### 4. 车下设备布置

车下设备布置如图 1-36 所示。排障器在机车前部，主变压器悬挂在机车中部，以变压器为中心对称布置 2 台转向架。在转向架上配置有牵引电机等设备。另外，还配置了动车插座、辅助/控制电路外接电源插座、行灯插座、机车电子标签、速度传感器和轴温传感器等设备。

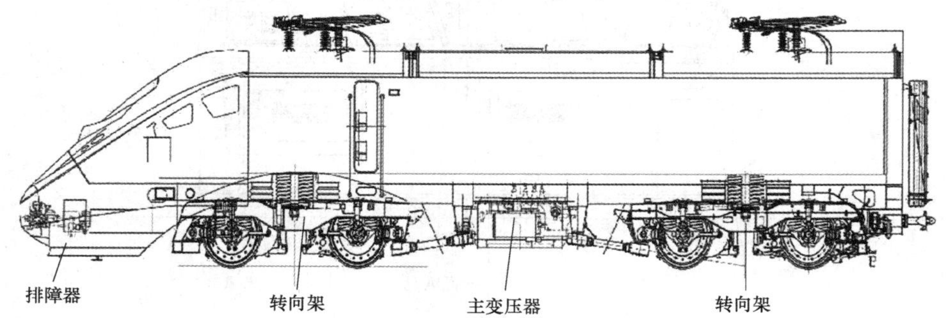


**图 1-36　车下设备布置**

# 习　题

1. 简述登顶作业的安全卡控措施。

2. “四必”作业法指的是什么？

3. 清道作业的目的是什么？

4. 图 1-37 为动力集中型动车组司机操纵台，请简要描述操纵台上各设备的名称及作用。

图 1-37　动力集中型动车组司机操纵台

5. 简述 CR200J 型动力集中型动车组机械室各设备的名称、作用及设备配置的特点。

# 项目 2
# 受电弓的维护与检修

# 任务 2.1　受电弓的外观检查

## 教学目标

1. 掌握受电弓的基本组成；
2. 掌握受电弓外观检查的工艺流程及注意事项；
3. 掌握受电弓碳滑板厚度测量方法，能够正确判断碳滑板剩余厚度是否超限；
4. 培养学生的安全意识、责任意识、团队意识。

## 任务描述

通过受电弓的外观检查，使学生进一步掌握受电弓的结构组成及常见故障现象，了解受电弓的外观检查工艺流程，强化学生对受电弓基本参数的测量能力及对常见故障的判断能力。表 2–1 为本任务的任务清单。

**表 2–1　任务清单**

| 序号 | 任务内容 | 任务要求 |
| --- | --- | --- |
| 1 | 受电弓结构 | 能够详细描述受电弓的结构组成 |
| 2 | 受电弓外观检查 | 能够设计受电弓外观检查工艺方案，并依据方案对受电弓开展检查作业，能正确判断常见故障 |
| 3 | 碳滑板厚度测量 | 能够正确使用游标卡尺进行碳滑板厚度测量，并判断碳滑板剩余厚度是否超限 |

## 任务分析

见表 2–2。

**表 2–2 知识/技能点确认单**

| 序号 | 知识/技能点 | 答案 | 自我评价 |
| --- | --- | --- | --- |
| 1 | 受电弓由哪几部分组成？每一部分的作用是什么？ | | |
| 2 | 描述受电弓外观检查的过程 | | |
| 3 | 碳滑板厚度如何测量？ | | |

## 制订计划

见表 2–3。

**表 2–3　小组决策单**

1. 计划参与人

负责人：______________小组成员：______________________________

2. 讨论决策及方案

（1） 人员分工

______________________________

______________________________

（2）工量具、工装

| 序号 | 名称 | 数量 | 规格/型号 |
|---|---|---|---|
| 1 | | | |
| 2 | | | |
| 3 | | | |
| 4 | | | |
| 5 | | | |
| 6 | | | |

（3）安全事项

______________________________

______________________________

______________________________

______________________________

（4） 工艺方案

______________________________

______________________________

______________________________

______________________________

3. 小组互换决策

| 优点 | 缺点 | 综合评价/A B C D E |
|---|---|---|
| | | |

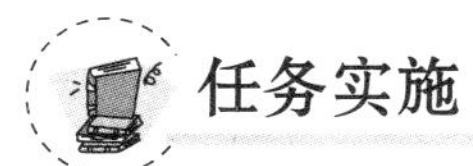

## 任务实施

见表 2-4。

**表 2-4 任务实施方案**

| 工序/工步 | 工序/工步名称及内容 |
|---|---|
| **1** | **受电弓静态检查** |
| 1.1 | 受电弓底架、阻尼器、升弓装置、上臂、上导杆、下臂、下导杆、弓装配、绝缘软管外观及状态应良好，升弓装置胶囊无裂损 |
| 1.2 | （1）受电弓弓头及支架无变形、裂损；<br>（2）手动按压弓头平衡弹簧，应状态良好；<br>（3）弓角、翼片安装牢固，外观无变形、裂损，弓角弹簧及拉杆无折损 |
| 1.3 | （1）升弓气囊装置无裂损，气路连接软管、绝缘软管连接良好且清洁；<br>（2）受电弓自动降弓装置（automatic dropping device，ADD）外观状态良好，ADD 快速降弓阀、实验阀位置正确，扎带无断开、丢失；<br>（3）在气囊无气状态下观察，有下列情况之一则更换：<br>① 可见内部帘布层；<br>② 气囊龟裂深度＞1.2 mm 且长度＞25 mm |
| 1.4 | 软铜编织线应外观完整，连接无松动、抗磨、磨损，无反装、错装，断股不超过 10% |
| 1.5 | 注油嘴帽应外观状态良好，无油污、灰尘，无缺失、破裂 |
| 1.6 | 升降弓试验时检查各关节转动情况，应灵活、无卡滞 |
| 1.7 | 检查受电弓翼片，应角度正确、无松动 |
| 1.8 | 检测碳滑板，应无裂纹、掉块，托顶面平整 |
| **2** | **碳滑板检查及厚度测量** |
| 2.1 | 分别对碳滑板磨耗区的最薄处进行厚度测量（见图 2-1），测量从碳滑板铝托架底面开始。受电弓碳滑板应外观状态良好，限度符合以下要求：<br>（1）磨耗不到限（碳滑板剩余厚度≥27 mm，从铝托架底面起测）；<br>（2）两条滑板剩余厚度差≤3 mm；<br>（3）侧面裂纹：无贯穿至铝托架的侧面裂纹；<br>（4）上表面裂纹：无纵向贯穿性裂纹，无裂到碳滑板边缘且宽度＞0.3 mm 的横向裂纹，摩擦区不超过 3 条以上裂纹；<br>（5）碳滑板基座表面孔洞直径≤2 mm；<br>（6）边缘掉块占宽度的比例应≤40%；<br>（7）接头或接缝处无漏气；<br>（8）滑板无断裂，碳滑板基座无断裂。<br>**提示：**碳滑板裂缝（见图 2-2）会导致滑板漏气，受电弓无法正常升起 |

续表

| 工序/工步 | 工序/工步名称及内容 |
|---|---|
| 2.2 | 检查弓角，应无裂纹，弓角表面纵向磨损宽度≤5 mm，弓角弹簧及拉杆无折损<br>图 2–1　碳滑板厚度测量　　图 2–2　碳滑板表面裂纹 |
| 2.3 | 发现碳结块时，用粗锉刀锉平锐利的边缘 |

## 检查评价

见表 2–5。

表 2–5　任务评价单

| 序号 | 检查项目 | | 检查内容与评分标准 | 记录 | 评分 | 总分 |
|---|---|---|---|---|---|---|
| 1 | 实践过程与规范（40 分） | 作业前准备（10 分） | （1）检查作业服装是否穿戴整齐，安全帽是否佩戴；<br>（2）检查检修工具校验日期是否在有效期内。<br>缺少任一项，扣除 5 分；缺少两项，扣除 10 分 | | | |
| | | 操作过程（30 分） | 按要求完成实践操作：<br>（1）受电弓静态检查；<br>（2）碳滑板检查及厚度测量。<br>缺少其中任一步骤，扣除 10 分；缺少两项，扣除 30 分 | | | |
| 2 | 实践结果与质量（40 分） | 作业质量标准（40 分） | （1）受电弓静态检查<br>□良好　□差<br>（2）碳滑板检查<br>□良好　□差<br>（3）碳滑板厚度测量<br>□良好　□差 | | | |
| 3 | 职业素养（20 分） | 基本要求（10 分） | （1）作业环境确认，作业场所安全确认。<br>（2）“工完料净场地清”状态确认。<br>缺少其中任何一项，扣除 5 分；缺少两项，扣除 10 分 | | | |
| | | 任务要求（10 分） | 安全意识、责任意识、团队意识 | | | |

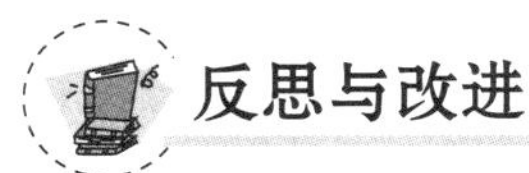

## 反思与改进

见表 2-6。

**表 2-6　反思与改进记录单**

| 序号 | 项目 | 收获与不足 | 改进措施 |
| --- | --- | --- | --- |
| 1 | 受电弓结构组成 | | |
| 2 | 受电弓静态检查 | | |
| 3 | 碳滑板厚度测量方法 | | |
| 4 | 碳滑板测量工具使用方法 | | |
| 5 | 安全意识、责任意识、团队意识 | | |

## 知识链接

### 受电弓的结构与主要技术参数

受电弓是一种铰接式的机械构件，它通过绝缘子安装于电力机车车顶。受电弓的集电头升起后与接触网导线接触，从接触网上集取电流，并将其通过车顶母线传送到车内供机车使用。

#### 1. 受电弓的结构

图 2-3 为受电弓结构图，它主要由底架、绝缘子组装（包括绝缘子和绝缘软管）、拉杆、上框架、下臂杆、平衡杆、阻尼器、弓头、升弓气囊装置、自动降弓装置、阀板等部分组成。

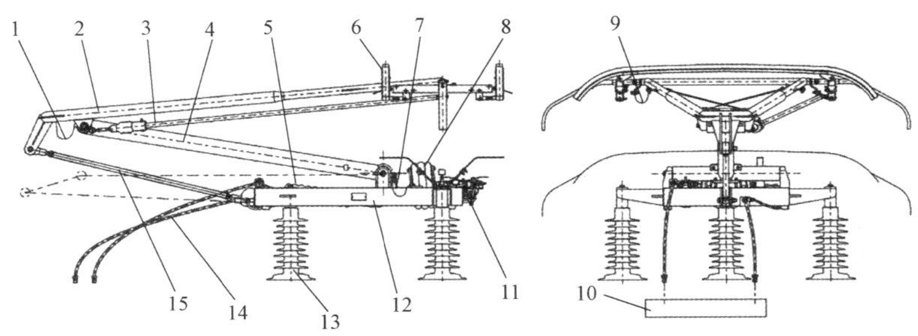


1—肘节电流连接；2—上框架；3—平衡杆；4—下臂杆；5—阻尼器；6—弓头；7—底架电流连接；8—升弓气囊装置；9—弓头电流连接；10—阀板（装在车内）；11—自动降弓装置；12—底架；13—绝缘子；14—绝缘软管；15—拉杆。

**图 2-3　受电弓结构图**

1）底架

底架（见图 2–4）由方形钢管焊接而成，在连接处紧密地密封焊接。它包括下臂杆、拉杆、阻尼器、升弓气囊装置的安装支架，用于支撑上框架和弓头的橡胶止挡及弓头支撑。

**图 2–4 底架**

为了将底架装于绝缘子之上，在底架上开有直径为 40 mm 的通孔，便于螺栓连接。为了便于电气连接，提供了多个接线端，接线端上开有直径为 14 mm 的通孔。接线端由不锈钢制作而成。

2）绝缘子组装

绝缘子组装（见图 2–5）主要起支撑与绝缘作用。

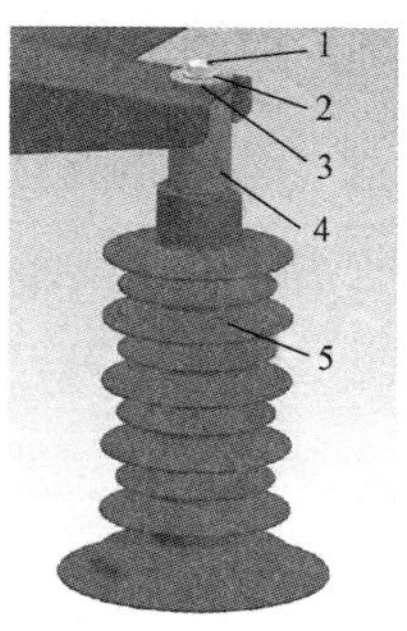


1—六角螺栓；2—平垫圈；3—垫片；4—隔离装置；5—绝缘子。

**图 2–5 绝缘子组装结构**

3）铰链机构

铰链系统包括下臂杆、上框架和拉杆，它与底架一起构成一个四杆机构，在这种情况下，上框架的顶管的运动轨迹将成为一条近似垂直的直线。

（1）下臂杆。下臂杆由无缝钢管在连接处密封焊接而成。它包括底架轴承管和肘节轴承管的主轴承。轴承安装在底架、肘节轴承管两端，密封且终生润滑。底架轴承管上设有连接升弓气囊装置和阻尼器的接口。图 2–6 为下臂杆组装结构型式图。

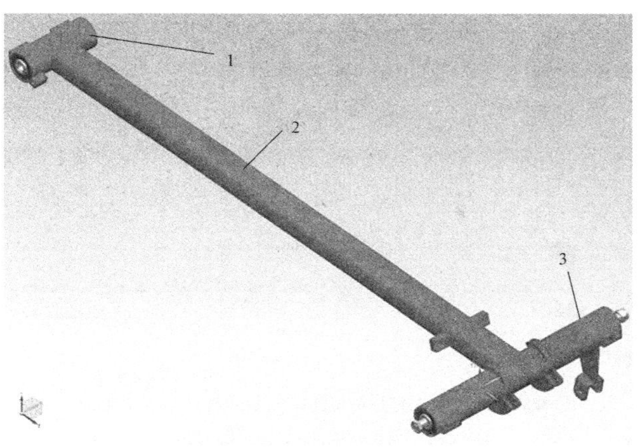


1—肘节轴承管；2—直管；3—底架轴承管。

**图 2–6　下臂杆组装结构型式图**

（2）上框架。上框架由铝变径管、顶管、直管等相互组焊而成，如图 2–7 所示。通过两个夹板与拉杆的端环轴承连接起来。顶管内压装了自润滑工程塑料轴承，用于支撑弓头的转轴。上框架有两个交叉的细拉杆，用于增加上框架横向刚度。

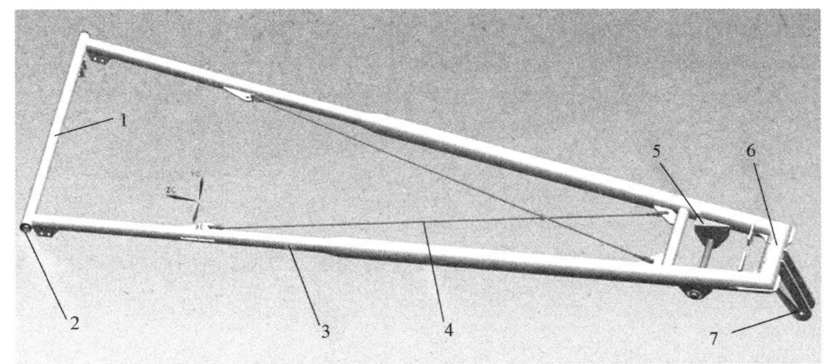


1—顶管；2—轴承；3—铝变径管；4—细拉杆；5—支座；6—直管；7—夹板。

**图 2–7　上框架组装结构型式图**

（3）拉杆。铰链机构由拉杆进行封闭，最终组成四杆机构，可以通过调整拉杆的长度来调节受电弓四杆机构的参数。拉杆组装结构型式图如图 2–8 所示。

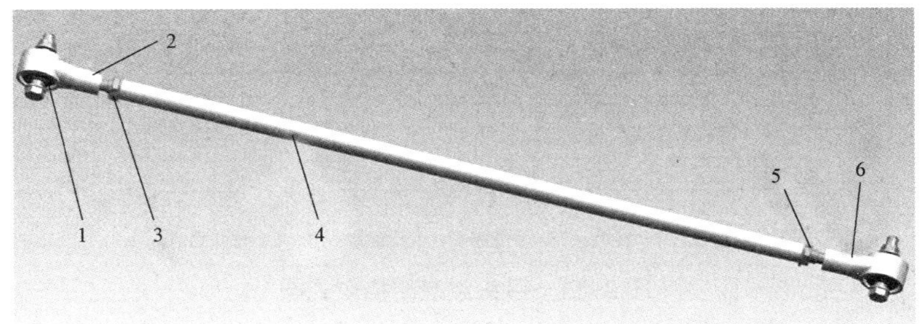


1—向心球轴承；2—右端环；3—并紧螺母；4—拉杆；5—并紧螺母；6—左端环。

**图 2–8　拉杆组装结构型式图**

4）平衡杆

平衡杆由螺纹活接头、液压阻尼器、防尘套、直管组焊等组成，如图 2-9 所示。在升降弓时，平衡杆保持弓头的水平，避免出现倾覆。小型液压阻尼器使弓头的转动能很好地适应接触导线高度的连续变化，使受电弓的两根滑板始终与接触网良好接触。

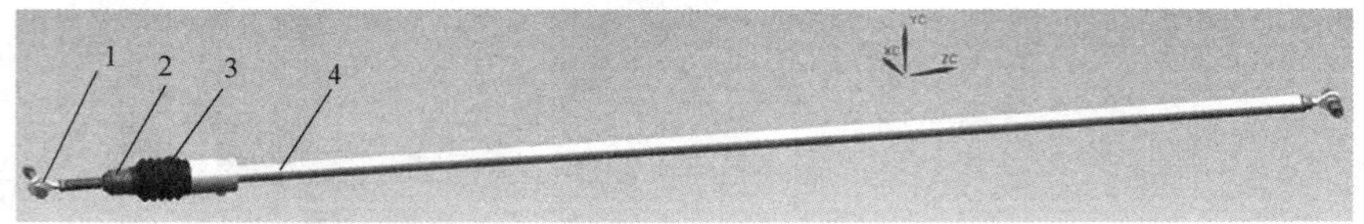


1—螺纹活接头；2—液压阻尼器；3—防尘套；4—直管组焊。

**图 2-9 平衡杆组装结构型式图**

5）阻尼器

为了避免在快速降弓时出现因降弓速度过快而引起的受电弓和车顶其他部件损坏，在下臂杆与底架之间安装了阻尼器（见图 2-10），在降弓至落弓位前提供缓冲作用。

**图 2-10 阻尼器结构型式图**

6）弓头组装

弓头组装包括碳滑板、转轴、弓角连接、绝缘弓角、弓头悬挂，如图 2-11 所示。

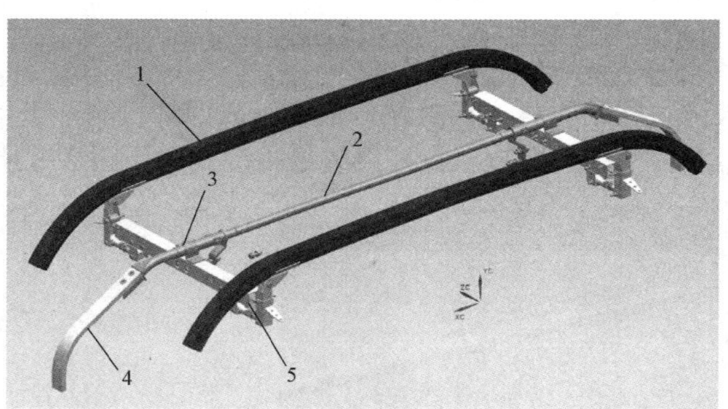


1—碳滑板；2—转轴；3—弓角连接；4—绝缘弓角；5—弓头悬挂。

**图 2-11 弓头组装结构型式图**

（1）碳滑板。每条接触滑板都是由接触滑条和铝托架粘接组成的，滑条内部布置有铜管气道。

（2）弓头悬挂装置。弓头悬挂装置包括导向单元、板簧 297、板簧 89、支板及滑板连接座等部分（见图 2-12）。滑板连接座用于安装和支撑碳滑板，支板分别与板簧 297、导向单元铰接。当受电弓受到幅度较小的振动冲击时，依靠板簧 297 的弹性吸收弓网冲击振动；当受电弓受到幅度较大的振动冲击时，板簧 297 与板簧 89 同时吸收弓网冲击振动。导向单元的长度可通过其自身的双头螺杆调节，以保证碳滑板接触面的水平度。

1—导向单元；2—板簧 89；3—板簧 297；4—支板；5—滑板连接座。

**图 2-1-12　弓头悬挂剖视图**

（3）弓角。弓头两端向下倾斜的弓角可以阻止受电弓发生钻弓现象。在正常环境下，接触网在受电弓的滑板范围之内运动。在过线岔时，弓角起过渡作用。

7）升弓气囊装置

受电弓所需的升弓扭矩和接触压力由升弓气囊（见图 2-13）通过钢丝绳和安装在下臂杆上的扇形板来产生，气体压力由高精度的调压阀进行控制并调整。

**图 2-13　升弓气囊装置结构型式图**

8）自动降弓装置

自动降弓装置（见图 2-14）与带气道的滑板组成的自动降弓系统，可以监测滑板的运用状况，当滑板过度磨损或破坏时，使受电弓迅速脱离接触网，将对受电弓和接触网的破坏降到最低。当发生滑板破裂等故障时，受电弓气路中的压缩空气经由自动降弓装置上的快排阀排向大气，受电弓靠自重降下，同时气阀板压力开关输出电信号。

自动降弓装置气路有两条支路。一条支路由自动降弓装置引出后，沿着底架、下臂杆、上框架和弓头直到滑板；另一条支路由快排阀引出后，沿着底架、受电弓绝缘气管、车顶管道直到车内气阀板的压力开关。

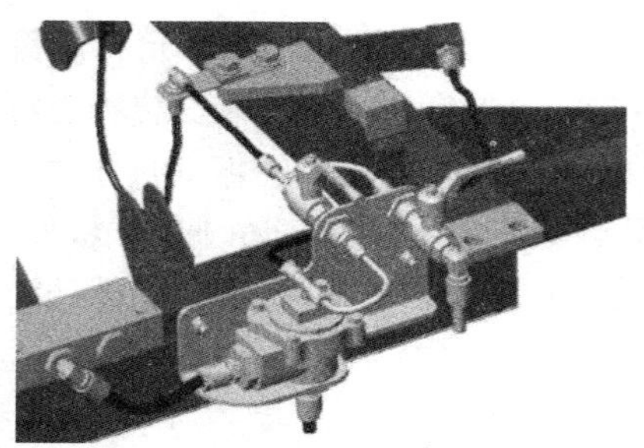

**图 2-14　自动降弓装置结构型式图**

9）阀板

所有与受电弓有关的控制阀都组装在阀板上，阀板安装在机车机械室内。阀板上包括电控阀、空气过滤阀、单向节流阀（升弓）、精密调压阀、安全阀、单向节流阀（降弓）、压力开关及压力表，如图 2-15 所示。

1—空气过滤阀；2—电控阀；3—单向节流阀（升弓）；4—精密调压阀；5—单向节流阀（降弓）；6—压力表；7—安全阀；8—压力开关。

**图 2-15　阀板结构型式图**

## 2. 受电弓的主要技术参数（见表 2-7）

**表 2-7　受电弓的主要技术参数**

| 序号 | 项目 | 参数 | 序号 | 项目 | 参数 |
|---|---|---|---|---|---|
| 1 | 标称工作电压 | AC 25 kV | 4 | 折叠高度 | $670^{+8}_{-10}$ mm（包括支持绝缘子）<br>$270^{+8}_{-10}$ mm（从绝缘子顶上受电弓安装平面起） |
| 2 | 额定工作电流 | 700 A | 5 | 最小工作高度 | 300 mm（从落弓位滑板面起）<br>570 mm（从绝缘子顶上受电弓安装平面起） |
| 3 | 额定运行速度 | 250 km/h | 6 | 最大工作高度 | 2 400 mm（从落弓位滑板面起）<br>2 670 mm（从绝缘子顶上受电弓安装平面起） |

续表

| 序号 | 项目 | 参数 | 序号 | 项目 | 参数 |
|---|---|---|---|---|---|
| 7 | 最大升弓高度 | >2 500 mm（从落弓位滑板面起）<br>>2 770 mm（从绝缘子顶上受电弓安装平面起） | 13 | 降弓时间 | ≤6 s |
| 8 | 静态接触压力 | （80 ±10） N | 14 | 总重（不包括支持绝缘子） | ≤140 kg |
| 9 | 环境工作温度 | -40 ～+70 ℃ | 15 | 安装尺寸 | 1 100 mm×（800 ±1） mm |
| 10 | 机车风源供风压力 | 400 ～1 000 kPa | 16 | 最小升弓气压 | 400 kPa |
| 11 | 降弓位置保持力 | ≥150 N | 17 | 受电弓集电头宽度 | （597±5） mm |
| 12 | 升弓时间 | 6 ～10 s | 18 | 受电弓集电头长度 | （1 950±10） mm |

## 习　题

1. 受电弓主要由哪些部分组成？
2. 受电弓碳滑板厚度磨耗超限如何处理？
3. 碳滑板破损时受电弓如何实现自动降弓？
4. 简述受电弓碳滑板厚度测量方法。
5. 简述受电弓静态检查流程。

# 任务 2.2 受电弓功能调试

## 教学目标

1. 掌握受电弓升降弓工作原理；
2. 掌握受电弓升降弓时间测定及调整流程；
3. 掌握受电弓静态接触压力测定及调整流程；
4. 培养学生的安全意识、责任意识及团队协作意识。

## 任务描述

通过受电弓升降弓时间及静态接触压力测定，使学生进一步掌握受电弓的工作原理，熟悉受电弓调试流程及注意事项，强化学生的受电弓功能测定及参数调整能力。表 2–8 为本任务的任务清单。

表 2–8　任务清单

| 序号 | 任务内容 | 任务要求 |
| --- | --- | --- |
| 1 | 受电弓工作原理 | 能够详细描述受电弓的工作原理 |
| 2 | 受电弓升降弓时间调试 | 能够设计受电弓升降弓时间调试工艺方案，并依据方案对受电弓开展升降弓时间测定，并能正确调整时间至合格范围 |
| 3 | 受电弓静态接触压力调试 | 能够设计受电弓静态接触压力调试工艺方案，并依据方案对受电弓开展静态接触压力测定，并能正确调整静态接触压力至合格范围 |

## 任务分析

见表 2-9。

**表 2-9　知识/技能点确认单**

| 序号 | 知识/技能点 | 答案 | 自我评价 |
| --- | --- | --- | --- |
| 1 | 受电弓是如何实现升弓及降弓的？ | | |
| 2 | 如何进行受电弓升降弓时间调整？ | | |
| 3 | 如何进行受电弓静态接触压力调整？ | | |

## 制订计划

见表 2–10。

**表 2–10 小组决策单**

**1. 计划参与人**

负责人：________小组成员：________

**2. 讨论决策及方案**

（1） 人员分工

________

________

（2） 工量具、工装

| 序号 | 名称 | 数量 | 规格/型号 |
|---|---|---|---|
| 1 | | | |
| 2 | | | |
| 3 | | | |
| 4 | | | |
| 5 | | | |
| 6 | | | |

（3）安全事项

________

________

________

________

（4） 工艺方案

________

________

________

________

**3. 小组互换决策**

| 优点 | 缺点 | 综合评价/A B C D E |
|---|---|---|
| | | |

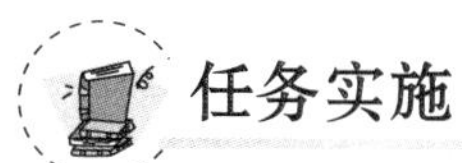

## 任务实施

见表 2–11。

**表 2–11　任务实施方案**

| 工序/工步 | 工序/工步名称及内容 |
| --- | --- |
| **1** | **受电弓升降弓时间调试** |
| 1.1 | 设置或校核升弓时间前，将操纵台受电弓扳键开关打到“升弓”位 |
| 1.2 | 测定升弓时间：升弓时从弓头动作开始计时，自落弓位升至碳滑板完全与接触网密贴后停止计时。升弓应无引起有损害的冲击，升弓时间：6～10 s |
| 1.3 | 可使用气源控制阀组升弓节流阀调节升弓速度，顺时针旋转增加升弓时间，逆时针旋转减少升弓时间 |
| 1.4 | 设置或校核降弓时间前，将操纵台受电弓扳键开关打到“降弓”位 |
| 1.5 | 测定降弓时间：降弓时从弓头动作开始计时，降至落弓位停止计时，降弓时间：≤6 s |
| 1.6 | 使用气源控制阀组降弓节流阀调节降弓速度，顺时针旋转增加降弓时间，逆时针旋转减少降弓时间 |
| 1.7 | 检测记录：记录实测的升降弓时间 |
| **2** | **受电弓静态接触压力调试** |
| 2.1 | 将底座 ADD 关闭阀打到“关闭”位 |
| 2.2 | 松开气源控制阀组调压阀锁紧螺母，用弹簧秤人为调整受电弓滑板下降位置，使之与平置位置之间的测量高度为 1.6 m |
| 2.3 | 通过弹簧秤缓慢匀速将受电弓向下拉约 50 cm，下拉过程中记录弹簧秤拉力数值；然后稍微减少弹簧秤拉力，使受电弓匀速升高 50 cm，记录弹簧秤拉力数值。两次测量的平均值即为受电弓静态接触压力 |
| 2.4 | 将受电弓静态接触压力调整到（70±10）N：通过调压阀旋钮，进行调触压力调节：按照调压阀手柄“+”“–”箭头方向对受电弓静态接触力进行调整，直至弹簧秤测量值符合标准技术要求 |
| 2.5 | 拧紧调压阀旋钮和锁紧螺母 |
| 2.6 | 将 ADD 关闭阀打到“打开”位 |
| 2.7 | 检测记录：记录实测的静态接触压力 |

## 检查评价

见表 2-12。

**表 2-12　任务评价单**

<table>
<tr><th>序号</th><th colspan="2">检查项目</th><th>检查内容与评分标准</th><th>记录</th><th>评分</th><th>总分</th></tr>
<tr><td rowspan="2">1</td><td rowspan="2">实践过程与规范（40 分）</td><td>作业前准备（10 分）</td><td>（1） 检查作业服装穿戴是否整齐、安全帽是否佩戴；<br>（2） 检查检修工具校验日期是否在有效期内。<br>缺少其中任一项，扣除 5 分；缺少两项，扣除 10 分</td><td></td><td></td><td rowspan="2"></td></tr>
<tr><td>操作过程（30 分）</td><td>按要求完成实践操作：<br>（1） 受电弓升降弓时间调试。<br>（2） 受电弓静态接触压力调试。<br>缺少其中任一步骤，扣除 10 分；缺少两项，扣除 30 分</td><td></td><td></td></tr>
<tr><td>2</td><td>实践结果与质量（40 分）</td><td>作业质量标准（40 分）</td><td>（1） 受电弓升降弓时间测定<br>□合格　□不合格<br>（2） 受电弓静态接触压力测定<br>□合格　□不合格<br>（3） 受电弓升降弓时间调整<br>□良好　□差<br>（4） 受电弓静态接触压力调整<br>□良好　□差</td><td></td><td></td><td></td></tr>
<tr><td rowspan="2">3</td><td rowspan="2">职业素养（20 分）</td><td>基本要求（10 分）</td><td>（1） 作业环境确认，作业场所安全确认。<br>（2）“工完料净场地清”状态确认。<br>缺少其中任何一项，扣除 5 分；缺少两项，扣除 10 分</td><td></td><td></td><td rowspan="2"></td></tr>
<tr><td>任务要求（10 分）</td><td>安全意识、责任意识、团队协作意识</td><td></td><td></td></tr>
</table>

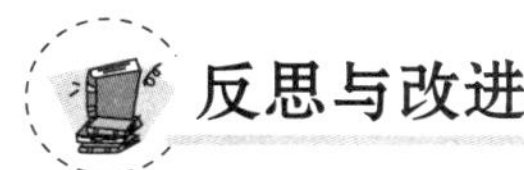

## 反思与改进

见表 2–13。

**表 2–13　反思与改进记录单**

| 序号 | 项目 | 收获与不足 | 改进措施 |
|---|---|---|---|
| 1 | 受电弓升降弓原理 | | |
| 2 | 受电弓升降弓时间调试 | | |
| 3 | 受电弓静态接触压力调试 | | |
| 4 | 安全意识、责任意识、团队意识 | | |

## 知识链接

### 受电弓的电气系统与气路系统

**1. 受电弓的电气系统**

受电弓是车辆的受流部件，受电弓升起后与接触网接触，从接触网上集取电流，并将其传送到车辆电气系统。接触网的电流首先由碳滑板流入受电弓弓头，然后依次经过上框架、下臂杆后流入底架。在弓头到上框架、上框架到下臂杆、下臂杆到底架的连接处都由铜绞线短接，最后电流经过底架上的电流连接端子、车顶母线进入车辆电气系统。

**2. 受电弓的气路系统**

图 2–16 为受电弓的工作原理图。

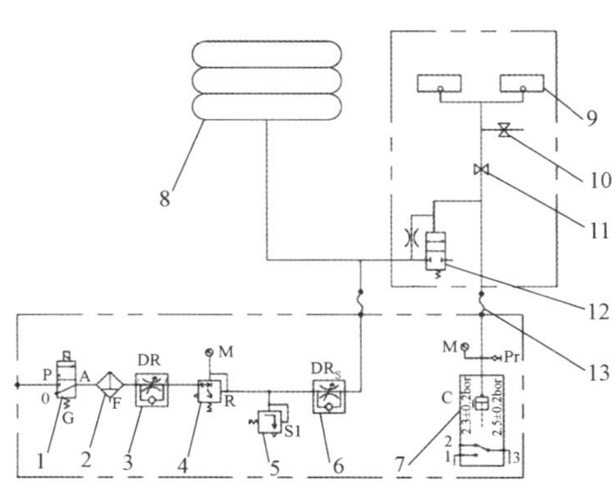


1—电控阀；2—空气过滤阀；3—单向节流阀（升弓）；4—精密调压阀；5—安全阀；6—单向节流阀（降弓）；7—压力开关；8—升弓气囊装置；9—滑板；10—ADD 试验阀；11—ADD 截止阀；12—快排阀；13—绝缘软管。

**图 2–16　受电弓工作原理图**

受电弓的升弓和降弓由升弓气囊装置控制，升弓气囊装置由气路控制，该气路能保证受电弓平稳地升起直至最大工作高度，从受电弓弓头开始上升算起，应在6～10 s内无异常冲击地抵达接触网线。在由任意高度降弓时，包括工作区内间的快速降弓，气路系统应保证降弓动作不会引起受电弓损坏。

1）升弓

升弓的速度通过进入升弓气囊装置的压缩空气的流量进行控制。

电控阀得电，压缩空气依次通过阀板、绝缘软管后进入气囊，气囊充气后膨胀伸长，通过钢丝绳拉拽下臂杆，使气囊的直线运动转化为下臂杆的转动，受电弓下臂杆转动后，带动整个铰链机构使弓头先快后慢地上升。

2）降弓

降弓的速度通过升弓气囊装置释放压缩空气来进行控制。

电控阀失电，阀腔通大气，气囊内的压缩空气依次通过绝缘软管、阀板排出。在受电弓自重的作用下，气囊收缩并实现降弓。

## 习　题

1. 受电弓升弓时间太长怎么处理？
2. 受电弓如何实现升弓与降弓？
3. 受电弓静态接触压力如何测定？
4. 受电弓静态接触压力如何调整？
5. 单向节流阀的作用是什么？

# 任务 2.3　受电弓试验

## 教学目标

1. 掌握受电弓气路原理；
2. 掌握受电弓气密性试验流程及注意事项；
3. 掌握受电弓自动降弓装置工作原理及 ADD 阀试验流程；
4. 培养学生的安全意识、责任意识及规范作业意识。

## 任务描述

通过受电弓升降弓试验、气密性试验及 ADD 阀试验，使学生进一步掌握受电弓的气路原理及自动降弓原理，熟悉受电弓各项试验的流程及注意事项，增强学生对受电弓工作状态合格性的判断能力。表 2-14 为本任务的任务清单。

**表 2-14　任务清单**

| 序号 | 任务内容 | 任务要求 |
|---|---|---|
| 1 | 受电弓自动降弓原理 | 能够详细描述受电弓自动降弓原理 |
| 2 | 受电弓气密性试验工艺 | 能够设计受电弓气密性试验工艺方案，并依据方案对受电弓开展气密性判断 |
| 3 | 受电弓 ADD 阀试验工艺 | 能够设计受电弓 ADD 阀试验工艺方案，并依据方案对受电弓开展 ADD 阀试验，并能正确判断 ADD 阀件的性能是否良好 |

## 任务分析

见表 2–15。

**表 2–15 知识/技能点确认单**

| 序号 | 知识/技能点 | 答案 | 自我评价 |
|---|---|---|---|
| 1 | 受电弓在什么情况下自动降弓？它是如何实现自动降弓的？ | | |
| 2 | 如何进行受电弓气密性试验？ | | |
| 3 | 如何进行 ADD 阀试验？ | | |

## 制订计划

见表 2–16。

**表 2–16　小组决策单**

**1. 计划参与人**

负责人：______________小组成员：______________________________

**2. 讨论决策及方案**

（1） 人员分工

______________________________

______________________________

（2） 工量具、工装

| 序号 | 名称 | 数量 | 规格/型号 |
|---|---|---|---|
| 1 | | | |
| 2 | | | |
| 3 | | | |
| 4 | | | |
| 5 | | | |
| 6 | | | |

（3） 安全事项

______________________________

______________________________

______________________________

______________________________

（4） 工艺方案

______________________________

______________________________

______________________________

______________________________

**3. 小组互换决策**

| 优点 | 缺点 | 综合评价/A B C D E |
|---|---|---|
| | | |

## 任务实施

见表 2–17。

**表 2–17 任务实施方案**

| 工序/工步 | 工序/工步名称及内容 |
| --- | --- |
| **1** | **升降弓试验** |
| 1.1 | 升弓 |
| 1.2 | （1）观察升弓过程中有无卡滞、弹弓现象；<br>（2）升弓后检查各风管管路、气路连接有无漏风；<br>（3）升弓后观察碳滑板中心与接触网是否均已接触，有无偏磨和边缘虚接现象 |
| 1.3 | 用手将受电弓下拉（不少于 200 mm）后缓慢释放，受电弓应能正常归位，无迟缓现象 |
| **2** | **气密性试验** |
| 2.1 | 检查碳滑板、升弓气囊装置、ADD 阀、试验阀、各橡胶（金属）风管及管接头有无裂纹、破损 |
| 2.2 | 在碳滑板、升弓气囊装置、ADD 阀、试验阀、各橡胶（金属）风管及管接头上喷试漏剂，确认各部件有无漏风 |
| **3** | **ADD 阀试验** |
| 3.1 | 在操纵台把受电弓扳键开关打到“升弓”位 |
| 3.2 | 如果自动降弓装置的开关都在其初始位置，即关闭阀在“打开”位，试验阀在“运转”位，并且接触网线和滑板接触良好，则气囊工作时气压会明显升高 |
| 3.3 | （1）将试验阀打到“试验”位，受电弓应能够快速下降；<br>（2）将试验阀再打到“运行”位后，当操纵台上的受电弓扳键开关打到“降弓”位时，升弓装置应能通过受电弓电控阀排气，实现降弓（降弓位） |
| 3.4 | 试验完毕，将固定扎带绑扎牢固 |

## 检查评价

见表 2–18。

**表 2–18　任务评价单**

<table>
<tr><th>序号</th><th colspan="2">检查项目</th><th>检查内容与评分标准</th><th>记录</th><th>评分</th><th>总分</th></tr>
<tr><td rowspan="2">1</td><td rowspan="2">实践过程与规范（40 分）</td><td>作业前准备（10 分）</td><td>（1） 检查作业服装是否穿戴整齐、安全帽是否佩戴；<br>（2） 检查检修工具校验日期是否在有效期内。<br>缺少其中任一项，扣除 5 分；缺少两项，扣除 10 分</td><td></td><td></td><td rowspan="5"></td></tr>
<tr><td>操作过程（30 分）</td><td>按要求完成实践操作：<br>（1） 升降弓试验；<br>（2） 气密性试验；<br>（3） ADD 阀试验。<br>缺少其中任一步骤，扣除 10 分；缺少两项，扣除 30 分</td><td></td><td></td></tr>
<tr><td>2</td><td>实践结果与质量（40 分）</td><td>作业质量标准（40 分）</td><td>（1） 升降弓试验<br>□合格　　□不合格<br>（2） 气密性试验<br>□合格　　□不合格<br>（3） ADD 阀试验<br>□合格　　□不合格</td><td></td><td></td></tr>
<tr><td rowspan="2">3</td><td rowspan="2">职业素养（20 分）</td><td>基本要求（10 分）</td><td>（1） 作业环境确认，作业场所安全确认。<br>（2）“工完料净场地清”状态确认。<br>缺少其中任何一项，扣除 5 分；缺少两项，扣除 10 分</td><td></td><td></td></tr>
<tr><td>任务要求（10 分）</td><td>安全意识、责任意识、团队协作意识</td><td></td><td></td></tr>
</table>

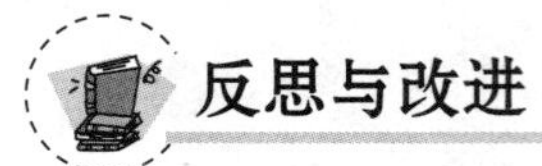

## 反思与改进

见表 2–19。

**表 2–19 反思与改进记录单**

| 序号 | 项目 | 收获与不足 | 改进措施 |
|---|---|---|---|
| 1 | 自动降弓原理 | | |
| 2 | 升降弓试验 | | |
| 3 | 气密性试验 | | |
| 4 | ADD 阀试验 | | |
| 5 | 安全意识、责任意识、团队意识 | | |

## 知识链接

### 受电弓自动降弓原理

受电弓自动降弓装置是一种保护装置，当受电弓碳滑板断裂或者磨耗超限时，会导致控制管内的气压发生变化，自动降弓装置在检测到这种气压变化后会迅速降下受电弓，避免弓网出现更大的损伤。图 2–17 为自降弓装置原理图，它主要由整体滑板、压力开关、截止阀、快排阀及相应管路等组成。

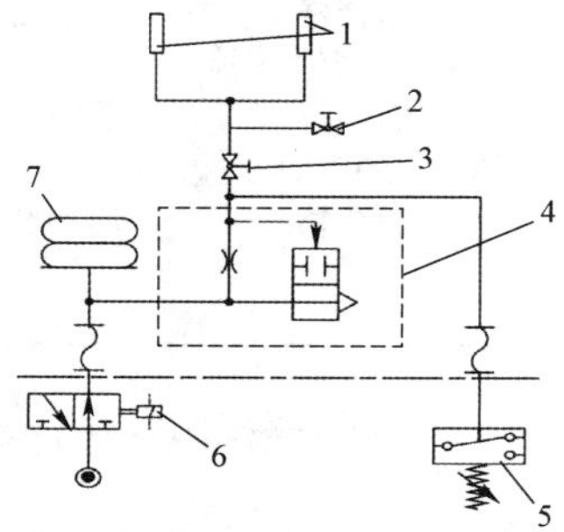


1—碳滑板；2—试验阀；3—截止阀；4—快排阀；5—压力开关；6—电磁阀；7—升弓气囊装置。

**图 2–17 自动降弓装置原理图**

当受电弓碳滑板出现断裂、打破等故障使碳滑板内置气道漏气；或受电弓受到非正常撞击使弓头破坏，拉断气管或通道内其他管件，出现大的漏泄，造成控制管路内气压下降，压力开关检测到气压变化后发出降弓信号，压力开关断电，快排阀打开并迅速排出受电弓气囊装置内的压缩空气，从而实现受电弓快速下降，避免受电弓及接触网出现进一步的损坏。

产生自动降弓动作的条件主要有以下几种：

（1）碳滑板断裂或裂纹，导致滑板气道出现漏气现象；

（2）受电弓管路断裂；

（3）压力开关损坏；

（4）试验阀、截止阀破损，导致出现漏气现象。

## 习　题

1. 受电弓在什么条件下会自动降弓？
2. 受电弓如何实现自动降弓？
3. 简述受电弓升降弓试验流程。
4. 简述受电弓气密性试验流程。
5. 简述受电弓 ADD 阀试验流程。

# 任务 2.4 受电弓的预防性检修

## 教学目标

1. 掌握受电弓预防性检修的修程等级及主要内容；
2. 掌握受电弓升降弓时间测定的方法，能够开展升降弓时间测定；
3. 掌握受电弓接触压力测定的方法，能够开展接触压力测定；
4. 具有受电弓绝缘子、底架及铰链机构、碳滑板、弓头、阻尼器、气囊等主要部件的检查、维修能力；
5. 培养学生“安全无小事”的责任意识和精益求精的“大国工匠”精神。

## 任务描述

通过对受电弓开展预防性检修实训，使学生进一步掌握受电弓的结构，了解受电弓的修程等级及常见故障，提高学生使用专业工具进行受电弓性能检测、判断及修复的能力。表 2–20 为本任务的任务清单。

**表 2–20 任务清单**

| 序号 | 任务内容 | 任务要求 |
| --- | --- | --- |
| 1 | 受电弓主要部件检修 | （1）能够开展绝缘子、底架及铰链机构、碳滑板、弓头、阻尼器、气囊等主要部件的检查及预防性检修工作；<br>（2）熟悉主要部件的常见故障及处理方案 |
| 2 | 受电弓升降弓时间测定 | （1）能够进行升降弓时间测定，并判断其合格性；<br>（2）熟悉升降弓时间调整方法 |
| 3 | 受电弓接触压力测定 | （1）能够进行接触压力测定，并判断其合格性；<br>（2）熟悉接触压力调整方法 |

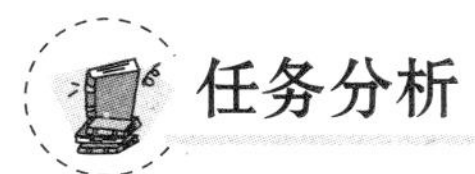

## 任务分析

见表 2–21。

**表 2–21　知识/技能点确认单**

| 序号 | 知识/技能点 | 答案 | 自我评价 |
|---|---|---|---|
| 1 | 绝缘子常见故障有哪些？ | | |
| 2 | 碳滑板在什么情况下进行更换？ | | |
| 3 | 如何进行气囊检查？ | | |
| 4 | 怎样进行受电弓升降弓时间测定？合理的升降弓时间应在什么范围内？ | | |
| 5 | 怎样进行受电弓接触压力测定？接触压力应在什么范围内？ | | |

## 制订计划

见表 2–22。

**表 2–22　小组决策单**

**1. 计划参与人**

负责人：________________小组成员：____________________________________________

**2. 讨论决策及方案**

（1） 人员分工

______________________________________________________________________

______________________________________________________________________

（2） 工量具、工装

| 序号 | 名称 | 数量 | 规格/型号 |
| --- | --- | --- | --- |
| 1 | | | |
| 2 | | | |
| 3 | | | |
| 4 | | | |
| 5 | | | |
| 6 | | | |

（3）安全事项

______________________________________________________________________

______________________________________________________________________

______________________________________________________________________

______________________________________________________________________

（4） 工艺方案

______________________________________________________________________

______________________________________________________________________

______________________________________________________________________

______________________________________________________________________

**3. 小组互换决策**

| 优点 | 缺点 | 综合评价/A B C D E |
| --- | --- | --- |
| | | |

## 任务实施

见表 2–23。

表 2–23　任务实施方案

| 工序/工步 | 工序/工步名称及内容 |
|---|---|
| **1** | **绝缘子检查** |
| 1.1 | 目测检查、清洁绝缘子。绝缘子应表面光洁，安装牢固 |
| 1.2 | 检查支撑绝缘子是否损坏：<br>（1）有电蚀、裂纹者应更新，表面缺损者须进行绝缘处理。<br>（2）累计缺损面积大于 3 $cm^2$ 时，须通过 75 kV 工频耐电压试验；累计缺损面积大于 25 $cm^2$ 或深度达到 1 mm 时须更新。<br>（3）伞裙撕裂长度≥20 mm 或芯棒露出者须更新 |
| **2** | **紧固件状态检查** |
| 2.1 | 目测检查紧固件封漆标识，应无松动、错位现象 |
| 2.2 | 检查锁紧螺母非金属嵌件是否有掉落、老化现象 |
| 2.3 | 使用定扭矩电扳手对关键铰接部位螺栓紧固力矩进行校核 |
| **3** | **底架及铰链机构检查** |
| 3.1 | 目测检查底架、框架、拉杆、平衡杆、弓头，各部件不许有弯曲、变形、裂纹 |
| 3.2 | 目测检查轴、销及套，不许有不正常磨耗 |
| 3.3 | 目测检查杆件接头应螺纹完好，不许有松动 |
| **4** | **碳滑板检查** |
| 4.1 | 检查碳滑板状态，出现以下情况应时及时更换：<br>（1）滑板碳条剩余高度不足 5 mm，滑板总厚度≤22 mm 时；<br>（2）掉块、孔洞等直径超过 10 mm 时；<br>（3）存在超过滑板宽度 1/3 的纵向裂缝时；<br>（4）由于产生电弧，造成滑板变形或缺陷，并自动降弓时；<br>（5）由于发生弓网故障，造成滑板扭曲、断裂等时；<br>（6）滑板裂缝导致气路漏气，自动降弓功能启动，受电弓无法升起时；<br>（7）铝托架严重烧损，面积接近其表面积的 1/2 时；<br>（8）铝托架有直径超过 2 mm 的电蚀孔时 |
| 4.2 | （1）通常同时更换受电弓的 2 条碳滑板。当只更换 1 条碳滑板时，应保证新碳滑板与旧碳滑板的高度差不超过 3 mm；<br>（2）更换碳滑板后，同一受电弓碳滑板的高度差不应超过 3 mm，若碳滑板掉块缺口呈 V 形，深度小于 6 mm 时可修整为坡面；<br>（3）当碳滑板有较严重损坏，V 形碰撞掉块深度达 6 mm 左右，应修整为坡面 |

续表

| 工序/工步 | 工序/工步名称及内容 |
| --- | --- |
| **5** | **弓头组装检查** |
| 5.1 | 目测检查弓头、弓角，不许有裂纹、锈蚀、变形 |
| 5.2 | 目测检查弓角安装情况，应牢固，不许有变形 |
| **6** | **阻尼器检查** |
|  | 检查阻尼器是否摩擦过大，或动作时是否有咔嗒声、吱吱声，或是否漏油。发现上述故障时应更换 |
| **7** | **气囊检查** |
| 7.1 | 受电弓在降弓状态，气囊没有充气，在受电弓下臂杆直管处稍稍抬起，使升弓装置处于自然状态 |
| 7.2 | 当气囊存在超过 1.2 mm 且龟裂长度达到或超过 25 mm 的单个龟裂时，或可见气囊内部的编织层时，应更换气囊 |
| **8** | **钢丝绳检查** |
|  | 目测检查钢丝绳，应完好、清洁并润滑 |
| **9** | **风管检查** |
|  | 各软管外观良好，不许有裂损、老化，如有上述情况应及时更换 |
| **10** | **接触压力检测** |
|  | 标称静态接触力为（70 ±10）N（断开阻尼器），不合格时应调试 |
| **11** | **升降弓时间检测** |
|  | 升弓时间：6～10 s；降弓时间：≤6 s。不合格时应调试 |
| **12** | **导流线检查** |
|  | 目测检查各导流线（包括弓头电流连接组装、肘节电流连接组装、底架电流连接组装）的状态，应无明显摩擦、活动自如，导流线不能拉紧或放置在其他防磨部件上，截面积缺损不得超过原形的 5% |

## 检查评价

见表 2–24。

**表 2–24　任务评价单**

| 序号 | 检查项目 | | 检查内容与评分标准 | 记录 | 评分 | 总分 |
| --- | --- | --- | --- | --- | --- | --- |
| 1 | 实践过程与规范（40 分） | 作业前准备（10 分） | （1）检查作业服装是否穿戴整齐、安全帽是否佩戴；<br>（2）检查检修工具校验日期是否在有效期内。<br>缺少任一项，扣除 5 分；缺少两项，扣除 10 分 |  |  |  |

续表

<table>
<tr><th>序号</th><th colspan="2">检查项目</th><th>检查内容与评分标准</th><th>记录</th><th>评分</th><th>总分</th></tr>
<tr><td>1</td><td>实践过程与规范（40 分）</td><td>操作过程（30 分）</td><td>按要求完成实践操作：<br>（1）绝缘子检查<br>（2）紧固件状态检查<br>（3）底架及铰链机构检查<br>（4）碳滑板检查<br>（5）弓头组装检查<br>（6）阻尼器检查<br>（7）气囊检查<br>（8）钢丝绳检查<br>（9）风管检查<br>（10）接触压力检测<br>（11）升降弓时间检测<br>（12）导流线检查<br>缺少其中任一步骤，扣除 2 分；缺少三项，扣除 30 分</td><td></td><td></td><td></td></tr>
<tr><td>2</td><td>实践结果与质量（40 分）</td><td>作业质量标准（40 分）</td><td>（1）绝缘子检查<br>□合格　　□不合格<br>（2）紧固件状态检查<br>□合格　　□不合格<br>（3）底架及铰链机构检查<br>□合格　　□不合格<br>（4）碳滑板检查<br>□合格　　□不合格<br>（5）弓头组装检查<br>□合格　　□不合格<br>（6）阻尼器检查<br>□合格　　□不合格<br>（7）气囊检查<br>□合格　　□不合格<br>（8）钢丝绳检查<br>□合格　　□不合格<br>（9）风管检查<br>□合格　　□不合格<br>（10）接触压力检测<br>□合格　　□不合格<br>（11）升降弓时间检测<br>□合格　　□不合格<br>（12）导流线检查<br>□合格　　□不合格</td><td></td><td></td><td></td></tr>
<tr><td rowspan="2">3</td><td rowspan="2">职业素养（20 分）</td><td>基本要求（10 分）</td><td>（1）作业环境确认，作业场所安全确认。<br>（2）“工完料净场地清”状态确认。<br>缺少其中任何一项，扣除 5 分；缺少两项，扣除 10 分</td><td></td><td></td><td></td></tr>
<tr><td>任务要求（10 分）</td><td>（1）“安全无小事”的责任意识；<br>（2）精益求精的“大国工匠”精神</td><td></td><td></td><td></td></tr>
</table>

## 反思与改进

见表 2-25。

表 2-25　反思与改进记录单

| 序号 | 项目 | 收获与不足 | 改进措施 |
| --- | --- | --- | --- |
| 1 | 绝缘子的检查方法、常见故障及处理方法 | | |
| 2 | 紧固件状态检查方法、常见故障及处理方法 | | |
| 3 | 底架及铰链机构检查方法、常见故障及处理方法 | | |
| 4 | 碳滑板检查方法及更换要求 | | |
| 5 | 弓头组装检查方法、常见故障及处理方法 | | |
| 6 | 阻尼器检查方法、常见故障及处理方法 | | |
| 7 | 气囊检查方法、常见故障及处理方法 | | |
| 8 | 钢丝绳、风管及导流线检查方法、常见故障及处理方法 | | |
| 9 | 接触压力测定方法及合格性判定 | | |
| 10 | 升降弓时间检测方法及合格性判断 | | |
| 11 | “安全无小事”的责任意识及精益求精的“大国工匠”精神 | | |

## 知识链接

### 1. 预防性维修等级

动车组维修等级见表 2–26。表中规定的走行公里数或间隔期内（以先到为准），应实施相应的维修工作。

表 2–26　动车组维修等级

| 修程 | 与机车、客车修程对应关系 | 走行公里及时间周期 |
| --- | --- | --- |
| D1 | 机车一级整备，客车日常检修 | 每运行不超过（4 000+400）km |
| D2 | 机车二级整备、C1 修、C2 修、C3 修（统称为动力车、控制车机务设备专项检修），客车专项检修和 A1 修 | （1）动力车、控制车机务设备检修周期为 1 年的专项检修项目及拖车、控制车（不含机务设备）按客车 A1 修项目：运行（30 万±3 万）km 或距上次 D2 修以上修程 1 年；<br>（2）动力车、控制车机务设备其他专项检修项目和拖车、控制车（不含机务设备）专项检修项目按《时速 160 公里动力集中型动车组运用维修管理暂行办法》附件 3 规定的时间周期 |
| D3 | 机车 C4 修，客车 A2 修 | 运行（60 万±6 万）km，或距上次 D3 修以上修程 2 年 |
| D4 | 机车 C5 修，客车 A3 修 | 运行（110 万±10 万）km，或距上次 D3 修 2 年 |
| D5 | 机车 C6 修，客车 A4 修 | 运行（220 万±22 万）km，或距新造（或 D6 修）8 年 |
| D6 | 机车次轮 C6 修，客车 A5 修 | 运行（440 万±22 万）km，或距上次 D5 修 8 年 |
| UM | | 计划外维修 |

表 2–26 中，D1～D6—修程属定期维修（或预防性维修），UM 修程为计划外维修（或修复性维修），包括故障维修和改善维修。

### 2. 受电弓部件维修限度（见表 2–27）

表 2–27　受电弓部件维修限度

| 序号 | 名称 | 原型 | 限度 |
| --- | --- | --- | --- |
| 1 | 滑板（碳条高度） | 22 | 4 |
| 2 | 导流线（3 种） | — | 出现破损 |
| 3 | 钢丝绳组装 | — | 有一股断裂 |
| 4 | 气囊升弓装置 | — | 发生泄漏 |
| 5 | 系统阻尼器 | — | 发生泄漏 |
| 6 | 绝缘子 | — | 发生闪络和损坏 |

### 3. 故障查找与处理

在表 2-28 中，按照预计的发生次数顺序列出了在受电弓上经常发生的故障，其中包括了故障现象、可能原因及处理方法。

**表 2-28　故障查找与处理**

| 序号 | 故障现象 | 可能原因 | 处理方法 |
|---|---|---|---|
| 1 | 碳滑板过度磨损（连续磨损） | 均匀磨损，显示运行正常 | 检查碳滑板并更换 |
| 2 | 碳滑板过度磨损（不规则的磨损） | 碳滑板裂纹或破损，接触网破损 | 更换碳滑板并检查接触网 |
| 3 | 接触网的弓头放电 | 碳滑板上出现摩槽（由于电网上的故障引起） | 更换碳滑板 |
| | | 气压低，接触压力太小 | 检查更换有故障的气动部件 |
| | | 弓头被阻挡或变形 | 检查弓头是否自由动作，如果需要，应进行修理或更换 |
| | | 新的电网 | 按照其磨损程度进行处理 |
| 4 | 无法升弓 | 控制电路故障 | 检查线路。如果需要，应进行修理 |
| | | 空气管路故障 | 检查管路是否漏气，或检查插头是否故障。如果需要，应进行修理 |
| | | | 检查管路压力和风源压力，更换有故障的气动部件 |

## 习　题

1. 碳滑板在什么条件下需要更换？
2. 简述受电弓主要部件的维修限度。
3. 碳滑板过度磨损如何处理？
4. 什么原因会造成接触网的弓头放电？
5. 什么原因会造成受电弓无法升弓？如何处理？

# 项目 3
# 网侧高压设备的控制与检修

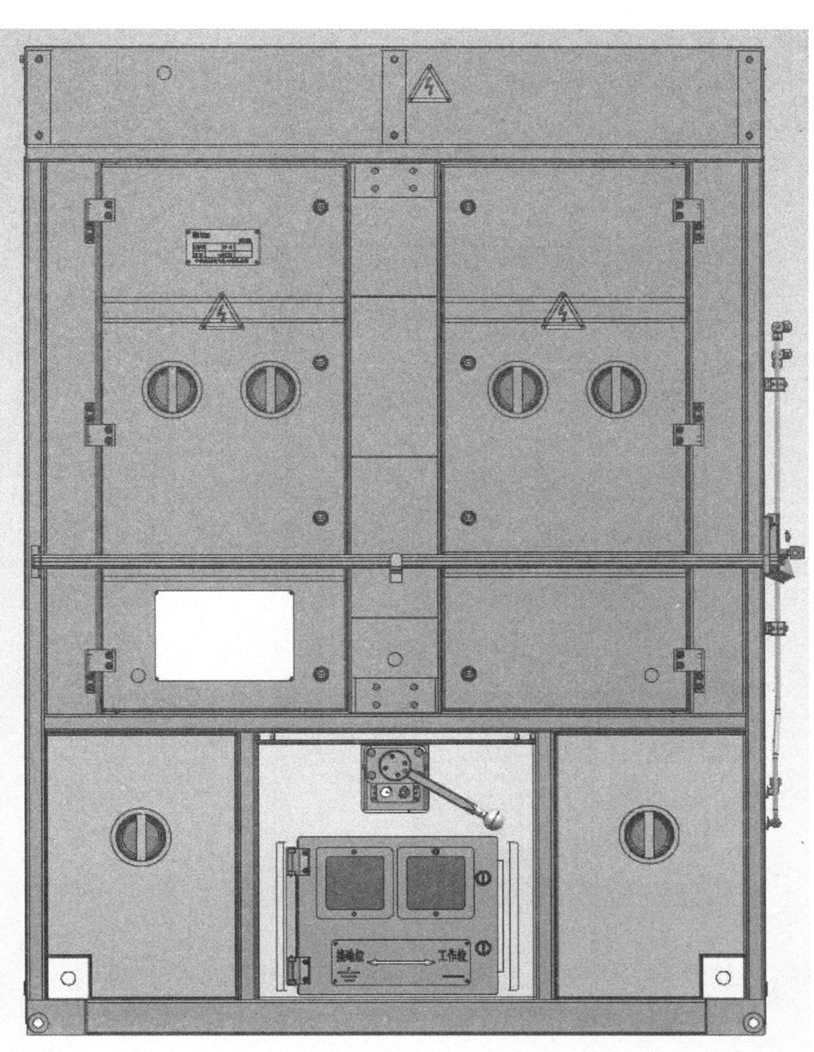

网侧高压设备安装于网侧柜内，网侧柜几何尺寸为1 600 mm×1 050 mm×2 000 mm，总质量约 810 kg。网侧柜下部柜中间安装有两个真空断路器和一个避雷器；柜前安装有高压接地开关；柜后上部安装有两个高压互感器；柜右侧外部安装有进气管路；柜内左右上部各安装有一个支撑用的绝缘子，用于连接受电弓来的高压电缆；高压互感器二次侧保护的微型断路器安装在高压接地开关下方，微型断路器外设有防护门，高压互感器开关盒下是端子排，如图 3-1 所示。

网侧柜设置左右两个柜门，柜门通过铰链固定在柜前立柱上，柜门用压缩式门锁紧闭，柜门外还设置有安全门联锁杆；网侧柜正面上部和两个侧面设置有安全防护板；网侧柜正面下部左右侧都设置有检修防护板，此防护板只能从柜内打开；柜门上有柜体铭牌及相关警示标识。

柜内设备布置如图 3-1 所示，本项目共设置 6 个学习任务，分别是真空断路器的预防性维修、真空断路器的拆解、真空断路器的试验、互感器的检修、避雷器的检修、高压接地开关的检修与试验。

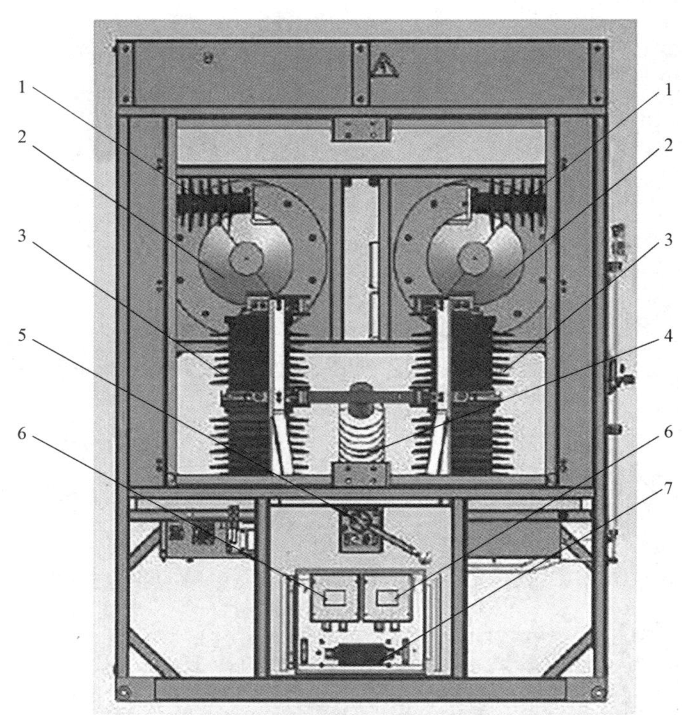


1—绝缘子；2—高压互感器；3—真空断路器；4—避雷器；5—高压接地开关；6—高压互感器开关盒；7—端子排。

**图 3-1　网侧高压设备布置示意图**

# 任务 3.1　真空断路器的预防性检修

## 教学目标

1. 掌握真空断路器预防性检修的工艺流程，具备真空断路器绝缘子检查、外观检查的能力；
2. 掌握真空断路器电路性能检查方法，具备真空断路器电路性能检查的能力，能够开展真空断路器耐压试验；
3. 掌握真空断路器主触头超程、弹簧支架行程、主触头允许磨损量测量的方法，具备开展测量的能力；
4. 掌握固有分闸时间、合闸时间测量方法，具备开展测量的能力；
5. 掌握调压阀、排泄阀等气路元件泄漏检查方法，具备开展检查的能力；
6. 培养学生“安全无小事”的责任意识和精益求精的“大国工匠”精神。

## 任务描述

通过对真空断路器开展预防性检修实训，使学生进一步掌握真空断路器的结构，了解真空断路器各组成部分的作用及常见故障，学会使用专业工具开展电路、机械、气路性能检测。表 3–1 为本任务的任务清单。

**表 3–1　任务清单**

| 序号 | 任务内容 | 任务要求 |
| --- | --- | --- |
| 1 | 真空断路器支撑绝缘子检查 | 能够开展绝缘子预防性检修，熟悉绝缘子常见故障及处理方法 |
| 2 | 真空断路器外观检查 | 能够开展真空断路器外观检查，熟悉真空断路器外观常见故障及处理方法 |
| 3 | 真空断路器电路性能检测 | 能够设计真空断路器电路性能检测方案，并开展电路性能检测、记录参数，熟悉常见电路故障的处理方法 |
| 4 | 真空断路器机械性能检测 | 能够设计真空断路器机械性能检测方案，并开展电路性能检测、记录参数，熟悉常见机械故障的处理方法 |
| 5 | 真空断路器气路性能检测 | 能够对真空断路器的调压阀、排泄阀、管路开展预防性检修，熟悉常见故障的处理方法 |

## 任务分析

见表 3–2。

**表 3–2　知识/技能点确认单**

| 序号 | 知识/技能点 | 答案 | 自我评价 |
| --- | --- | --- | --- |
| 1 | 真空断路器支撑绝缘子常见的故障有哪些？ | | |
| 2 | 真空断路器调压阀故障，无法修复时应予以更换。调压阀更换的主要步骤有哪些？ | | |
| 3 | 真空断路器电磁阀的电阻值应在什么范围内？如何测量？ | | |
| 4 | 什么是真空断路器的主触头超程？应在什么范围内？ | | |
| 5 | 什么是真空断路器的固有分闸时间？应在什么范围内？ | | |

## 制订计划

见表 3-3。

**表 3-3　小组决策单**

**1. 计划参与人**

负责人：______________小组成员：______________________________

**2. 讨论决策及方案**

（1） 人员分工

______________________________________________

______________________________________________

（2） 工量具、工装

| 序号 | 名称 | 数量 | 规格/型号 |
|---|---|---|---|
| 1 | | | |
| 2 | | | |
| 3 | | | |
| 4 | | | |
| 5 | | | |
| 6 | | | |

（3） 安全事项

______________________________________________

______________________________________________

______________________________________________

______________________________________________

（4） 工艺方案

______________________________________________

______________________________________________

______________________________________________

______________________________________________

**3. 小组互换决策**

| 优点 | 缺点 | 综合评价/A B C D E |
|---|---|---|
| | | |

## 任务实施

见表 3–4。

**表 3–4 任务实施方案**

| 工序/工步 | 工序/工步名称及内容 |
|---|---|
| **1** | **真空断路器支撑绝缘子检查** |
| 1.1 | 检查绝缘子表面，如有脏污，应当清洁；如有电蚀、裂纹等情况，应当更换 |
| 1.2 | 绝缘子表面缺损处须进行绝缘处理，当缺损面积大于 3 $cm^2$ 时，要求通过 75 kV 工频耐电压试验；当累计缺损面积达到 25 $cm^2$ 时，应当更换 |
| **2** | **真空断路器外观检查** |
| 2.1 | 检查外部可见紧固件，应齐全，且紧固状态良好、紧固标识无错位 |
| 2.2 | 各软连线、接地线及安装底座状态良好 |
| 2.3 | 接地开关簧片与真空断路器接地刀片接触良好，测量接触长度，要求接触长度不小于 20 mm |
| 2.4 | 检查铁质零件是否有裂纹、锈蚀等，要求螺纹完好，与绝缘体浇铸牢固，不许有裂缝、掉块等现象 |
| 2.5 | 绝缘子必须安装正确、牢固 |
| 2.6 | 绝缘子内孔光洁，与金属件结合牢固 |
| 2.7 | 连接断路器的主要管道气密性良好，不许有漏气现象 |
| 2.8 | 线圈不许有过热变色、短路、断路现象，接线柱不许有松动 |
| 2.9 | 插座及联锁触头系统各部件表面清洁，不许有裂纹、变形 |
| **3** | **真空断路器电路性能检测** |
| 3.1 | 要求真空开关管真空度优于 0.066 Pa，或在真空开关管两个高压连接端进行 40 kV/10 s 的工频耐电压试验，不许有击穿、闪络现象 |
| 3.2 | 电磁阀线圈电阻值在 20 ℃时为 10～13 Ω，不合格品更换；保持线圈电阻值在 20 ℃时为 38～44.6 Ω，不合格品更换 |
| 3.3 | 110 V 控制单元逻辑控制顺序正确 |
| 3.4 | 真空断路器闭合时主电路电阻值不大于 200 μΩ |
| 3.5 | 用 2 500 V 兆欧表测量，真空断路器主电路对地绝缘电阻值须不小于 500 MΩ |
| 3.6 | 主电路对地进行 75 kV 历时 1 min 工频耐电压试验，不许有击穿、闪络现象 |
| 3.7 | 用 1 000 V 兆欧表测量，电气控制回路对地绝缘电阻值不小于 10 MΩ |

续表

<table>
<tr><th>工序/工步</th><th>工序/工步名称及内容</th></tr>
<tr><td>4</td><td>真空断路器机械性能检测</td></tr>
<tr><td>4.1</td><td>真空开关管主触头动作灵活，复原弹簧完好，主触头超程、允许磨损量及弹簧支架行程符合以下要求：<br><table><tr><td>主触头超程</td><td>弹簧支架行程</td><td>主触头允许磨损量</td></tr><tr><td>2～4.25 mm</td><td>19～20.5 mm</td><td>＜2 mm</td></tr></table></td></tr>
<tr><td>4.2</td><td>（1）传动机构各部件（插头、活塞、气垫）不许有裂纹、变形，状态良好，作用正确可靠；<br>（2）各销、套、紧固件不良者更新；<br>（3）紧固件扭紧力，符合设计要求；<br>（4）活塞往复运动时不许有阻滞现象；<br>（5）气路通畅，阀及阀口密封性能良好</td></tr>
<tr><td>4.3</td><td>在控制电压 77 V 与 138 V、外部气压 450 kPa 与 1 000 kPa 条件下，断路器均能正确完成分、合闸操作</td></tr>
<tr><td>4.4</td><td>在额定控制电压 DC 110 V、额定工作气压 450～1 000 kPa 条件下，真空断路器分、合闸时间须符合以下规定：<br><table><tr><td>序号</td><td>名称</td><td>技术要求</td></tr><tr><td>1</td><td>固有分闸时间（即从断开信号发出至主触头打开的时间）</td><td>20～60 ms</td></tr><tr><td>2</td><td>合闸时间</td><td>＜60 ms</td></tr></table></td></tr>
<tr><td>4.5</td><td>在控制电压 77 V 与 138 V、气压 450 kPa 与 1 000 kPa 的条件下，每种组合条件合分闸 10 次，断路器均能正确完成分、合闸操作</td></tr>
<tr><td>5</td><td>真空断路器气路性能检测</td></tr>
<tr><td>5.1</td><td>调压阀、储风缸不许有积水现象</td></tr>
<tr><td>5.2</td><td>（1）在 1 000 kPa 的外部气压下，将调压阀整定值调整至最大；<br>（2）检查气路部分气密性，10 min 泄漏量不大于 5%</td></tr>
<tr><td>5.3</td><td>通风管堵及密封件不许有漏气现象</td></tr>
<tr><td>5.4</td><td>更换调压阀、通风管、电磁阀密封圈</td></tr>
</table>

## 检查评价

见表 3–5。

**表 3–5 任务评价单**

<table>
<tr><th>序号</th><th colspan="2">检查项目</th><th>检查内容与评分标准</th><th>记录</th><th>评分</th><th>总分</th></tr>
<tr><td rowspan="2">1</td><td rowspan="2">实践过程与规范（40 分）</td><td>作业前准备（10 分）</td><td>（1） 检查作业服装是否穿戴整齐、安全帽是否佩戴；<br>（2） 检查检修工具校验日期是否在有效期内。<br>缺少任一项，扣除 5 分；缺少两项，扣除 10 分</td><td></td><td></td><td rowspan="5"></td></tr>
<tr><td>操作过程（30 分）</td><td>按要求完成实践操作：<br>（1） 真空断路器支撑绝缘子检查；<br>（2） 真空断路器外观检查；<br>（3） 真空断路器电路性能检测；<br>（4） 真空断路器机械性能检测；<br>（5） 真空断路器气路性能检测。<br>缺少任一项，扣除 10 分；缺少两项，扣除 30 分</td><td></td><td></td></tr>
<tr><td>2</td><td>实践结果与质量（40 分）</td><td>作业质量标准（40 分）</td><td>（1） 电路性能<br>电磁阀线圈电阻值=________<br>保持线圈电阻值=________<br>闭合时主电路电阻值=________<br>主电路对地绝缘电阻值=________<br>（2） 机械性能<br>主触头超程=________<br>弹簧支架行程=________<br>主触头磨损量=________<br>固有分闸时间=________<br>合闸时间=________<br>（3） 气路性能<br>□良好 □故障</td><td></td><td></td></tr>
<tr><td rowspan="2">3</td><td rowspan="2">职业素养（20 分）</td><td>基本要求（10 分）</td><td>（1） 作业环境确认，作业场所安全确认。<br>（2）“工完料净场地清”状态确认。<br>缺少任何一项，扣除 5 分；缺少两项，扣除 10 分</td><td></td><td></td></tr>
<tr><td>任务要求（10 分）</td><td>（1）“安全无小事”的责任意识；<br>（2） 精益求精的“大国工匠”精神</td><td></td><td></td></tr>
</table>

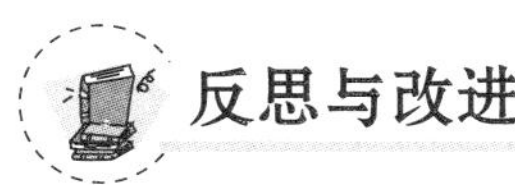

## 反思与改进

见表 3–6。

表 3–6　反思与改进记录单

| 序号 | 项目 | 收获与不足 | 改进措施 |
|---|---|---|---|
| 1 | 真空断路器支撑绝缘子的检查方法、常见故障及处理方法 | | |
| 2 | 真空断路器外观检查方法、常见故障及处理方法 | | |
| 3 | 真空断路器电路性能检测方法、专用工具的使用、常见电路故障及处理方法 | | |
| 4 | 真空断路器机械性能检测方法、专用工具的使用、常见机械故障及处理方法 | | |
| 5 | 真空断路器气路性能检测方法、专用工具的使用、常见气路故障及处理方法 | | |
| 6 | “安全无小事”的责任意识及精益求精的“大国工匠”精神 | | |

## 知识链接

### 真空断路器典型故障的处理方法

CR200J 型动力集中型动车组真空断路器采用的是单极交流真空断路器，主要用于主电路开断和接通，同时在车辆控制下还可以用于过载保护和短路保护，是一种保护电器。其常见故障主要有两类：不能保持合闸、不能合闸。

当真空断路器不能保持合闸时，可按照如图 3–2 所示的步骤处理；当真空断路器不能合闸时，按照如图 3–3 所示的步骤排查处理。

关键步骤的实施方法如下：

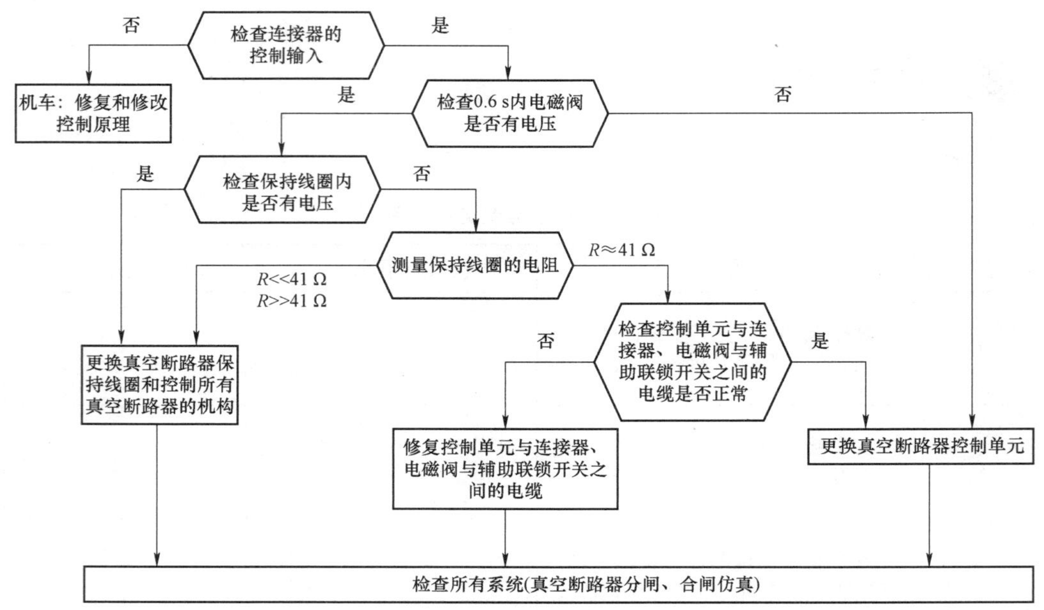


图 3-2　真空断路器不能保持合闸的故障检测流程图

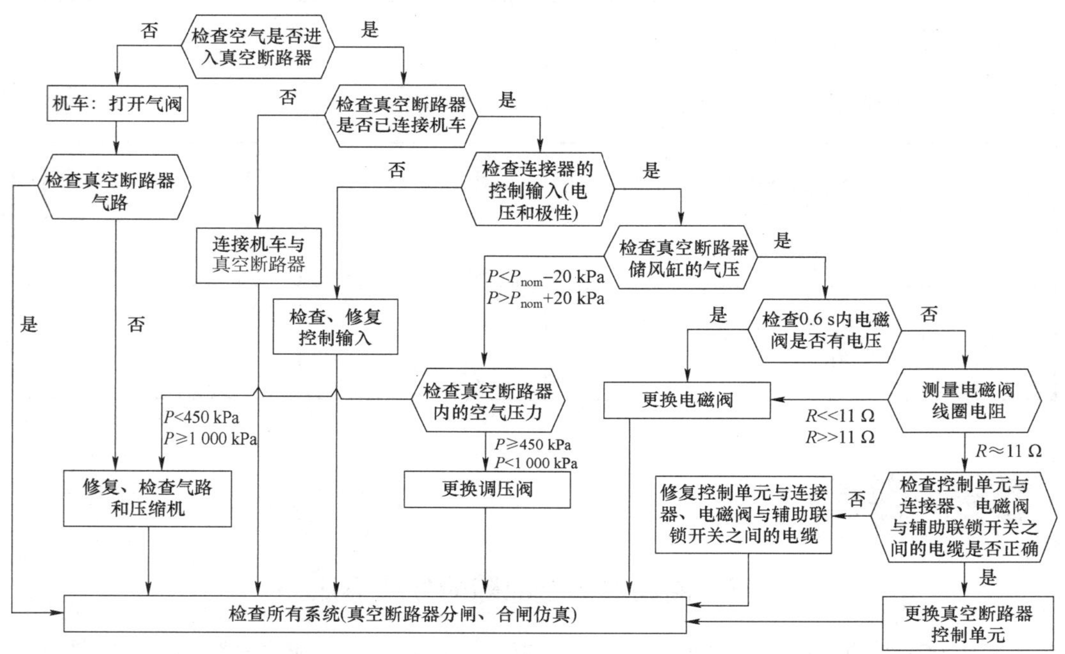


图 3-3　真空断路器不能合闸的故障检测流程图

**1. 检查缸内气压**（见图 3-4）

（1）通过旋转调压阀的翼形螺钉放空储风缸内的空气。

（2）移除铜管堵并插入一个气压表。

（3）重新给储风缸施压并检查气压表压力值，应在允许范围内，并把压力值填写

在记录卡上。

（4）移除气压表，用 19.5 N • m 的力矩旋紧铜管堵。

1—翼形螺钉；2—储风缸；3—铜管堵；4—调压阀。

**图 3-4　检查缸内气压**

### 2. 检查电磁阀（见图 3-5）

检查电磁线圈的电压值和电阻值：

（1）移除可移动电缆连接。

（2）把电压表连在可移动电缆连接的接线柱 1 端和 3 端。

（3）输出一个合闸或者分闸命令给真空断路器，检查电磁阀在 0.6 s 内是否有电压。

（4）在电磁线圈的接线柱 1 端和 3 端之间连接一个电阻表。

（5）测量电磁线圈的电阻值：应该在 11 Ω左右。

（6）把电缆连接接好。

1，2，3—接线柱；4—电磁线圈。

**图 3-5　检查电磁阀**

### 3. 检查电缆连接（见图 3-6）

检查控制单元的电缆连接：110 V 电源连接器、电磁阀电缆连接、保持线圈电缆连接和辅助联锁开关是否连接好。

1—电源连接器；2—保持线圈电缆连接端子；3—电磁阀电缆连接端子。

**图 3-6　检查电缆连接**

**4. 测量保持线圈电阻值**（见图 3-7）

（1）移除电缆连接。

（2）在电缆连接的 1 和 2 端连接一个电阻表。

（3）测量线圈的阻值，应该在 41 Ω左右。

（4）重新连接好电缆连接用 1 N • m 的力矩旋紧螺钉。

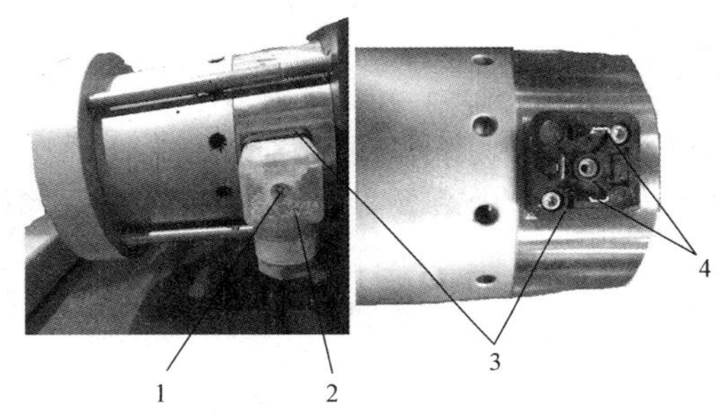


1—螺钉；2，3，4—电缆连接。

**图 3-7　检查保持线圈电阻值**

**5. 更换电磁阀**（见图 3-8）

（1）将保护罩拆下后，使用十字螺丝刀将电磁阀电缆连接拆除。

（2）使用内六角扳手拆解 4 颗内六角圆柱头螺钉 M8×70 后将电磁阀拆除。

（3）更换全新电磁阀后，将拆除的 4 颗内六角圆柱头螺钉 M8×70 和垫圈更新后按照原拆除路径安装上去，螺栓紧固扭矩为 19.5 N • m，紧固后封漆。

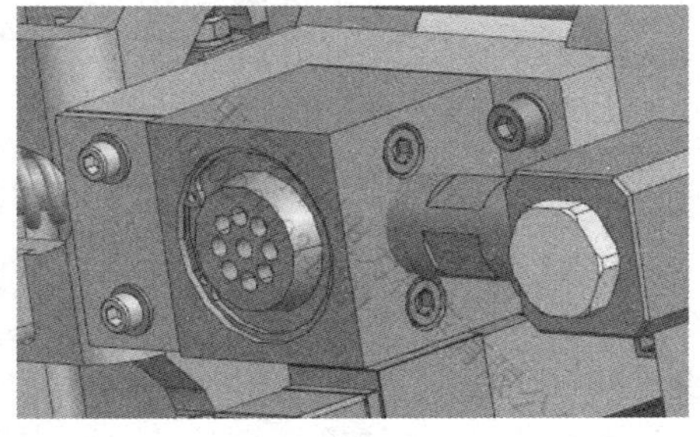

**图 3-8　更换电磁阀**

6. **更换调压阀**（见图 3-9）

（1）将空气适配器上气路取下。

（2）使用扳手将调压阀两侧空心螺钉取下。

（3）对经过气压整定的调压阀进行安装。

（4）将两侧空心螺钉 G3/8 与低温调压阀连接，扭矩均为 39.4 N·m。

**图 3-9　更换调压阀**

7. **更换辅助联锁**（见图 3-10）

（1）使用十字螺丝刀将辅助联锁接线去除。

（2）使用内六角螺丝刀将辅助联锁两侧支架 4 颗 M5 螺栓拆除，对其中故障辅助联锁进行更换。

（3）更换完成后，按照正确接线点位将 FOT 线环重新紧固，紧固扭矩为 1 N·m。

（4）使用 4 颗 M5×20 内六角圆柱头螺栓和垫片将辅助联锁支架紧固，紧固扭矩为 8 N·m，紧固后封漆。

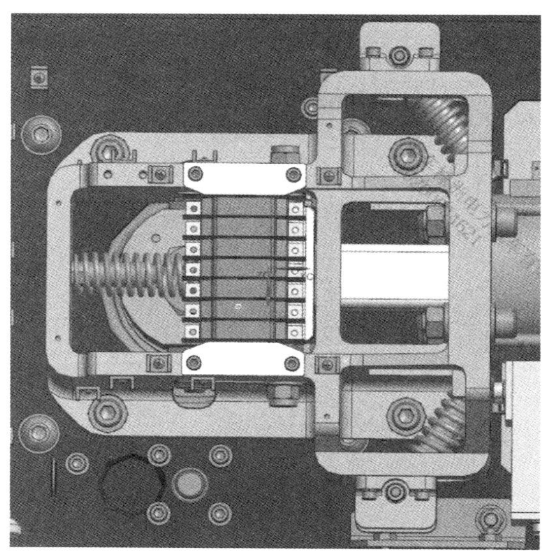

**图 3-10　更换辅助联锁**

**8. 更换控制单元板**（见图 3-11）

（1）使用呆扳手将紧固控制单元板的 4 颗紧固螺栓拆除。

（2）将控制单元板倾斜，拉出保护罩，露出 15 芯插头。

（3）将 15 芯插头拔出，拆除控制单元板。

（4）安装全新控制单元板，将 15 芯插头插接到位后，倾斜放入保护罩内。

（5）使用 4 颗 M6×16 外六角螺栓紧固，紧固扭矩为 8 N·m，紧固后封漆。

**图 3-11 更换电磁阀控制单元**

## 习 题

1. 真空断路器机械性能检查的主要内容有哪些？标准数值是多少？
2. 简述真空断路器保持线圈电阻测量方法。
3. 简述辅助联锁更换方法。
4. 简述真空断路器气路性能检查方法。
5. 简述真空断路器调压阀主要更换步骤。

# 任务 3.2　真空断路器的拆解

## 教学目标

1. 掌握真空断路器拆解的工艺流程，具备真空断路器拆解的实践能力。

2. 掌握真空断路器行程测量杆的使用方法，能够正确使用测量杆进行水平行程、超程的测量。

3. 培养学生安全意识、责任意识、团队意识

## 任务描述

通过真空断路器拆解训练，使学生进一步掌握真空断路器的结构和工作原理，了解真空断路器拆解、组装的工艺流程，学会使用行程测量杆等专业工具，进一步熟悉真空断路器关键部件检修的工艺和方法。表 3–7 为本任务的任务清单。

**表 3–7　任务清单**

| 序号 | 任务内容 | 任务要求 |
|---|---|---|
| 1 | 真空断路器的结构、工作原理 | 能够详细描述真空断路器的结构组成、控制原理，以及合闸、分闸的动作过程 |
| 2 | 真空断路器拆解 | 能够设计真空断路器拆解方案，并对真空断路器开展拆解作业 |
| 3 | 专用工具 | 能够正确使用行程测量杆等专业工具，掌握专业工具的使用方法，熟悉工具的维护、保养措施 |

## 任务分析

见表 3–8。

**表 3–8　知识/技能点确认单**

| 序号 | 知识/技能点 | 答案 | 自我评价 |
|---|---|---|---|
| 1 | 真空断路器由哪几部分组成？每一部分的作用是什么？ | | |
| 2 | 描述真空断路器的合闸、分闸过程 | | |
| 3 | 真空断路器拆解的主要步骤有哪些？ | | |
| 4 | 什么是触头的水平行程？什么是超程？如何测量？ | | |

## 制订计划

见表 3–9。

**表 3–9　小组决策单**

1. 计划参与人

负责人：________________小组成员：________________________________________

2. 讨论决策及方案

（1） 人员分工

______________________________________________________________________

______________________________________________________________________

（2） 工量具、工装

| 序号 | 名称 | 数量 | 规格/型号 |
|---|---|---|---|
| 1 | | | |
| 2 | | | |
| 3 | | | |
| 4 | | | |
| 5 | | | |
| 6 | | | |

（3）安全事项

______________________________________________________________________

______________________________________________________________________

______________________________________________________________________

______________________________________________________________________

（4） 工艺方案

______________________________________________________________________

______________________________________________________________________

______________________________________________________________________

______________________________________________________________________

3. 小组互换决策

| 优点 | 缺点 | 综合评价/A B C D E |
|---|---|---|
| | | |

## 任务实施

见表 3-10。

**表 3-10　任务实施方案**

| 工序/工步 | 工序/工步名称及内容 |
| --- | --- |
| **1** | **外观检查、清洁及排水** |
| 1.1 | 使用无水乙醇对绝缘子、底板等外部脏污进行清洁，清洁后进行外观检查 |
| 1.2 | 目视检查绝缘子是否存在缺陷。若存在缺陷，按要求进行修复或者更换 |
| 1.3 | 检查真空断路器的产品标识，确认产品技术状态和检修对象符合性 |
| 1.4 | （1）检查真空断路器外观，看是否存在开裂、变形或烧损等缺陷。若存在，则按要求修复或更换。<br>（2）检查并记录真空断路器完整性，并针对缺件情况进行处理 |
| 1.5 | （1）检查外部紧固件是否齐全、无松动现象；<br>（2）检查封漆标识是否完整清晰；<br>（3）若紧固件不良，则重新封漆，按规定扭矩紧固 |
| 1.6 | （1）检查真空断路器各气路接口是否存在杂质，若有，按要求清理杂质；<br>（2）检查气路各部件是否存在漏气现象。若存在，则按要求进行修复或者更换 |
| 1.7 | 检查各软连线、接地线及安装底座、电连接线缆外观，看是否存在放电、电蚀、断裂等现象。若存在，则按要求修复 |
| 1.8 | **调压阀排水**（见图 3-12）：<br>（1）停止外部气源输入，在储风缸供有高压气体的情况下，拧开调压阀的翼形螺钉（PA），充分排放积水（以真空断路器在柜内安装方式为参照，顺时针旋转翼形螺钉为调压阀的松动方向）。<br>（2）当气流停止后，重新拧紧调压阀的翼形螺钉（PA），并重新封漆。<br>（3）打开外部气源，检查是否漏气。若漏气，则按要求修复。 <br>调压阀翼形螺钉<br>**图 3-12　调压阀排水** |

续表

| 工序/工步 | 工序/工步名称及内容 |
| --- | --- |
| 1.9 | **储风缸排水**（见图 3-13）：<br>（1）在储风缸处于有压力状态时，打开储风缸排泄阀翼形螺钉。<br>（2）以真空断路器在柜内安装方式为参照，顺时针旋转针式排泄阀翼形螺钉，排光积水。<br>（3）储风缸排水完毕后关掉排泄阀（以真空断路器在柜内安装方式为参照，逆时针旋转针式排泄阀翼形螺钉），并检查是否漏气。若漏气，则按要求修复 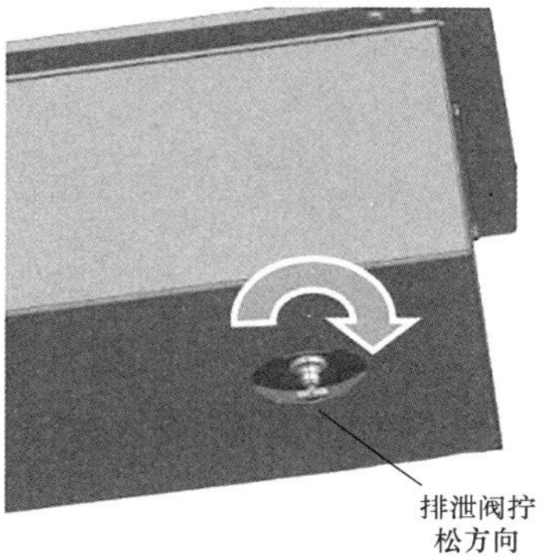<br>排泄阀拧松方向<br>**图 3-13　储风缸排水** |
| **2** | 上架拆解 |
| 2.1 | 将真空断路器吊装至工装车或者工装架上，使用 M12 螺栓将真空断路器固定，避免拆解过程中真空断路器滑落或者倾倒 |
| 2.2 | **拆除保护罩**（见图 3-14）： 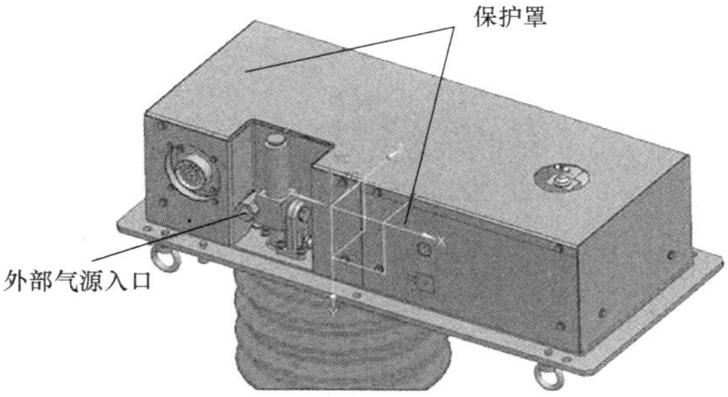<br>保护罩<br>外部气源入口<br>**图 3-14　拆除保护罩** |

续表

<table>
<tr><th>工序/工步</th><th>工序/工步名称及内容</th></tr>
<tr><td>2.3</td><td>触头磨损检查步骤如下：<br>将真空断路器外部气源入口接入试验台，用测量杆（见图 3-15）进行测量（见图 3-16）：<br>（1）在真空断路器分断的情况下，测量弹簧恢复的位置 $O_{BR}$。<br>（2）在真空断路器闭合的情况下，测量弹簧压缩的位置 $C_{BR}$。<br>（3）在真空断路器闭合的情况下，测量动触头的位置 $C_{CM}$。<br>（4）在真空断路器分断的情况下，测量动触头的位置 $O_{CM}$。<br>（5）计算触头的整个水平行程=$O_{BR}-C_{BR}$，水平行程应在 19～20.5 mm 范围内。<br>（6）计算触头超程=（$O_{BR}-O_{CM}$）-（$C_{BR}-C_{CM}$），超程应在 3.5～4.25 mm 范围内<br><br>图 3-15　测量杆 <br><br>量规<br>传动支架上表面<br>图 3-16　测量位置</td></tr>
<tr><td>3</td><td>电磁阀拆解</td></tr>
<tr><td>3.1</td><td>目视检查电磁阀线圈是否有过热变色、短路、断路现象，接线柱是否松动。若存在以上问题，则按要求修复或者更换</td></tr>
<tr><td>3.2</td><td>检查电磁阀线缆是否被电缆密封圈紧固牢靠（见图 3-17）。若没有紧固牢靠，则按要求修复 <br><br>电缆密封圈<br>图 3-17　检查电磁阀线缆是否紧固牢靠</td></tr>
</table>

续表

| 工序/工步 | 工序/工步名称及内容 |
|---|---|
| 3.3 | **检测电磁阀线圈电阻值**（见图 3−18）：<br>移除可移动电缆连接，在电磁线圈的接线柱端连接一个电阻表，测量电磁阀线圈的电阻值，在 20 ℃时电阻值应为 10～13 Ω。若电阻值不在此范围内，则更新电磁阀 <br>1，2—接线柱；3—电磁线圈。<br>**图 3−18　电磁阀检查** |
| 3.4 | 电磁阀线圈电阻值测量后，拆除电磁阀及 L 形传递块处连接螺栓，拆除柔性接头支架处空心螺栓，将电磁阀及 L 形传递块拆下 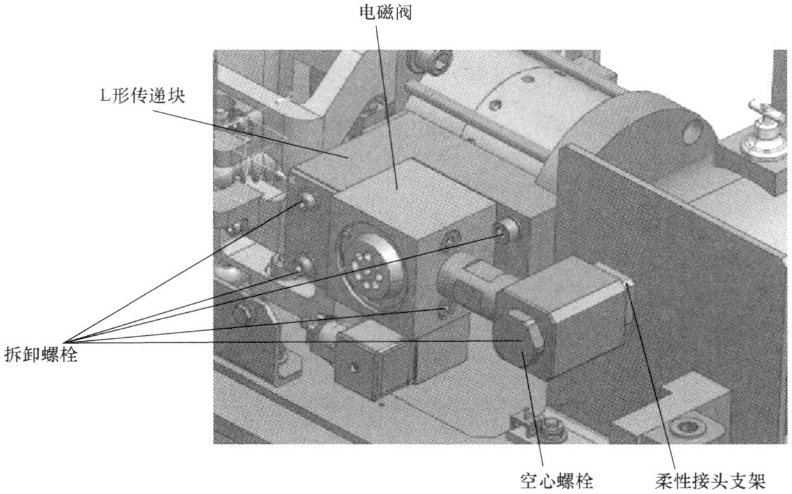<br>**图 3−19　电磁阀拆解** |

续表

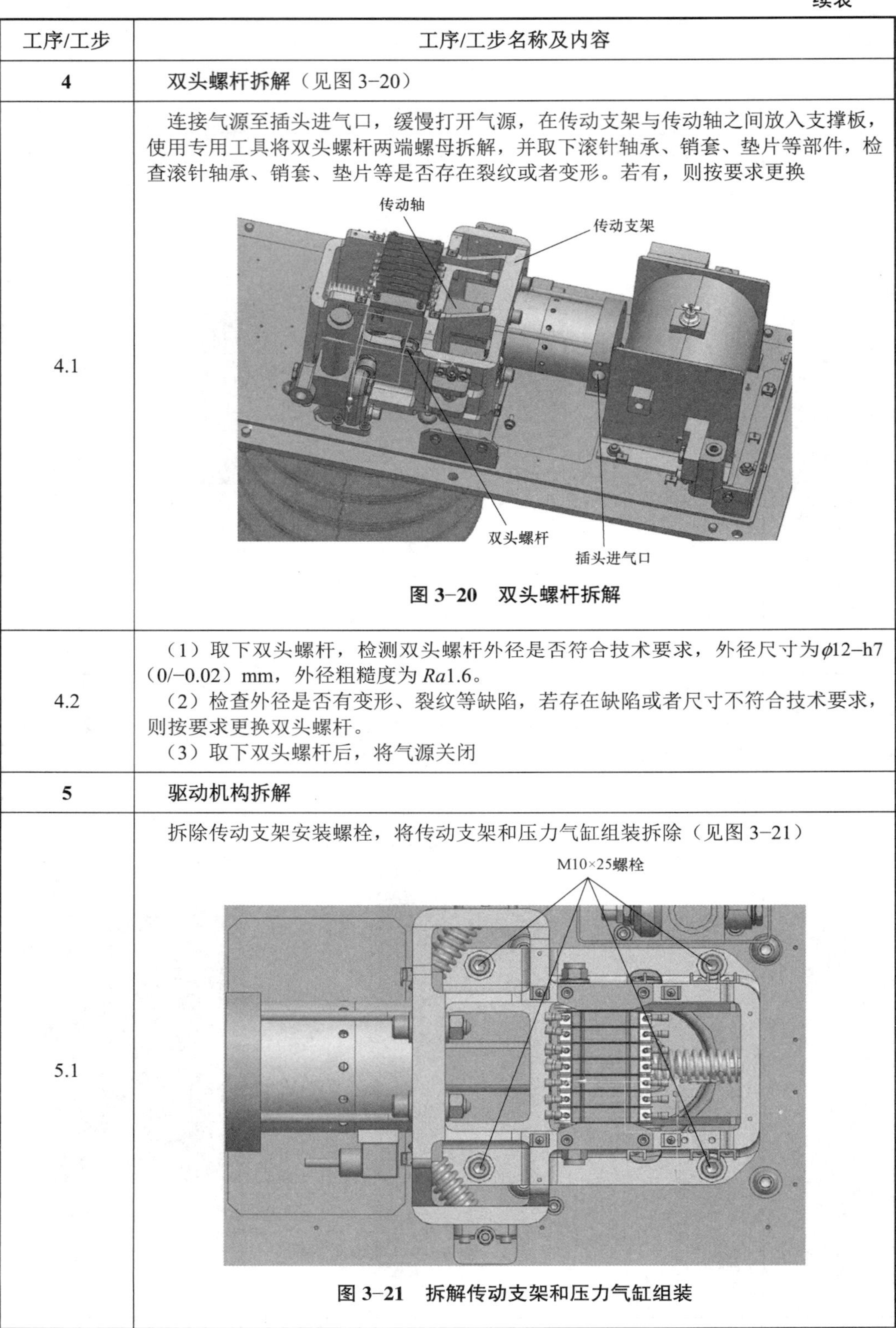


| 工序/工步 | 工序/工步名称及内容 |
|---|---|
| **4** | **双头螺杆拆解**（见图 3-20） |
| 4.1 | 连接气源至插头进气口，缓慢打开气源，在传动支架与传动轴之间放入支撑板，使用专用工具将双头螺杆两端螺母拆解，并取下滚针轴承、销套、垫片等部件，检查滚针轴承、销套、垫片等是否存在裂纹或者变形。若有，则按要求更换<br>**图 3-20　双头螺杆拆解** |
| 4.2 | （1）取下双头螺杆，检测双头螺杆外径是否符合技术要求，外径尺寸为$\phi$12–h7（0/−0.02）mm，外径粗糙度为 *Ra*1.6。<br>（2）检查外径是否有变形、裂纹等缺陷，若存在缺陷或者尺寸不符合技术要求，则按要求更换双头螺杆。<br>（3）取下双头螺杆后，将气源关闭 |
| **5** | **驱动机构拆解** |
| 5.1 | 拆除传动支架安装螺栓，将传动支架和压力气缸组装拆除（见图 3-21）<br>**图 3-21　拆解传动支架和压力气缸组装** |

续表

| 工序/工步 | 工序/工步名称及内容 |
|---|---|
| 5.2 | 检查传动支架横向和纵向 U 形槽、各螺栓安装位置是否存在裂纹、崩块等缺陷；检测 U 形槽尺寸是否符合技术要求（见图 3-22），U 形槽尺寸为 $24^{+1.0}_{+0.1}$ mm，若传动支架存在上述缺陷或者 U 形槽不符合技术要求，则按要求更换 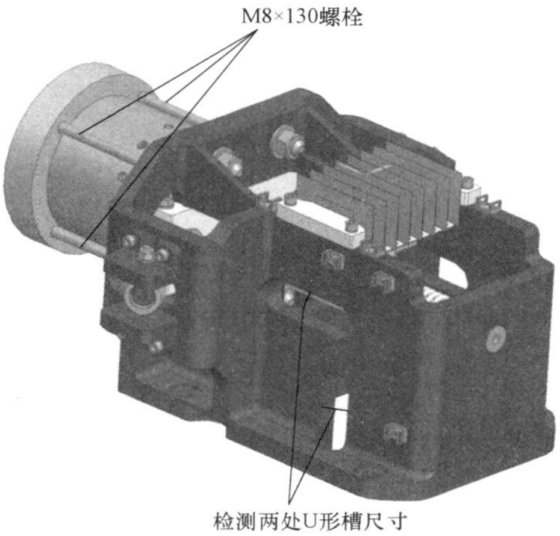<br>M8×130螺栓<br>检测两处U形槽尺寸<br>**图 3-22　检测 U 形槽** |
| 5.3 | 将 4 个插头紧固螺栓拆除，取下插头，检查插头内孔是否存在撞击变形。若存在，则按要求更换插头 |
| 5.4 | 拆解压力气缸内 M10×160 螺杆，取下气垫及活塞销（见图 3-23），检查气垫是否存在撞击变形。若存在，则按要求更换气垫 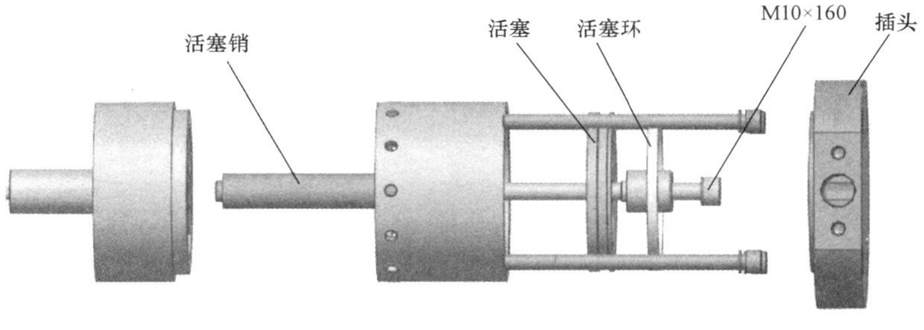<br>活塞销　活塞　活塞环　M10×160　插头<br>**图 3-23　拆解压力气缸组装** |
| 5.5 | 检查活塞销是否存在异常磨损，外径尺寸及粗糙度是否符合技术要求：活塞销外径尺寸为 $\phi$20-h8（0/-0.033）mm，粗糙度为 $Ra$0.8。若不符合技术要求，则按要求更换活塞销 |
| 5.6 | 取下活塞和活塞环，检查活塞周边是否存在裂纹，检测活塞环厚度是否符合技术要求，活塞环厚度应大于 2.4 mm。若活塞存在裂纹或者活塞环厚度不符合技术要求，则按要求更换活塞或者活塞环 |
| 5.7 | 检查压力气缸是否存在变形，使用内径千分尺检测压力气缸孔直径是否符合技术要求：内孔直径为 $\phi 90^{+0.04}_{-0.02}$ mm 。若压力气缸变形或者压力气缸孔直径不符合技术要求，则按要求更换压力气缸 |

续表

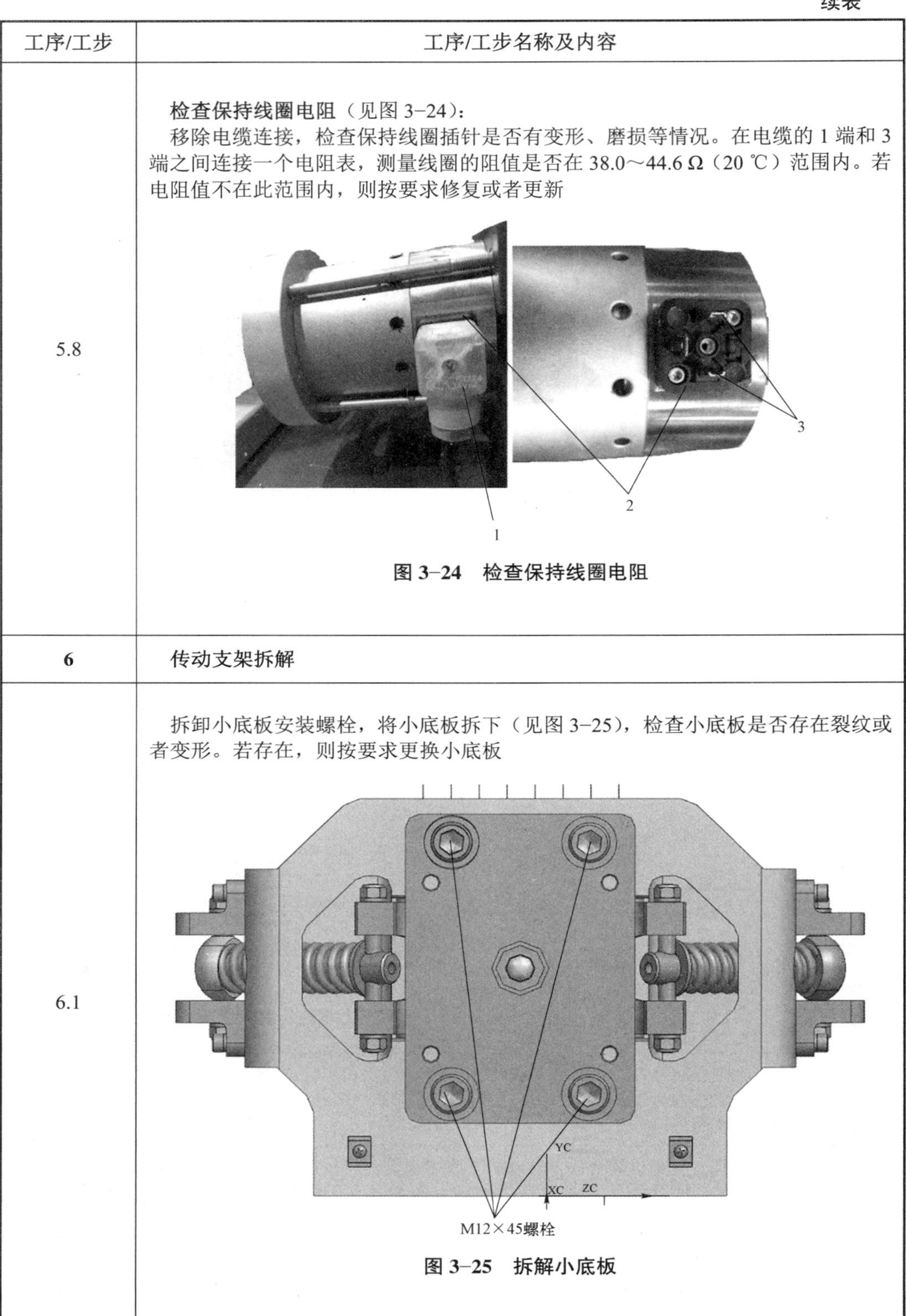

| 工序/工步 | 工序/工步名称及内容 |
|---|---|
| 5.8 | **检查保持线圈电阻**（见图 3–24）：<br>移除电缆连接，检查保持线圈插针是否有变形、磨损等情况。在电缆的 1 端和 3 端之间连接一个电阻表，测量线圈的阻值是否在 38.0～44.6 Ω（20 ℃）范围内。若电阻值不在此范围内，则按要求修复或者更新<br>1　2　3<br>**图 3–24　检查保持线圈电阻** |
| **6** | **传动支架拆解** |
| 6.1 | 拆卸小底板安装螺栓，将小底板拆下（见图 3–25），检查小底板是否存在裂纹或者变形。若存在，则按要求更换小底板<br>YC　XC　ZC<br>M12×45螺栓<br>**图 3–25　拆解小底板** |

续表

| 工序/工步 | 工序/工步名称及内容 |
|---|---|
| 6.2 | （1）用弹簧压力装置将肘节弹簧压缩，将弹簧导杆 $L$=66.5 mm 处两侧 M6 螺母进行拆解，取下弹簧导杆，拆除弹簧压力装置（见图 3–26）。<br>（2）检查弹簧是否存在变形或者裂纹，若有则更换。<br>（3）检查弹簧导杆 $L$=66.5 mm 处外径尺寸是否符合技术要求。此处外径尺寸应为 $\phi$8–h9（0/–0.036）mm，若不符合要求，则更换 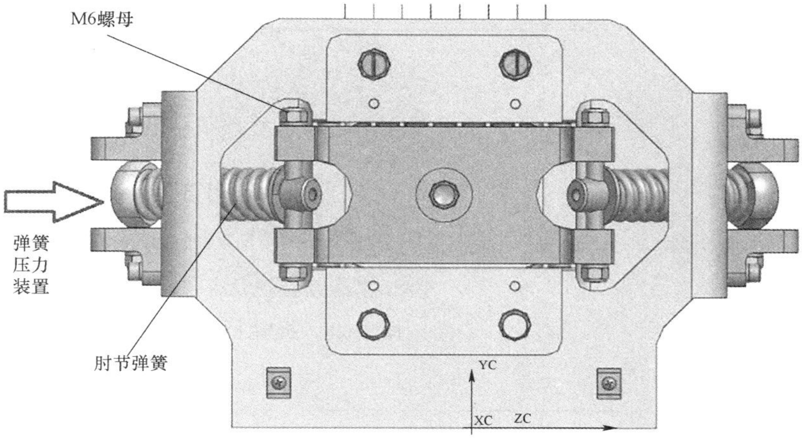<br>**图 3–26　拆解肘节弹簧** |
| 6.3 | 清洁弹簧导杆表面，检查弹簧导杆是否有变形、裂纹，检测其外径尺寸是否符合技术要求：外径尺寸为 $\phi$15–h12（0/–0.18）mm。若不符合要求，则更换 |
| 6.4 | 将辅助联锁安装板紧固螺栓拆除（见图 3–27），检查辅助联锁凸轮是否存在异常或者外壳是否存在裂纹。若存在，则按要求更换 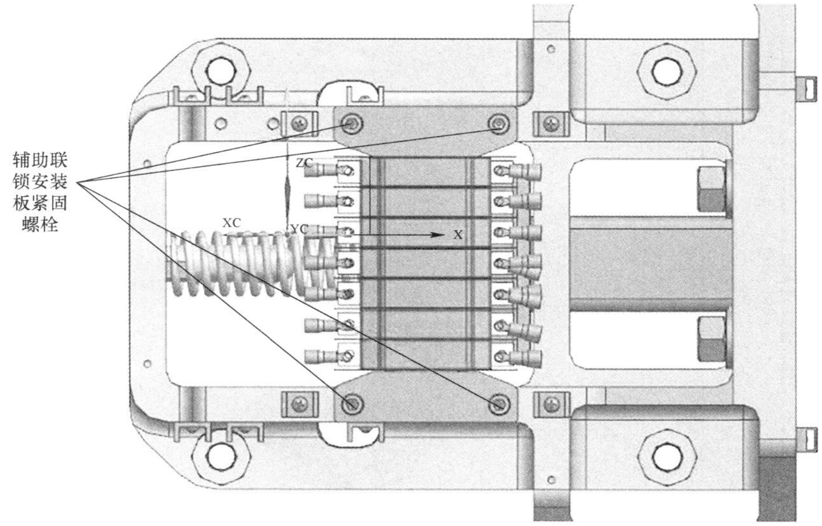<br>**图 3–27　拆解辅助联锁** |

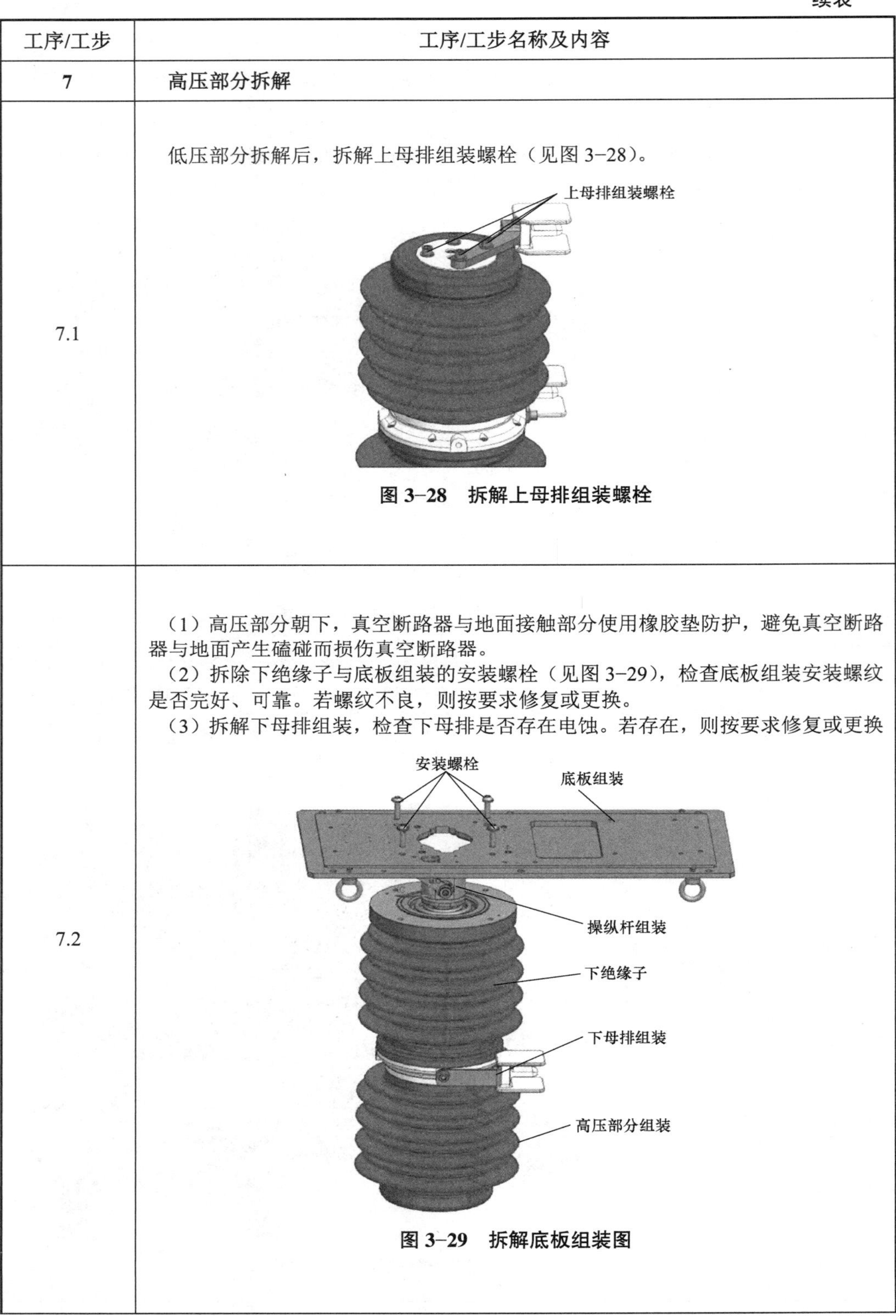

续表

| 工序/工步 | 工序/工步名称及内容 |
|---|---|
| **7** | **高压部分拆解** |
| 7.1 | 低压部分拆解后，拆解上母排组装螺栓（见图 3–28）。<br><br>**图 3–28　拆解上母排组装螺栓** |
| 7.2 | （1）高压部分朝下，真空断路器与地面接触部分使用橡胶垫防护，避免真空断路器与地面产生磕碰而损伤真空断路器。<br>（2）拆除下绝缘子与底板组装的安装螺栓（见图 3–29），检查底板组装安装螺纹是否完好、可靠。若螺纹不良，则按要求修复或更换。<br>（3）拆解下母排组装，检查下母排是否存在电蚀。若存在，则按要求修复或更换<br><br>**图 3–29　拆解底板组装图** |

续表

| 工序/工步 | 工序/工步名称及内容 |
| --- | --- |
| 7.3 | （1）逆时针旋转操纵杆组装，将操纵杆组装旋出（见图 3-30）。<br>（2）使用工具将销轴处弹性挡圈拆下，将销轴安装螺栓拆除。<br>（3）检查销轴小径是否磨损严重，小径尺寸是否符合技术要求：小径尺寸为 $\phi$12-h10（0/-0.07）mm。若不满足技术要求，则按要求更换。<br>（4）拆除锁紧螺母，检查操纵状态，检查操纵杆两头连接部分是否存在变形、裂纹等缺陷，螺纹是否完整可靠。若存在上述缺陷，则按要求修复或者更换 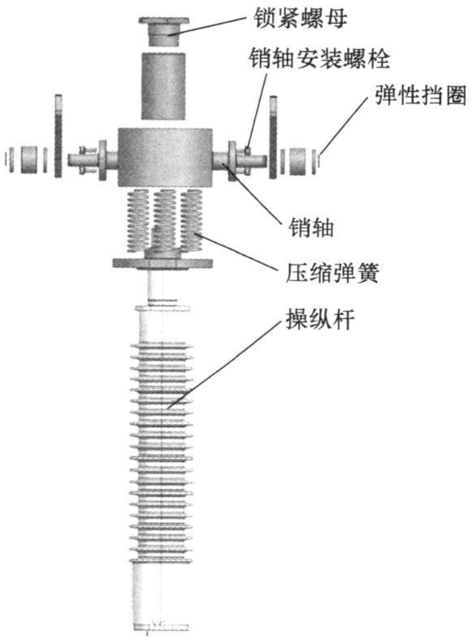<br><br>锁紧螺母 销轴安装螺栓 弹性挡圈 销轴 压缩弹簧 操纵杆<br><br>**图 3-30　拆解操纵杆组装** |
| 7.4 | （1）拆解下绝缘子与高压部分组装安装螺栓，将高压部分拆出。<br>（2）检查高压部分是否存在放电现象、高压部分内壁是否光滑。若存在以上缺陷，则应按要求处理 |

## 检查评价

见表 3-11。

**表 3-11　任务评价单**

<table>
<tr><th>序号</th><th colspan="2">检查项目</th><th>检查内容与评分标准</th><th>记录</th><th>评分</th><th>总分</th></tr>
<tr><td rowspan="2">1</td><td rowspan="2">实践过程与规范（40 分）</td><td>作业前准备（10 分）</td><td>（1）检查作业服装是否穿戴整齐、安全帽是否佩戴。<br>（2）检查检修工具校验日期是否在有效期内。<br>缺少任一项，扣除 5 分；缺少两项，扣除 10 分</td><td></td><td></td><td></td></tr>
<tr><td>操作过程（30 分）</td><td>按要求完成实践操作：<br>（1）外观检查、清洁及排水；<br>（2）上架拆解；<br>（3）电磁阀拆解；<br>（4）双头螺杆拆解；<br>（5）驱动机构拆解；<br>（6）传动支架拆解；<br>（7）高压部分拆解。<br>缺少任一项，扣除 10 分；缺少两项，扣除 30 分</td><td></td><td></td><td></td></tr>
<tr><td>2</td><td>实践结果与质量（40 分）</td><td>作业质量标准（40 分）</td><td>（1）外观检查、清洁及排水质量<br>□良好　　□差<br>（2）上架拆解<br>□良好　　□差<br>水平行程=$O_{BR}-C_{BR}$=________<br>超程=$(O_{BR}-O_{CM})-(C_{BR}-C_{CM})$=_____<br>（3）电磁阀拆解<br>□良好　　□差<br>（4）双头螺杆拆解<br>□良好　　□差<br>（5）驱动机构拆解<br>□良好　　□差<br>（6）传动支架拆解<br>□良好　　□差<br>（7）高压部分拆解<br>□良好　　□差</td><td></td><td></td><td></td></tr>
<tr><td rowspan="2">3</td><td rowspan="2">职业素养（20 分）</td><td>基本要求（10 分）</td><td>（1）作业环境确认，作业场所安全确认。<br>（2）“工完料净场地清”状态确认。<br>缺少任何一项，扣除 5 分；缺少两项，扣除 10 分</td><td></td><td></td><td></td></tr>
<tr><td>任务要求（10 分）</td><td>安全意识、责任意识、团队意识</td><td></td><td></td><td></td></tr>
</table>

## 反思与改进

见表 3–12。

**表 3–12　反思与改进记录单**

| 序号 | 项目 | 收获与不足 | 改进措施 |
|---|---|---|---|
| 1 | 动力集中型动车组真空断路器的结构、工作原理 | | |
| 2 | 外观检查、清洁及排水方法 | | |
| 3 | 上架拆解方法，专用工具的使用 | | |
| 4 | 电磁阀拆解方法 | | |
| 5 | 双头螺杆拆解方法 | | |
| 6 | 驱动机构拆解方法 | | |
| 7 | 传动支架拆解方法 | | |
| 8 | 高压部分拆解方法 | | |
| 9 | 安全意识、责任意识、团队意识 | | |

## 知识链接

### 真空断路器

#### 1. 真空断路器的结构

如图 3–31 所示，CR200J 型动力集中型动车组所用的真空断路器由高压部分、支承部分和驱动机构组成。

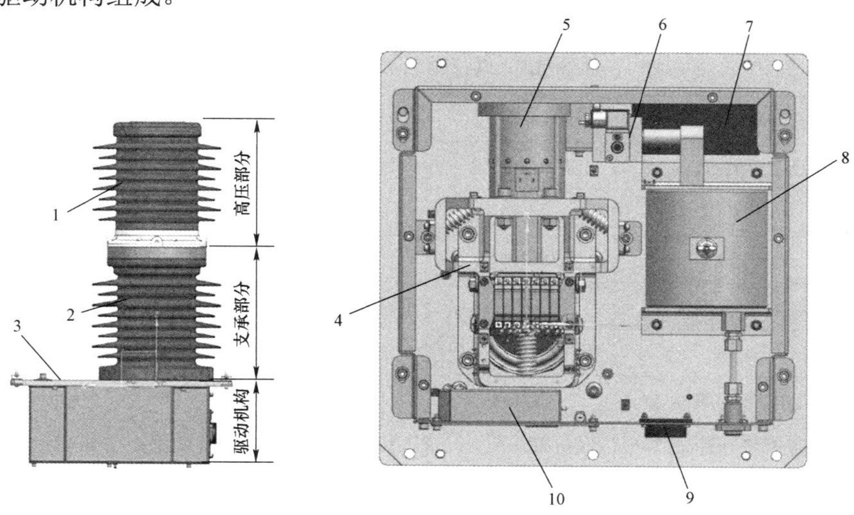


1—上绝缘子；2—下绝缘子；3—底板组装；4—驱动机构组装；5—保持线圈+传动气缸；6—电磁阀；7—电阻盒；8—气缸组装机构；9—35 芯连接器；10—控制单元。

**图 3–31　真空断路器结构示意图**

1）高压部分

真空断路器的高压部分主要包括上绝缘子和可以开断交流电流的真空开关管。真空开关管通过密封结构来保持内部真空度。两个主触头安装在真空开关管内部，一个是静触头，另一个是动触头，动触头的动作由驱动机构控制。

2）支承部分

支承部分主要包括下绝缘子和绝缘的操纵杆。其中安装在底板上的下绝缘子提供支撑与对地绝缘。操纵杆通过下绝缘子中心连接驱动机构和动触头，提供驱动力和对地绝缘。

3）驱动机构

驱动机构（见图 3–32）通过传动支架安装在真空断路器底板下，用于控制动触头的动作并反馈动作机构的位置信号。

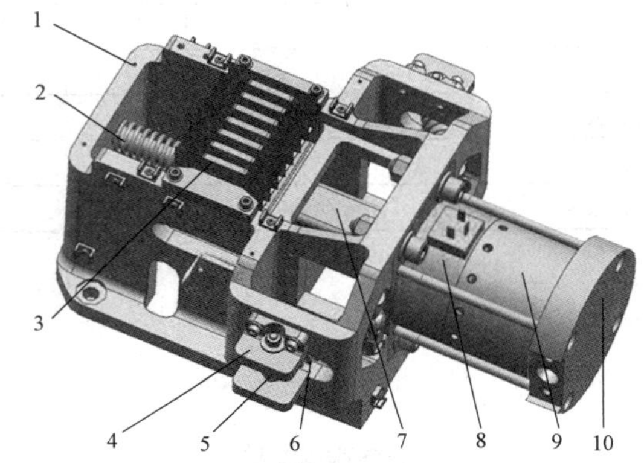


1—传动支架；2—分闸弹簧；3—辅助触头；4—定位板；5—弹簧杆；6—肘节弹簧；7—传动轴；8—保持线圈；9—压力气缸；10—插头。

**图 3–32 驱动机构示意图**

## 2. 真空断路器的技术参数（见表 3–13）

**表 3–13 真空断路器的技术参数**

| 序号 | 项目 | 参数 | 序号 | 项目 | 参数 |
|---|---|---|---|---|---|
| 1 | 额定电压 | 31.5 kV | 11 | 固有分闸时间 | 20～60 ms |
| 2 | 标称电压 | 25 kV | 12 | 合闸时间 | ＜60 ms |
| 3 | 额定频率 | 50 Hz | 13 | 弹跳时间 | ＜5 ms |
| 4 | 额定工作电流 | 1 000 A | 14 | 辅助触点 | 7 组 |
| 5 | 热电流 | 1 000 A | 15 | 标称控制电压 | DC 110 V |
| 6 | 额定短路接通能力 | 50 kA | 16 | 标称闭合功率 | 200 W |
| 7 | 额定短路开断能力 | 20 kA | 17 | 标称保持功率 | 50 W |
| 8 | 额定短时耐受电流 | 25 kA，1 s | 18 | 工作气压范围 | 450～1 000 kPa |
| 9 | 开断容量 | 600 MV·A | 19 | 每次合闸耗气量 | ＜2.5 L |
| 10 | 机械寿命 | 250 000 次 | 20 | 质量 | 112 kg |

### 3. 真空断路器的工作原理

1）真空断路器合闸条件

真空断路器合闸前应满足以下 3 个条件：

（1）如图 3-33 所示，真空断路器必须处于分闸状态。

（2）必须有充足的气压，外部气源气压应在 450～1 000 kPa 的范围内。

（3）控制单元必须能获得合适的电源电压。

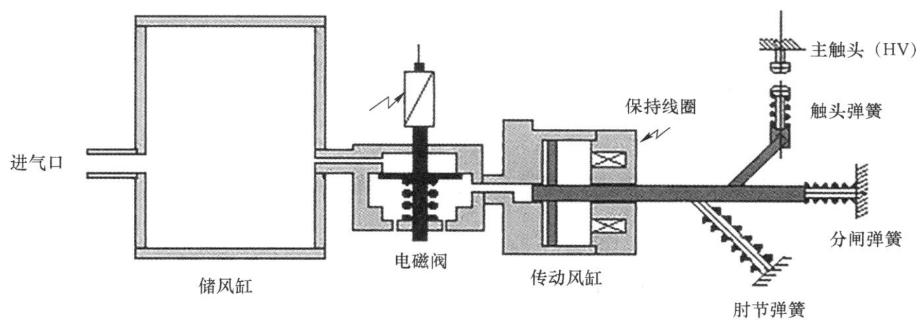


**图 3-33　真空断路器处于分闸状态**

2）真空断路器合闸的工作过程

（1）如图 3-34 所示，真空断路器合闸前，储风缸气压应在 450～1 000 kPa 之间，但由于电磁阀尚未得电，储风缸中的压缩空气无法进入传动风缸。

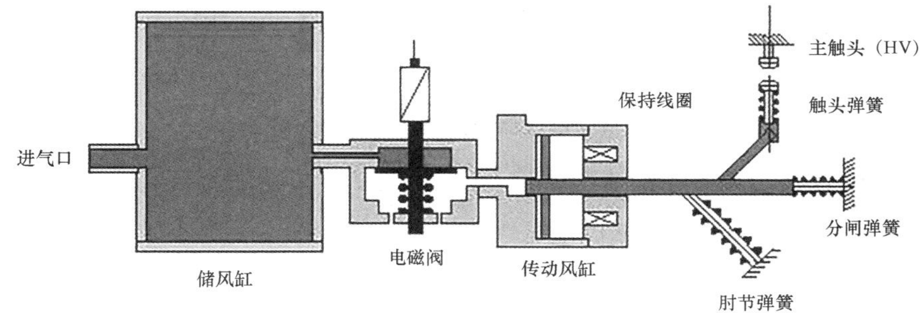


**图 3-34　真空断路器合闸过程（储风缸气压满足条件）**

（2）如图 3-35 所示，当司机按下主断路器闭合键后，电磁阀和保持线圈同时得电。

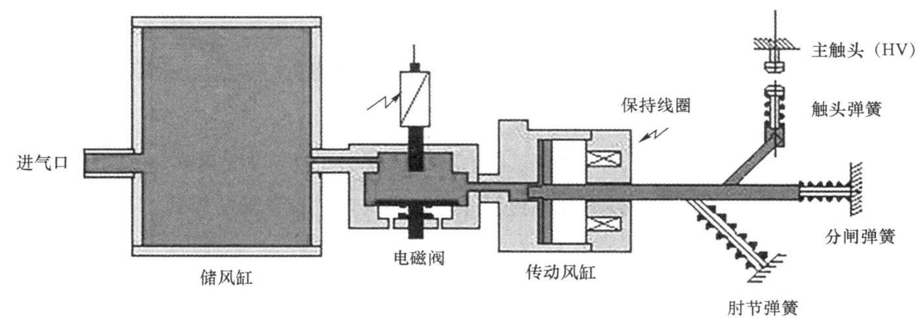


**图 3-35　真空断路器合闸过程（电磁阀得电）**

（3）如图 3-36 所示，电磁阀得电后，压缩空气由储风缸进入传动风缸，推动活塞压缩分闸弹簧向前运动。

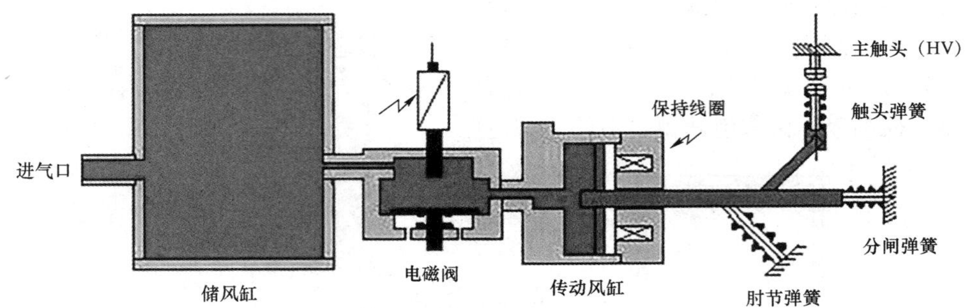


**图 3-36　真空断路器合闸过程（主触头向前移动）**

（4）如图 3-37 所示，在主触头向前移动的过程中，带动动触头压缩触头弹簧向上运动，直到动触头与静触头接触，实现主触头闭合。

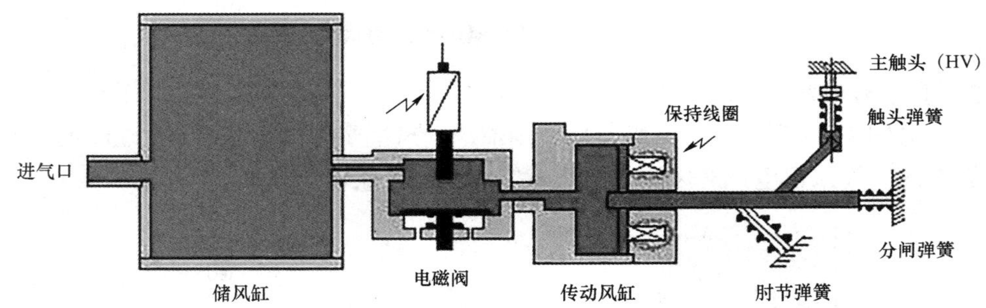


**图 3-37　真空断路器合闸过程（主触头闭合）**

（5）如图 3-38 所示，主触头闭合后，活塞到达行程末端，保持线圈在保持位置得电，电磁阀失电，传动风缸内的压缩空气通过电磁阀排向大气，主触头依靠保持线圈产生的力维持闭合状态。

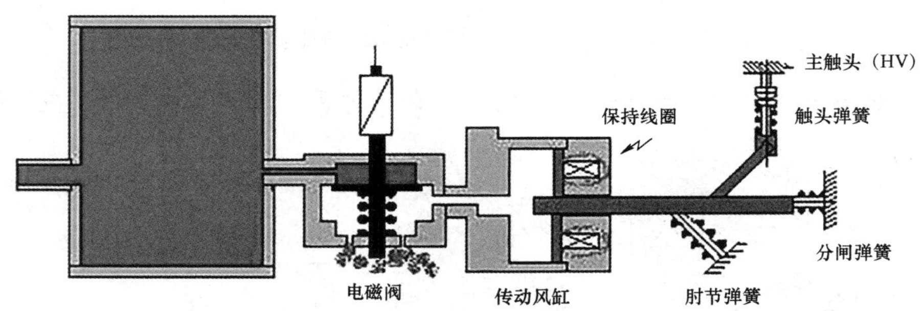


**图 3-38　真空断路器合闸过程（电磁阀失电，传动风缸排风）**

3）真空断路器分闸的工作过程

在任何情况下，只要控制电源失电，真空断路器就处于开断状态。如图 3-39 所示，控制电源失电后，保持线圈失电，活塞在弹簧力的作用下移动，主触头将打开，真空

灭弧室灭弧，活塞行程结束后，主触头断开。

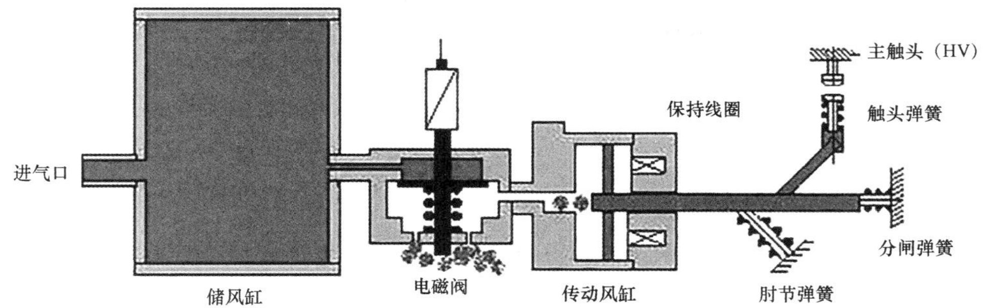


图3–39　真空断路器分闸过程

## 习　题

1. 简述真空断路器的结构。
2. 简述真空断路器分、合闸的工作过程。
3. 简述真空断路器传动支架拆解的主要步骤。
4. 简述真空断路器高压部分拆解的主要步骤。
5. 简述真空断路器驱动机构拆解的主要步骤。

# 任务 3.3　真空断路器的试验

## 教学目标

1. 掌握真空断路器试验项目及试验方法，具备真空断路器试验的实践能力；
2. 掌握工频耐压仪、精密气压表等工量具的使用方法；
3. 培养学生安全用电和规范作业的意识。

## 任务描述

通过真空断路器试验训练，使学生进一步掌握真空断路器的控制原理和工作原理，了解真空断路器的结构及真空灭弧的原理、真空断路器试验的工艺方法，学会使用工频耐压仪、精密气压表等基本工具。表 3-14 为本任务的任务清单。

**表 3-14　任务清单**

| 序号 | 任务内容 | 任务要求 |
| --- | --- | --- |
| 1 | 真空断路器的控制原理、工作原理 | 能够详细描述真空断路器的控制原理与工作原理 |
| 2 | 真空开关管的结构及真空灭弧的原理 | 能够详细描述真空开关管的结构及真空灭弧的原理 |
| 3 | 真空断路器试验的工艺方法 | 能够设计真空断路器试验方案，并对真空断路器开展试验作业 |
| 4 | 基本试验工具的使用 | 能够正确使用工频耐压仪、精密气压表等基本试验工具，掌握相关试验工具的使用方法，熟悉工具的维护、保养措施 |

## 任务分析

见表 3–15。

**表 3–15　知识/技能点确认单**

| 序号 | 知识/技能点 | 答案 | 自我评价 |
|---|---|---|---|
| 1 | 简单介绍真空断路器的控制原理、工作原理 | | |
| 2 | 真空断路器试验的内容主要有哪些？ | | |
| 3 | 简单介绍工频耐压仪的使用方法及保养措施 | | |
| 4 | 简单介绍精密气压表的使用方法及保养措施 | | |

## 制订计划

见表 3-16。

**表 3-16　小组决策单**

**1. 计划参与人**

负责人：________小组成员：________

**2. 讨论决策及方案**

（1） 人员分工

________

________

（2）工量具、工装

| 序号 | 名称 | 数量 | 规格/型号 |
|---|---|---|---|
| 1 | | | |
| 2 | | | |
| 3 | | | |
| 4 | | | |
| 5 | | | |
| 6 | | | |

（3）安全事项

________

________

________

________

（4） 工艺方案

________

________

________

________

**3. 小组互换决策**

| 优点 | 缺点 | 综合评价/A B C D E |
|---|---|---|
| | | |

## 任务实施

见表 3-17。

**表 3-17　任务实施方案**

| 工序/工步 | 工序/工步名称及内容 |
| --- | --- |
| **1** | **闭合时主电路电阻值测量** |
| 1.1 | 把微欧仪的电压夹、电流夹的一端夹在真空断路器高压输入端（HV1），另一端夹在真空断路器高压输出端（HV2），如图 3-40 所示 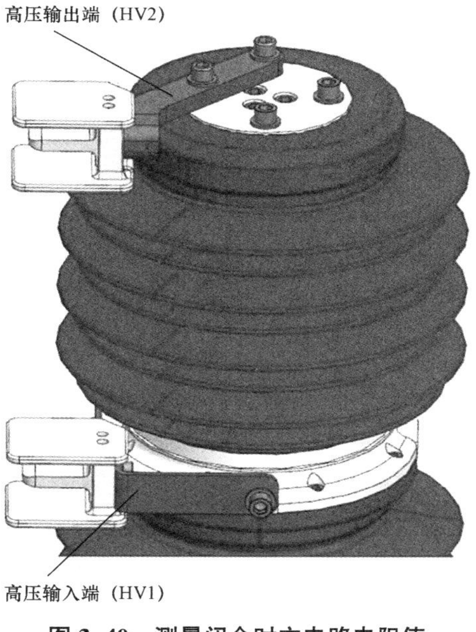<br>**图 3-40　测量闭合时主电路电阻值** |
| 1.2 | 在无载的情况下闭合真空断路器，合上微欧仪电源，选择 100 A 电流输出挡。按下微欧仪测试按钮，读出电阻值，电阻值应小于 200 μΩ |
| 1.3 | 若电阻值超标，则清洁电连接面，移除非导电介质，涂抹导电脂后重新检测 |
| **2** | **绝缘试验** |
| 2.1 | 使用绝缘摇表，一端夹在真空断路器高压输出端（HV2），另一端夹在真空断路器接地螺栓上 |
| 2.2 | 将绝缘摇表调至 DC 2 500 V 挡，分别测量真空断路器主回路对地的绝缘电阻值，绝缘电阻不小于 500 MΩ |
| 2.3 | 若电阻值未达到要求，则按要求修复或者更换 |

续表

| 工序/工步 | 工序/工步名称及内容 |
| --- | --- |
| **3** | **分合闸时间测量** |
| 3.1 | 将真空断路器连接到真空断路器测试台上，检测气缸内气压，打开数字气压表，记录其数值 |
| 3.2 | 如果读数不在 360～450 kPa 之间，调整调压阀，使数字气压表读数在上述数值范围内 |
| 3.3 | 按动真空断路器测试台开始测试按钮，测试台自动采集信号，并计算数据，观察合闸时间（从下达合闸指令至主触头完全闭合的时间）是否小于 0.06 s，固有分闸时间（从下达分闸指令至主触头刚分开的时间间隔）是否在 0.02～0.06 s 之间 |
| 3.4 | 若分合闸时间不达标，则按要求修复或更换 |
| 3.5 | 真空断路器连续动作 100 次，检测分合闸动作是否顺畅、110 V 控制单元逻辑控制顺序是否正确。若存在异常，则按要求修复或者更换 |
| **4** | **真空开关管真空度检查**<br>真空开关管真空度应小于 0.066 Pa，或在真空开关管两个高压连接端进行 40 kV、10 s 的工频耐电压试验，不许有击穿、闪络现象 |
| 4.1 | 拆开机车高压连接端，并让它尽可能远离真空断路器的终端 |
| 4.2 | 用鳄鱼夹把高压连接端和真空断路器终端连接起来 |
| 4.3 | 把真空断路器接地装置接地 |
| 4.4 | 检查并确定真空断路器是否处于开断状态 |
| 4.5 | 保证主开关在设备上打在“0”位，然后连接各主要电缆。通过三相导线连接到交流主电源，在电源出口处要用一条线来可靠接地 |
| 4.6 | 把试验设备的主开关打到“1”位，绿色指示灯亮 |
| 4.7 | 用选择器选择试验电压，参考电压为 40 kV |
| 4.8 | 在 10 s 内通过旋钮进行耐压试验，此时红灯闪烁、黄灯灭 |
| 4.9 | 如果黄色指示灯亮，那么必须重新试验，因为没达到试验设备的额定试验电压 |
| 4.10 | 如果绿色的指示字样“Acceptable”在整个试验过程中一直保持发亮，那么试验结果是正确的，真空开关管中的真空度是合格的 |
| 4.11 | 如果红色的指示字样“Defective”是亮的，那么表明真空开关管里的真空度过低，真空开关管应该更换。更换真空开关管后，必须接着进行例行试验 |
| 4.12 | 当试验完成的时候，试验设备上的主开关要打到“off”位，30 s 后取下连接到真空断路器终端的鳄鱼夹。考虑到安全因素，取下鳄鱼夹后必须将其夹钳连接在一起进行放电，放电后把连接线放入试验箱 |
| 4.13 | 用定扭矩电扳手，用 67 N·m 的扭矩重新连接高压连接端。如果真空管里的真空度是合格的，但是电寿命和机械寿命已经超出生命期，那也应该更换真空管或更换整个真空断路器 |

## 检查评价

见表 3–18。

**表 3–18 任务评价单**

| 序号 | 检查项目 | | 检查内容与评分标准 | 记录 | 评分 | 总分 |
|---|---|---|---|---|---|---|
| 1 | 实践过程与规范（40 分） | 作业前准备（10 分） | （1） 检查作业服装是否穿戴整齐、安全帽是否佩戴。<br>（2） 检查检修工具校验日期是否在有效期内。<br>缺少任一项，扣除 5 分；缺少两项，扣除 10 分 | | | |
| | | 操作过程（30 分） | 按要求完成实践操作：<br>（1） 闭合时主电路电阻值测量；<br>（2） 绝缘试验；<br>（3） 分合闸时间测量；<br>（4） 真空开关管真空度检查。<br>缺少任一项，扣除 10 分；缺少两项，扣除 30 分 | | | |
| 2 | 实践结果与质量（40 分） | 作业质量标准（40 分） | （1） 闭合时主电路电阻值=<br>（2） 绝缘试验时绝缘电阻值=<br>（3） 分闸时间=<br>合闸时间=<br>（4） 真空开关管真空度检查<br>□良好 □故障 | | | |
| 3 | 职业素养（20 分） | 基本要求（10 分） | （1） 作业环境确认，作业场所安全确认。<br>（2）“工完料净场地清”状态确认。<br>缺少任何一项，扣除 5 分；缺少两项，扣除 10 分 | | | |
| | | 任务要求（10 分） | 安全意识、责任意识、团队意识 | | | |

## 反思与改进

见表 3–19。

**表 3–19 反思与改进记录单**

| 序号 | 项目 | 收获与不足 | 改进措施 |
| --- | --- | --- | --- |
| 1 | 闭合时主电路电阻值测量方法及测量工具的使用 | | |
| 2 | 绝缘试验方法及试验工具的使用 | | |
| 3 | 分合闸时间测量方法及测量工具的使用 | | |
| 4 | 真空开关管真空度检查方法及检查工具的使用 | | |
| 5 | 安全用电和规范作业的意识 | | |

## 知识链接

### 真空断路器的控制原理与真空灭弧原理

#### 1. 真空断路器的控制原理（见图 3–41）

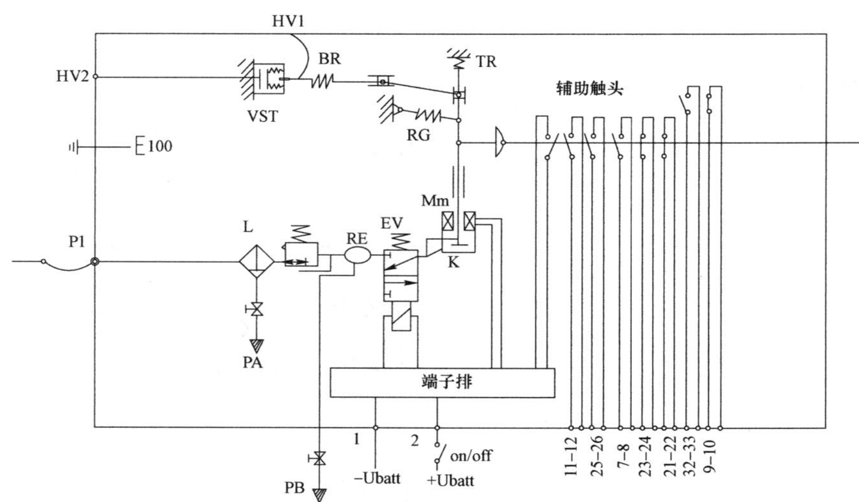


HV1—高压输出端；HV2—高压输入端；VST—真空泡；BR—触头压力机构；TR—稳定机构；RG—快速脱扣机构；Mm—保持线圈；K—传动气缸；EV—电磁阀；RE—储风缸；L—调压阀；P1—进风口；PA—调压阀排水口；PB—储风缸排水口；CMDE—控制单元；on/off—控制开关；−Ubatt—控制电源（负极）；+Ubatt—控制电源（正极）。

**图 3–41 真空开关管控制原理图**

主断路器闭合时，电磁阀得电，储存在储风缸中的压缩空气进入传动气缸，推动连杆动作，进而带动位于真空泡中的主断路器动触头向前运动，与静触头接触，实现主断路器闭合。压缩空气进入传动气缸的同时，保持线圈得电，维持主断路器的闭合状态。

主断路器断开时，电磁阀失电，通过连杆带动动触头与静触头分开，实现主断路器断开。

**2. 真空断路器真空灭弧的原理**

1）真空灭弧原理

真空具有优异的绝缘性能，允许通电的触点之间的绝缘距离被大大减小。如图 3–42 所示，在电流中断的情况下，在电流波形通过零点时电弧可以很容易地被中断，触点之间的绝缘介质能在不到 1 ms 后恢复，电弧不会再起弧。

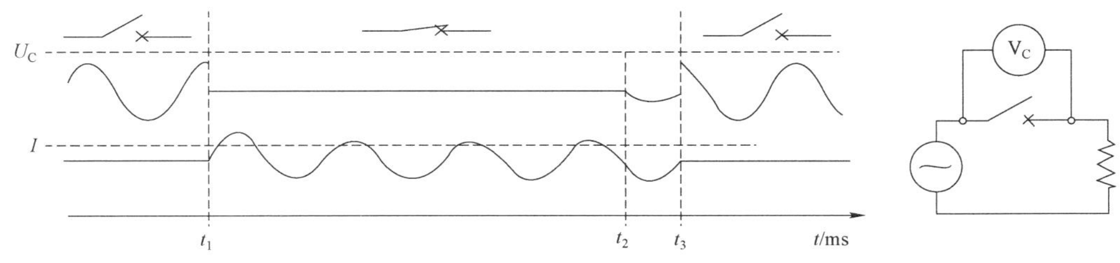


**图 3–42　电流分断过程**

2）真空开关管的结构

真空开关管包括一个静触头和一个动触头，铜合金材质。静触头安装在一个带有陶瓷壳体的金属法兰内，其结构如图 3–43 所示。

在陶瓷壳体和触头之间有一层金属屏，用于保护陶瓷外壳，避免带负载工作的主触头分断时燃弧所产生的金属蒸气沉积。

动触头在导向件内滑动，以确保它的轴向定位和正确的角度。焊接在动触头和端部法兰上的金属波纹管用来密封真空。环绕在波纹管外围的金属屏用来保护波纹管。

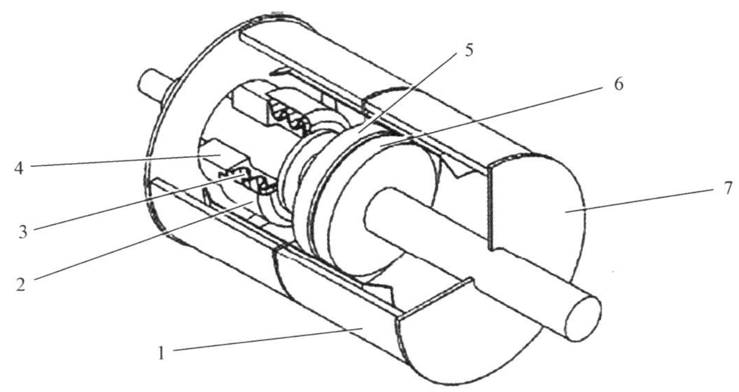


1—陶瓷壳体；2—金属屏；3—金属波纹管；4—导向杆；5—动触头；6—静触头；7—金属法兰。

**图 3–43　真空开关管的结构示意图**

# 习　题

1. 简述真空开关管真空度检查的主要内容。
2. 简述真空管的结构。
3. 简述真空断路器真空灭弧的基本原理。
4. 简述真空断路器绝缘试验的主要内容与方法。
5. 简述真空断路器分合闸时间的测量方法。

# 任务 3.4　互感器的检修

## 教学目标

1. 掌握互感器检修的工艺流程，具备互感器检修的能力；
2. 掌握互感器的工作原理及结构，具备开展互感器故障检测与维护的能力；
3. 掌握互感器变比的测量方法，具备开展变比测量的能力；
4. 培养学生安全用电意识、责任意识。

## 任务描述

通过互感器检修训练，使学生进一步掌握互感器的结构和工作原理，了解互感器常见故障的类型、检测及维护方法，熟悉互感器检修的工艺流程，能够开展互感器变比的测量。表 3-20 为本任务的任务清单。

**表 3-20　任务清单**

| 序号 | 任务内容 | 任务要求 |
| --- | --- | --- |
| 1 | 高压电压互感器/高压电流互感器/接地回流电流互感器的结构及工作原理 | 能够详细描述高压电压互感器/高压电流互感器/接地回流电流互感器的结构特征及工作原理 |
| 2 | 高压电压互感器/高压电流互感器/接地回流电流互感器的检修 | 能够设计互感器检修工艺方案，并对互感器开展检修作业 |
| 3 | 高压电流互感器/接地回流电流互感器变比测量 | 能够设计电流互感器变比测量工艺方案，并对电流互感器开展变比测量 |

## 任务分析

见表 3–21。

**表 3–21　知识/技能点确认单**

| 序号 | 知识/技能点 | 答案 | 自我评价 |
| --- | --- | --- | --- |
| 1 | 简述高压电压互感器的工作原理 | | |
| 2 | 高压电流互感器与接地回流电流互感器的结构有何异同？ | | |
| 3 | 如何测量高压电流互感器的变比？ | | |
| 4 | 高压电压互感器常见的故障有哪些？如何处理？ | | |

## 制订计划

见表 3–22。

**表 3–22　小组决策单**

**1. 计划参与人**

负责人：______________小组成员：______________________________

**2. 讨论决策及方案**

（1）人员分工

______________________________

______________________________

（2）工量具、工装

| 序号 | 名称 | 数量 | 规格/型号 |
|---|---|---|---|
| 1 | | | |
| 2 | | | |
| 3 | | | |
| 4 | | | |
| 5 | | | |
| 6 | | | |

（3）安全事项

______________________________

______________________________

______________________________

______________________________

（4）工艺方案

______________________________

______________________________

______________________________

______________________________

**3. 小组互换决策**

| 优点 | 缺点 | 综合评价/A B C D E |
|---|---|---|
| | | |

## 任务实施

见表 3–23。

**表 3–23　任务实施方案**

| 工序/工步 | 工序/工步名称及内容 |
| --- | --- |
| **1** | **高压电压互感器检修** |
| 1.1 | 检查外观，看是否出现变形、损伤等情况 |
| 1.2 | 检查紧固螺栓是否松动。若松动，应紧固到位 |
| 1.3 | 检查密封圈是否变形、密封效果是否良好 |
| 1.4 | 检查接线端状态是否良好 |
| **2** | **高压电流互感器检修** |
| 2.1 | 检查电流互感器浇注体和接线盒有无破损 |
| 2.2 | 检查接线是否松动，检查引线与接线端子的接触情况 |
| 2.3 | 检查接线端子 M6 螺栓连接情况，检查互感器与安装底板螺栓连接情况 |
| 2.4 | 检查二次绕组是否断路 |
| 2.5 | 检查二次绕组间及二次绕组对地绝缘电阻，要求不小于 100 MΩ |
| 2.6 | 功能试验：一次侧加电流后，二次侧是否有电流输出，且电流比是否正确 |
| **3** | **接地回流电流互感器检修** |
| 3.1 | 检查电流互感器浇注体有无破损 |
| 3.2 | 检查引线与接线端子的接触情况，检查电缆出线夹的安装情况 |
| 3.3 | 检查接线端子 M6 螺栓连接情况，检查互感器与安装支架螺栓连接情况 |
| 3.4 | 检查二次绕组是否断路，检查二次绕组间及二次绕组对地绝缘电阻 |
| 3.5 | 功能试验：一次侧加电流后，二次侧是否有电流输出，且电流比是否正确 |

## 检查评价

见表 3–24。

**表 3–24　任务评价单**

<table>
<tr><th>序号</th><th colspan="2">检查项目</th><th>检查内容与评分标准</th><th>记录</th><th>评分</th><th>总分</th></tr>
<tr><td rowspan="2">1</td><td rowspan="2">实践过程与规范（40 分）</td><td>作业前准备（10 分）</td><td>（1）检查作业服装是否穿戴整齐、安全帽是否佩戴。<br>（2）检查检修工具校验日期是否在有效期内。<br>缺少任一项，扣除 5 分；缺少两项，扣除 10 分</td><td></td><td></td><td rowspan="5"></td></tr>
<tr><td>操作过程（30 分）</td><td>按要求完成实践操作：<br>（1）高压电压互感器的检修；<br>（2）高压电流互感器的检修；<br>（3）接地回流电流互感器的检修。<br>缺少任一项，扣除 10 分；缺少两项，扣除 30 分</td><td></td><td></td></tr>
<tr><td>2</td><td>实践结果与质量（40 分）</td><td>作业质量标准（40 分）</td><td>（1）高压电压互感器检修<br>□良好　　□差<br>（2）高压电流互感器检修<br>□良好　　□差<br>变比=<br>（3）接地回流电流互感器检修<br>□良好　　□差<br>变比=</td><td></td><td></td></tr>
<tr><td rowspan="2">3</td><td rowspan="2">职业素养（20 分）</td><td>基本要求（10 分）</td><td>（1）作业环境确认，作业场所安全确认。<br>（2）“工完料净场地清”状态确认。<br>缺少任何一项，扣除 5 分；缺少两项，扣除 10 分</td><td></td><td></td></tr>
<tr><td>任务要求（10 分）</td><td>安全用电意识、责任意识</td><td></td><td></td></tr>
</table>

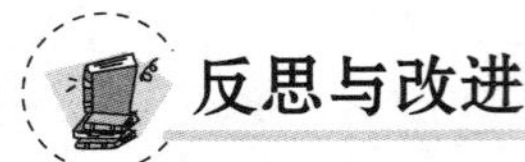

## 反思与改进

见表 3-25。

**表 3-25　反思与改进记录单**

| 序号 | 项目 | 收获与不足 | 改进措施 |
|---|---|---|---|
| 1 | 高压电压互感器/高压电流互感器/接地回流电流互感器的结构及工作原理 | | |
| 2 | 高压电压互感器/高压电流互感器/接地回流电流互感器的常见故障及处理方法 | | |
| 3 | 高压电压互感器/高压电流互感器/接地回流电流互感器的检修工艺、变比的测量方法 | | |
| 4 | 安全用电意识、责任意识 | | |

## 知识链接

### 互感器的结构与工作原理

CR200J 型动力集中型动车组车载互感器主要有高压电压互感器、高压电流互感器、接地回流电流互感器等类型。互感器主要用于 25 kV 电压测量和继电保护。

**1. 高压电压互感器**

1）工作原理

如图 3-44 所示，高压电压互感器的工作原理是：利用电磁感应原理，把一次侧的高电压变换为标准测量电压。高压电压互感器是一种专门用作变换电压的特种变压器。

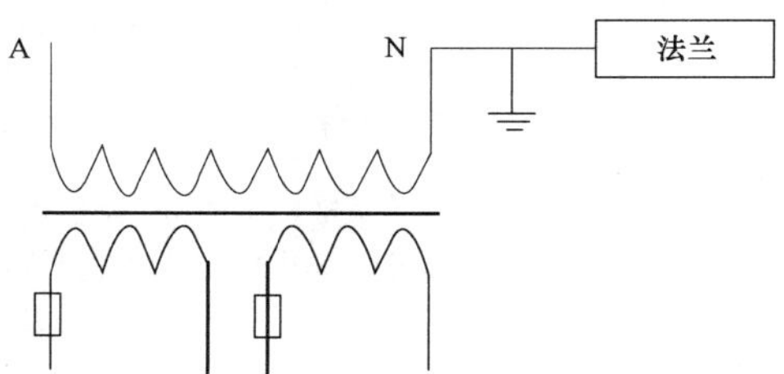


**图 3-44　高压电压互感器工作原理示意图**

2）结构

高压电压互感器采用环氧树脂与硅橡胶复合绝缘支柱式结构。内部采用环氧树脂浇注，外部护套和伞裙采用高温硅橡胶材料，具有良好的憎水性，大大地提高了污闪电压，能有效地防止污闪故障的发生；具有抗老化和耐漏电起痕性能，抗电蚀损性能非常高，可以连续承受污闪电压；具有耐机械冲击能力强、重量轻、便于安装、不易损坏、维护周期长的特点。

高压电压互感器二次侧采用双熔断器出线，提高了高压电压互感器的自保护能力。

高压电压互感器主要由器身浇注体、硅橡胶伞裙、安装法兰、出线装置等部分组成，如图3-45所示。

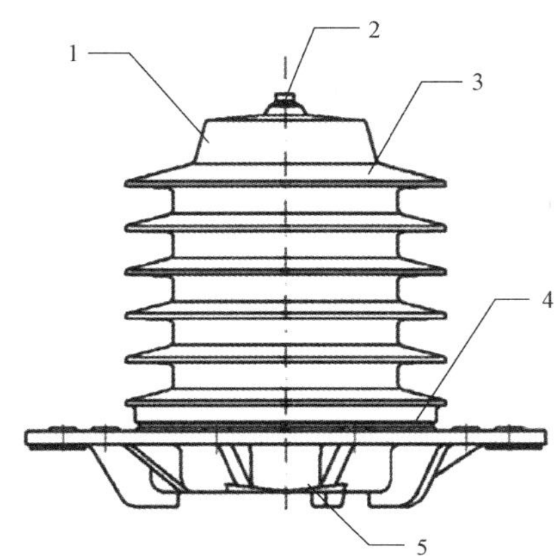


1—浇注体；2—高压接线端子；3—硅橡胶伞裙；4—安装法兰；5—接地螺栓。

**图3-45 高压电压互感器结构图**

3）高压电压互感器主要性能（见表3-26）

**表3-26 高压电压互感器的主要性能**

| 序号 | 项目 | 参数 |
|---|---|---|
| 1 | 频率/Hz | 50 |
| 2 | 额定电压比/V | 25 000/150/150 |
| 3 | 二次组合 | 1级/1级 |
| 4 | 二次额定负荷及准确级 | 30 VA 1级/30 VA 1级（$\cos\varphi$=0.8） |
| 5 | 二次热极限输出电流/A | 1 |
| 6 | 额定电压因数 | 1.5（30 s） |

4）高压电压互感器常见故障及处理方法（见表3-27）

**表3-27 高压电压互感器常见故障及处理方法**

| 序号 | 故障现象/信息 | 引起故障的可能原因 | 故障处理方法 |
|---|---|---|---|
| 1 | 二次绕组无电压输出 | 二次绕组熔断器断路 | 更换熔断的熔断器 |
| | | 一次、二次绕组短路或断路 | 检查一次、二次绕组直流电阻；检查一次、二次绕组间及其对地绝缘电阻 |

续表

| 序号 | 故障现象/信息 | 引起故障的可能原因 | 故障处理方法 |
| --- | --- | --- | --- |
| 1 | 二次绕组无电压输出 | 二次绕组断路 | 检查二次绕组电阻。若直流电阻很大，则说明二次绕组断路，须更换故障电压互感器 |
| 2 | 电压互感器失效 | 二次绕组间或二次绕组对地短路 | 二次绕组间或二次绕组对地绝缘电阻为零，须更换故障电压互感器 |
| | | 硅橡胶表面破损 | 更换故障电压互感器 |
| 3 | 二次绕组有电压输出，但电压比不正确 | 一次绕组或二次绕组短路 | 更换故障电压互感器 |

### 2. 高压电流互感器

1）工作原理

高压电流互感器的工作原理是：利用电磁感应及安匝平衡原理，将一次绕组大电流变换为标准测量电流。

2）结构

高压电流互感器为浇注式电流互感器，主要由互感器浇注体、接线盒、安装底板三个部件组成。互感器浇注体内有两个二次绕组。出线盒上装有电缆出线夹。高压电流互感器的结构如图 3–46 所示。

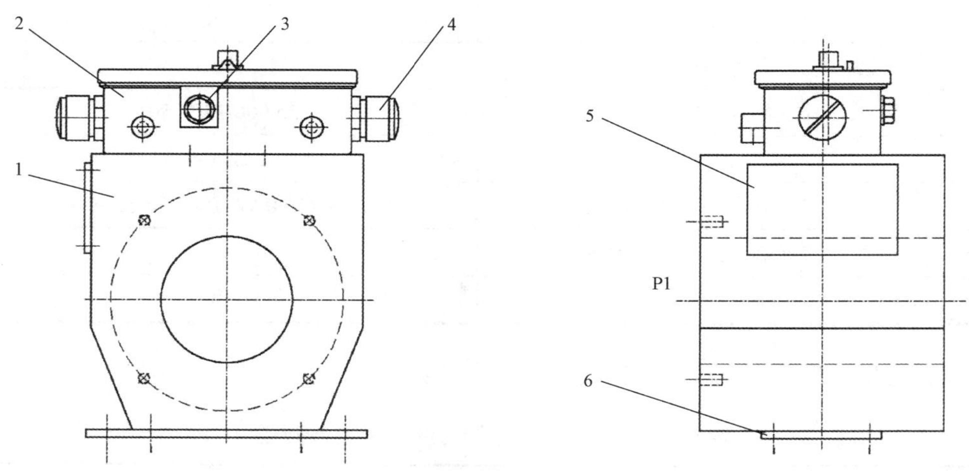


1—互感器浇注体；2—接线盒；3—接地螺栓；4—电缆出线夹；5—铭牌；6—安装底板。

**图 3–46　高压电流互感器的结构**

高压互感器铁心型式为卷铁心，铁心材料采用晶粒取向优质冷轧低损耗硅钢片，经卷制、退火而成。二次绕组采用漆包铜圆线绕制。

3）高压电流互感器主要性能（见表 3–28）

表 3–28　高压电流互感器的主要性能

| 序号 | 项目 | 参数 |
|---|---|---|
| 1 | 频率/Hz | 50 |
| 2 | 额定电流比/A | 600/1/1 |
| 3 | 二次组合 | 1 级/0.5 级 |
| 4 | 二次额定负荷及准确级 | 20 VA 1 级 FS5/5 VA 0.5 级 FS10（cos$\varphi$=0.8） |
| 5 | 绝缘等级 | E |
| 6 | 二次对地工频耐压/kV | 3 |
| 7 | 外形尺寸/[（长/mm）×（宽/mm）×（高/mm）] | 150×145×215 |
| 8 | 质量/kg | 6.4 |

4）高压电流互感器常见故障及处理方法（见表 3–29）

表 3–29　高压电流互感器常见故障及处理方法

| 序号 | 故障现象/信息 | 引起故障的可能原因 | 故障处理方法 |
|---|---|---|---|
| 1 | 二次绕组无电流输出 | 接线端子接触不良或断路 | 检查二次绕组是否断路，若未断路则说明接线端子接触不良，须重新连接 |
| 2 | 电流互感器失效 | 二次绕组断路 | 检查二次绕组是否断路，若二次绕组断路，须更换故障电流互感器 |
|  |  | 二次绕组间或二次绕组对地短路 | 二次绕组间或二次绕组对地绝缘电阻小于 100 MΩ，须更换故障电流互感器 |

### 3. 接地回流电流互感器

1）工作原理

接地回流电流互感器的工作原理与高压电流互感器相同，也是利用电磁感应及安匝平衡原理，将一次绕组大电流变换为标准测量电流。

2）结构

接地回流电流互感器的结构与高压电流互感器相似，也为浇注式电流互感器，主要由互感器浇注体、接线盒、安装底板三个部件组成。所不同的是，接地回流电流互感器浇注体内有一个二次绕组。出线盒上装有电缆出线夹。接地回流电流互感器结构如图 3–47 所示。

接地回流电流互感器铁心型式为卷铁心，铁心材料采用晶粒取向优质冷轧低损耗硅钢片，经卷制、退火而成。二次绕组采用漆包铜圆线绕制。

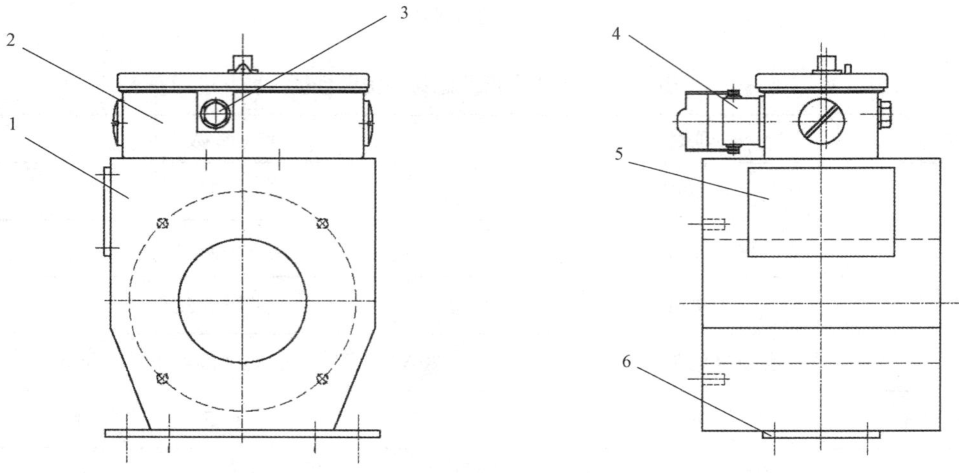


1—互感器浇注体；2—接线盒；3—接地螺栓；4—连接器；5—铭牌；6—安装底板。

**图 3-47　接地回流电流互感器结构**

3）接地回流电流互感器主要性能（见表 3-30）

**表 3-30　接地回流电流互感器的主要性能**

| 序号 | 项目 | 参数 |
| --- | --- | --- |
| 1 | 频率/Hz | 50 |
| 2 | 额定电流比/A | 600/1 |
| 3 | 二次组合 | 1 级/0.5 级 |
| 4 | 二次额定负荷及准确级 | 20 VA 1 级 FS5（$\cos\varphi$=0.8） |
| 5 | 绝缘等级 | E |
| 6 | 二次对地工频耐压/kV | 3 |
| 7 | 质量/kg | 5.8 |

4）接地回流电流互感器常见故障及处理方法

接地回流电流互感器常见故障主要有二次侧无电流输出、电流互感器失效两种类型，导致故障的原因及处理方法与高压电流互感器相同。

## 习　题

1. 简述高压电压互感器和高压电流互感器的工作原理。
2. 简述接地回流电流互感器的结构及工作原理。
3. 简述高压电压互感器检修的主要内容。
4. 简述接地回流互感器检修的主要内容。

# 任务 3.5　避雷器的检修

## 教学目标

1. 掌握避雷器日常维护的内容，具备避雷器维护的能力；
2. 掌握避雷器的试验项目及试验方法，具备避雷器试验的实践能力；
3. 掌握避雷器更换的方法，具备避雷器更换的实践能力；
4. 掌握定扭矩电扳手的使用和维护、校验方法，能够正确使用定扭矩电扳手进行扭力校核；
5. 培养学生安全意识、责任意识、团队意识。

## 任务描述

通过避雷器日常维护、试验及更换训练，使学生进一步掌握避雷器的结构和工作原理，了解避雷器日常维护、试验及更换作业的工艺流程，学会使用、维护和校验定扭矩电扳手等工具。表 3–31 为本任务的任务清单。

**表 3–31　任务清单**

| 序号 | 任务内容 | 任务要求 |
|---|---|---|
| 1 | 避雷器的结构、工作原理 | 能够详细描述避雷器的结构和工作原理 |
| 2 | 避雷器的日常维护 | 能够设计避雷器日常维护的方案，并对避雷器开展维护作业 |
| 3 | 避雷器功能试验 | 能够设计避雷器功能试验工艺方案，并对避雷器开展功能试验 |
| 4 | 避雷器更换 | 能够设计避雷器更换方案，并实施避雷器更换作业 |
| 5 | 工具的使用、维护和校验 | 能够正确使用定扭矩电扳手等专业工具，掌握专业工具的使用方法，熟悉工具维护保养措施 |

## 任务分析

见表 3–32。

**表 3–32 知识/技能点确认单**

| 序号 | 知识/技能点 | 答案 | 自我评价 |
|---|---|---|---|
| 1 | 简单介绍避雷器的结构及工作原理 | | |
| 2 | 避雷器常见的故障有哪些？ | | |
| 3 | 避雷器功能试验的主要内容是什么？ | | |
| 4 | 简述定扭矩电扳手的使用方法 | | |

## 制订计划

见表 3–33。

**表 3–33　小组决策单**

**1. 计划参与人**

负责人：______________小组成员：______________________________

**2. 讨论决策及方案**

（1）人员分工

______________________________________________

______________________________________________

（2）工量具、工装

| 序号 | 名称 | 数量 | 规格/型号 |
|---|---|---|---|
| 1 | | | |
| 2 | | | |
| 3 | | | |
| 4 | | | |
| 5 | | | |
| 6 | | | |

（3）安全事项

______________________________________________

______________________________________________

______________________________________________

______________________________________________

（4）工艺方案

______________________________________________

______________________________________________

______________________________________________

______________________________________________

**3. 小组互换决策**

| 优点 | 缺点 | 综合评价/A B C D E |
|---|---|---|
| | | |

## 任务实施

见表 3-34。

**表 3-34　任务实施方案**

| 工序/工步 | 工序/工步名称及内容 |
| --- | --- |
| **1** | **避雷器的日常维护** |
| 1.1 | CR200J 型动车组避雷器投入运行后，日常应用 2 500 V 兆欧表测量其绝缘电阻，其阻值应大于 35 000 MΩ |
| 1.2 | 检查避雷器外套有无裂纹、伤痕、缺陷，要求如下：<br>（1）表面缺陷面积（如缺胶、杂质、凸起等）不应超过 25 mm$^2$，深度不应大于 1 mm；<br>（2）凸起表面与合缝应清理平整，凸起高度不得超过 8 mm；<br>（3）粘接缝凸起高度不应超过 1.2 mm；<br>（4）总缺陷面积不应超过复合外套总表面面积的 0.2% |
| **2** | **避雷器的功能试验** |
| 2.1 | 直流参考电压测试：避雷器两端施加直流电压（直流电压的脉动不大于直流电压的±1.5%），待流过避雷器的电流等于 1 mA 时读取电压值，其值应大于或等于 58 kV |
| 2.2 | 0.75 倍直流参考电压下的泄漏电流测量：对避雷器施加 0.75 倍的直流参考电压，读取电流值，其值应小于 30 μA |
| **3** | **避雷器的更换** |
| 3.1 | **拆卸：**<br>（1）拆除上金具高压连接线螺栓，取下连接线。<br>（2）拆除下座接地线螺栓，取下接地线。<br>（3）拆除下座 4 条安装螺栓，取下避雷器 |
| 3.2 | **安装：**<br>（1）避雷器的法兰通过 4 个 M12 螺栓与车顶或高压柜连接，紧固力矩为 50 N • m。<br>（2）法兰上的 M10 螺栓与接地线连接，紧固力矩为 30 N • m。<br>（3）避雷器上端的 M10 螺栓与高压线连接，紧固为力矩为 30 N • m |

## 检查评价

见表 3-35。

**表 3-35　任务评价单**

<table>
<tr><th>序号</th><th colspan="2">检查项目</th><th>检查内容与评分标准</th><th>记录</th><th>评分</th><th>总分</th></tr>
<tr><td rowspan="2">1</td><td rowspan="2">实践过程与规范（40 分）</td><td>作业前准备（10 分）</td><td>（1） 检查作业服装是否穿戴整齐、安全帽是否佩戴。<br>（2） 检查检修工具校验日期是否在有效期内。<br>缺少任一项，扣除 5 分；缺少两项，扣除 10 分</td><td></td><td></td><td rowspan="2"></td></tr>
<tr><td>操作过程（30 分）</td><td>按要求完成实践操作：<br>（1） 避雷器的日常维护；<br>（2） 避雷器的功能试验；<br>（3） 避雷器的更换。<br>缺少任一项，扣除 10 分；缺少两项，扣除 30 分</td><td></td><td></td></tr>
<tr><td>2</td><td>实践结果与质量（40 分）</td><td>作业质量标准（40 分）</td><td>（1） 绝缘电阻值=<br>（2） 外观状态检查<br>□良好　　□差<br>（3） 直流参考电压值=<br>（4） 0.75 倍直流参考电压下的泄漏电流值=<br>（5） 拆卸作业质量<br>□良好　　□差<br>（6） 安装作业质量<br>□良好　　□差</td><td></td><td></td><td></td></tr>
<tr><td rowspan="2">3</td><td rowspan="2">职业素养（20 分）</td><td>基本要求（10 分）</td><td>（1） 作业环境确认，作业场所安全确认。<br>（2）“工完料净场地清”状态确认。<br>缺少任何一项，扣除 5 分；缺少两项，扣除 10 分</td><td></td><td></td><td rowspan="2"></td></tr>
<tr><td>任务要求（10 分）</td><td>安全意识、责任意识、团队意识</td><td></td><td></td></tr>
</table>

## 反思与改进

见表 3-36。

**表 3-36 反思与改进记录单**

| 序号 | 项目 | 收获与不足 | 改进措施 |
| --- | --- | --- | --- |
| 1 | 避雷器的结构、工作原理 | | |
| 2 | 避雷器的日常维护能力 | | |
| 3 | 避雷器的功能试验方法 | | |
| 4 | 避雷器的常见故障及更换方法 | | |
| 5 | 安全意识、责任意识、团队意识 | | |

## 知识链接

### 避雷器

**1. 避雷器的工作原理**

避雷器具有良好的非线性伏安特性，当系统出现过电压时，避雷器呈现低电阻状态，能吸收过电压能量，把被保护电气设备上的过电压限制在允许范围内，从而保护电气设备绝缘免遭过电压的损坏。在电力系统正常工作电压下，避雷器呈现高电阻状态，仅有微安级的泄漏电流流过避雷器，确保了避雷器长期正常运行。

**2. 避雷器的结构组成元件及元件功能**

CR200J 型动车组采用的避雷器是以氧化锌为主体的由金属氧化物构成的高非线性电阻体的无间隙交流避雷器，这类避雷器主要由复合外套、芯体、高压接线端、上金具、下法兰构成（见图 3-48）。芯体内装有具有优异伏安特性的氧化锌电阻片，避雷器外套采用憎水性强的硅橡胶制成，避雷器具有体积小、重量轻、耐污秽能力优良等特点。法兰由不锈钢材料制成，保证外露金属部分及紧固件具有较高的防锈能力。避雷器内部设有压力释放装置，当避雷器出现意外及故障情况时，能够安全释放掉内部压力。避雷器伞群采用大小结构的伞群设计，既提高了产品的爬电距离，又增强了产品的耐污性能。

1）避雷器容器

避雷器容器（聚合体绝缘管）的外皮采用以硅酮为主的难燃性红橡胶。难燃性红橡胶具有耐漏电痕迹、抗老化性，具有很强的抗冲击性。难燃性红橡胶是与其 FRP（fiber reinforced plastic，纤维增强塑料）筒一体成形的，二者的紧密结合性很高。

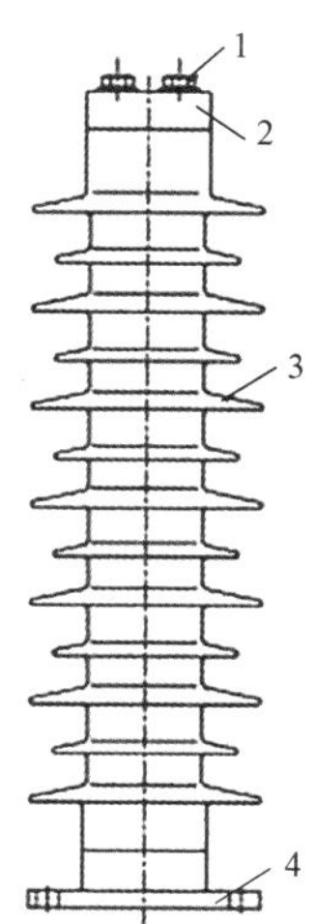

1—高压接线端；2—上金具；3—复合外套；4—下法兰。

图 3–48　避雷器的结构示意图

2）氧化锌元件

避雷器内部安装有氧化锌元件。氧化锌元件的主要成分为氧化锌晶体，氧化锌晶体被由添加物构成的粒子层所包围，氧化锌元件是烧结体，具有非线性阻力特性。根据这个特性，能够把很大的雷电涌电压抑制在避雷器的限制电压值内，并且能够断开后续电流。

3）压力释放装置

工作过程中，一旦出现了超过允许的电涌，引起避雷器的绝缘劣化，就会引起避雷器的内部压力上升。此时压力释放装置开始动作，释放出内部压力，防止避雷器容器的破坏、飞散等。

4）防振用橡胶

为防止振动和冲击引起避雷器损伤，避雷器上装有防振用橡胶。

5）避雷器的内部气体

避雷器的内部被抽成真空后，封入干燥的氮气密封好。

### 3. 避雷器的主要性能（见表 3–37）

表 3–37　避雷器的主要性能

| 序号 | 项目 | 参数 | |
|---|---|---|---|
| | | YH10WT–42/105 型 | YH10WT–43/108BN 型 |
| 1 | 系统电压/kV | 25 | 25 |
| 2 | 避雷器额定电压/kV | 42 | 43 |
| 3 | 持续运行电压/kV | 34 | 34 |
| 4 | 陡波冲击电压/kV | 118 | 121 |
| 5 | 8/20 残压峰值/kV | 105 | 108 |

续表

| 序号 | 项目 | 参数 | |
|---|---|---|---|
| | | YH10WT−42/105 型 | YH10WT−43/108BN 型 |
| 6 | 操作冲击残压/kV | 89 | 92 |
| 7 | 直流参考电压/kV | ≥58 | ≥58 |
| 8 | 工频参考电压（阻性 $I_r$=1 mA）/kV | ≥42 | ≥43 |
| 9 | 2 ms 方波通流容量/A | 400 | 400 |

### 4. 避雷器劣化的主要原因

避雷器劣化的原因，除了避雷器承受超过性能允许的直击雷电涌导致事故发生以外，避雷器的绝缘性渐渐降低也是引起避雷器劣化的另一个重要原因。避雷器绝缘性下降的主要原因分为避雷器的内部原因和外部原因，只要不是极端恶劣的环境，避雷器劣化的主要原因都是由避雷器的内部引起的。避雷器劣化的主要原因如下：

（1）由于橡胶密封垫的劣化，或者金属部分腐蚀而引起的避雷器容器内部吸湿，导致绝缘性能下降。

（2）氧化锌元件的绝缘劣化，或者避雷器容器漏电而引起的避雷器内部零件的绝缘性能下降。

（3）避雷器容器外皮污损，或者由于冷热变化引起避雷器容器外皮损伤，使避雷器绝缘性能下降。

### 5. 注意事项

在避雷器使用和操作的过程中，应注意以下几点：

（1）不能冲击本体。

（2）为了密封氮气，不要操作盖子。

（3）防压膜的机械强度特别低，不要将其弄伤。铝箔是为了保护防压膜而粘在上边的，所以尽量不要将其撕下。

（4）存放时，可放在有可能结露水的地方但要捆好包好。

（5）在进行车辆耐压试验的时候，必须把避雷器从电路上断开。

### 6. 避雷器常见故障及处理方法（见表 3−38）

**表 3−38　避雷器常见故障及处理方法**

| 序号 | 故障现象/信息 | 引起故障的可能原因 | 故障处理方法 |
|---|---|---|---|
| 1 | 冰闪、污闪 | 避雷器伞群表面积污或覆冰 | 清理、擦洗、擦干后，用摇表测量伞裙绝缘 |
| 2 | 主断路器跳开或网压突然下降 | 避雷器击穿 | （1）断开避雷器高压引线；<br>（2）做直流参考电压试验 |
| 3 | 压力释放动作 | 避雷器吸收的能量超出自身承载能量 | 更换新避雷器 |

续表

| 序号 | 故障现象/信息 | 引起故障的可能原因 | 故障处理方法 |
| --- | --- | --- | --- |
| 4 | 烧损 | （1）操作、雷电过电压；<br>（2）伞裙表面积污；<br>（3）雨、雪、冰、雾、霾等恶劣天气；<br>（4）长时间放电 | 更换新避雷器 |
| 5 | 影响其他设备 | 机械损坏 | 更换新避雷器 |
| 6 | 伞裙本体受损、伞裙根部有裂纹、伞裙有贯穿性裂纹 | 外物击打或人为破坏 | 更换新避雷器 |

## 习　题

1. 简述避雷器的结构及更换方法。
2. 简述避雷器操作时的注意事项。
3. 简述避雷器劣化的主要原因。
4. 简述避雷器日常维护的主要内容。
5. 简述避雷器功能试验的主要内容。

# 任务 3.6　高压接地开关的检修与试验

## 教学目标

1. 掌握高压接地开关检修的工艺流程，具备高压接地开关检修的实践能力；
2. 掌握高压接地开关功能试验项目及方法，具备高压接地开关试验的实践能力；
3. 培养学生安全意识、责任意识、团队合作精神。

## 任务描述

通过高压接地开关检修及试验训练，使学生进一步掌握高压接地开关的结构和工作原理，了解高压接地开关检修、试验的工艺流程。表 3-39 为本任务的任务清单。

**表 3-39　任务清单**

| 序号 | 任务内容 | 任务要求 |
|---|---|---|
| 1 | 高压接地开关的结构、工作原理 | 能够详细描述高压接地开关的结构组成、工作原理及动作过程 |
| 2 | 高压接地开关的检修 | 能够设计高压接地开关检修工艺方案，并对高压接地开关开展拆解作业 |
| 3 | 高压接地开关的试验 | 能够设计高压接地开关试验工艺方案，并对高压接地开关开展试验作业 |

## 任务分析

见表 3-40。

表 3-40　知识/技能点确认单

| 序号 | 知识/技能点 | 答案 | 自我评价 |
| --- | --- | --- | --- |
| 1 | 高压接地开关的主要功能是什么？高压接地开关主要由哪几部分组成？ | | |
| 2 | 简述操作高压接地开关从“工作位”到“接地位”的过程 | | |
| 3 | 高压接地开关功能试验的主要内容有哪些？ | | |

## 制订计划

见表 3-41。

**表 3-41 小组决策单**

**1. 计划参与人**

负责人：____________小组成员：________________________

**2. 讨论决策及方案**

（1） 人员分工

（2）工量具、工装

| 序号 | 名称 | 数量 | 规格/型号 |
| --- | --- | --- | --- |
| 1 | | | |
| 2 | | | |
| 3 | | | |
| 4 | | | |
| 5 | | | |
| 6 | | | |

（3）安全事项

（4） 工艺方案

**3. 小组互换决策**

| 优点 | 缺点 | 综合评价/A B C D E |
| --- | --- | --- |
| | | |

## 任务实施

见表 3-42。

**表 3-42　任务实施方案**

| 工序/工步 | 工序/工步名称及内容 |
| --- | --- |
| **1** | **软连线检查** |
|  | 检查软连线，软连线不得有断裂、脱股、磨损等现象存在，应保持表面清洁 |
| **2** | **弹簧片检查** |
| 2.1 | 检查触头弹簧片，触头弹簧片不得有磨损现象存在，应保持表面清洁 |
| 2.2 | 检查弹簧片与断路器刀片配合情况，改变高压接地开关状态，刀片应能准确滑入接地开关转杆上的弹簧片内 |
| **3** | **润滑脂检查** |
|  | 检查刀片与触头弹簧片接触位置，如果润滑脂出现明显污秽、损耗严重，或者出现凝结现象，应先清理，再加润滑脂 |
| **4** | **锁组装检查** |
|  | 检查锁组装联锁关系，锁组装应可靠动作、联锁关系良好 |
| **5** | **传动机构检查** |
|  | 检查高压接地开关传动机构，各部件应能可靠动作、配合良好 |
| **6** | **整体检查** |
|  | 整体检查高压接地开关，检查各零部件有无断裂、磨损、变形情况。若有以上情况，应更换失效零部件 |
| **7** | **功能试验** |
| 7.1 | **触头弹簧片与刀片接触长度测量：**将刀片打入触头弹簧片中，测量刀片与触头弹簧片的接触长度，接触长度应不小于 20 mm |
| 7.2 | **锁组装状态配合测试：**微调锁组装，达到配合良好状态 |
| 7.3 | **传动机构动作性能测试：**转动操作杆组装，测试传动机构动作性能，应性能良好 |

## 检查评价

见表 3-43。

**表 3-43 任务评价单**

<table>
<tr><th>序号</th><th colspan="2">检查项目</th><th>检查内容与评分标准</th><th>记录</th><th>评分</th><th>总分</th></tr>
<tr><td rowspan="2">1</td><td rowspan="2">实践过程与规范（40 分）</td><td>作业前准备（10 分）</td><td>（1） 检查作业服装是否穿戴整齐、安全帽是否佩戴。<br>（2） 检查检修工具校验日期是否在有效期内。<br>缺少任一项，扣除 5 分；缺少两项，扣除 10 分</td><td></td><td></td><td rowspan="2"></td></tr>
<tr><td>操作过程（30 分）</td><td>按要求完成实践操作：<br>（1） 软连线检查；<br>（2） 弹簧片检查；<br>（3） 润滑脂检查；<br>（4） 锁组装检查；<br>（5） 传动机构检查；<br>（6） 整体检查；<br>（7） 功能试验。<br>缺少任一项，扣除 10 分；缺少两项，扣除 30 分</td><td></td><td></td></tr>
<tr><td>2</td><td>实践结果与质量（40 分）</td><td>作业质量标准（40 分）</td><td>（1） 软连线检查<br>□良好 □故障<br>（2） 弹簧片检查<br>□良好 □故障<br>（3） 润滑脂检查<br>□良好 □故障<br>（4） 锁组装检查<br>□良好 □故障<br>（5） 传动机构检查<br>□良好 □故障<br>（6） 整体检查<br>□良好 □故障<br>（7） 功能试验<br>刀片与触头弹簧片的接触长度=______<br>锁组装状态配合情况<br>□良好 □故障<br>传动机构动作性能<br>□良好 □故障</td><td></td><td></td><td></td></tr>
<tr><td rowspan="2">3</td><td rowspan="2">职业素养（20 分）</td><td>基本要求（10 分）</td><td>（1） 作业环境确认，作业场所安全确认。<br>（2）“工完料净场地清”状态确认。<br>缺少任何一项，扣除 5 分；缺少两项，扣除 10 分</td><td></td><td></td><td rowspan="2"></td></tr>
<tr><td>任务要求（10 分）</td><td>安全意识、责任意识、团队合作精神</td><td></td><td></td></tr>
</table>

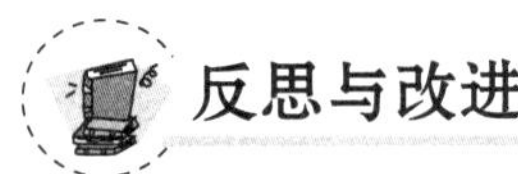

## 反思与改进

见表 3-44。

表 3-44　反思与改进记录单

| 序号 | 项目 | 收获与不足 | 改进措施 |
|---|---|---|---|
| 1 | 动力集中型动车组高压接地开关的结构、工作原理 | | |
| 2 | 高压接地开关检修、试验工艺，常见故障及处置方法 | | |
| 3 | 安全意识、责任意识、团队精神 | | |

## 知识链接

### 高压接地开关

高压接地开关的主要功能是把牵引机车上的主断路器上、下两端的电路接地或断开。接地开关的作用是保证牵引机车的安全操作，当工作人员进行机车检查或维护、检修时，保证工作人员的人身安全。

1. 高压接地开关的结构

如图 3-49、图 3-50 所示，高压接地开关主要分为壳体上面部分和下面部分。壳体上面部分主要包括：转杆组装 1、转杆组装 2、止挡组装、软连线等。壳体下面部分主要包括：操纵杆组装、手柄轴、外转盘、内转盘组装、主动轴、连接杆组装（右）、从动轴、从动轴（带联锁）、曲柄组装、锁组装、辅助联锁组装等。

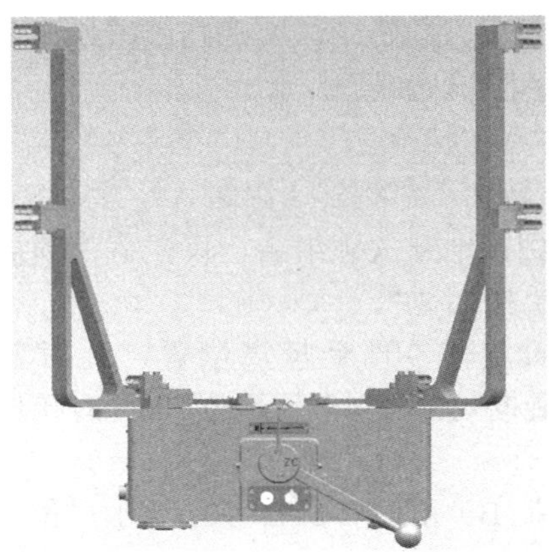

图 3-49　高压接地开关三维模型图

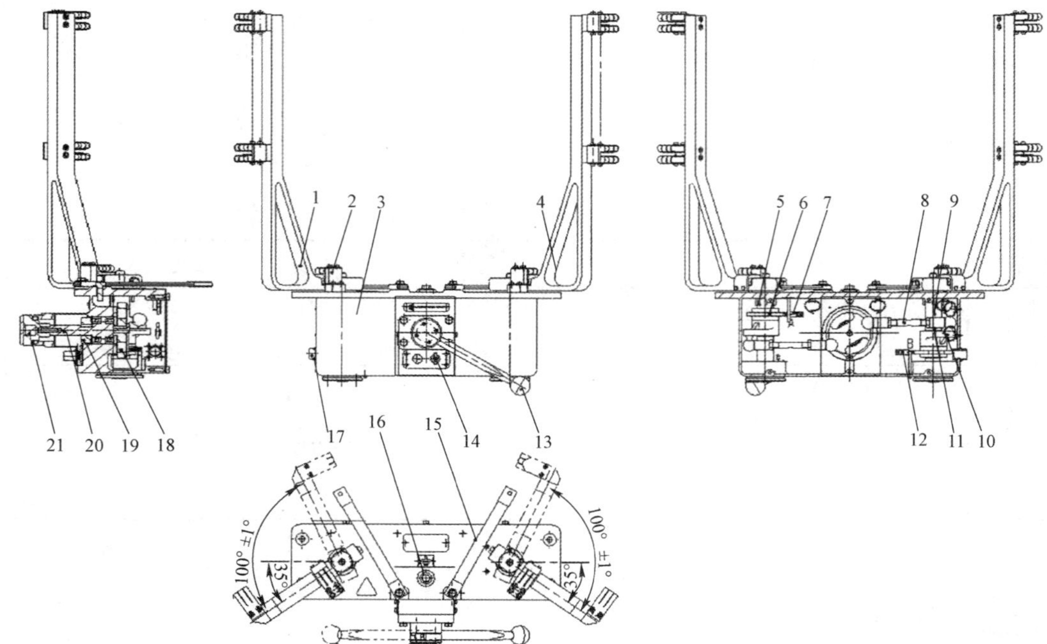


1—转杆组装1；2—止挡组装；3—壳体；4—转杆组装2；5—从动轴（带联锁）；6—凸轮1；7—辅助联锁组装；8—连接杆组装（右）；9—从动轴；10—曲柄组装；11—凸轮2；12—辅助联锁组装2；13—操纵杆组装；14—锁组装；15—软连线；16—接地螺栓；17—电连接器；18—内转盘组装；19—外转盘；20—主动轴；21—手柄轴。

**图3-50 高压接地开关结构示意图**

高压接地开关没有灭弧装置，不具有分断电流的能力，其接合与分开只能在无电状态下进行。

### 2. 高压接地开关的动作过程

高压接地开关包括两套导电部分、一套传动机构，即操作一次传动机构时，同时将两个主断路器上、下两端的电路接地或断开。

当抬起操纵杆组装中的手柄，转动手柄轴时，带动主动轴及安装在其上的内、外转盘转动，再通过杆组装，传递给从动轴及其上的曲柄组装转动，进而带动连接在从动轴上的两个转杆同时朝向反方向转动，实现高压接地开关状态的改变。在转动操纵杆组装时，需配合锁组装解除机械联锁。

1）从“工作位”操作到“接地位”

（1）如图3-51所示，转动蓝色钥匙（钥匙A），将BSV安全联锁箱转换到降弓位置，取下蓝色钥匙，插入到接地开关锁组装。仅在蓝色锁被蓝色钥匙打开后，操纵杆才能从“工作位”旋转到“接地位”。

（2）将蓝色钥匙顺时针旋转90°至竖直位置，此时蓝色钥匙处于锁闭位，无法拔出。拉出操纵杆，旋转180°到“接地位”，此时接地开关转杆旋转90°到“接地位”。

（3）将黄色钥匙（钥匙B）顺时针旋转90°至水平位置，取出黄色钥匙（联锁机构就被带有黄色钥匙的锁锁在此位置），解除机车高压部分机械联锁。

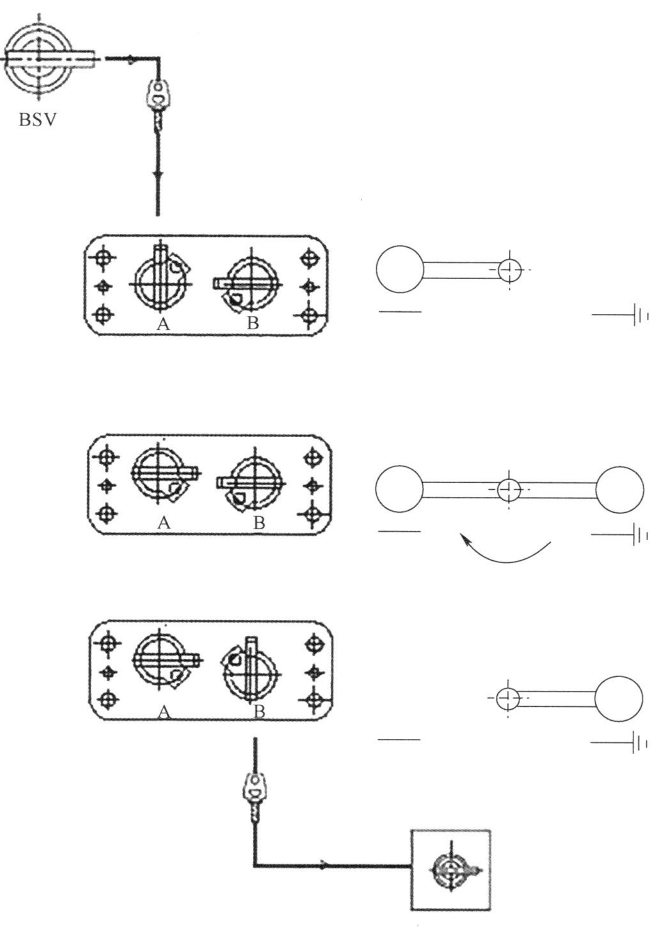


图 3–51　从“工作位”操作到“接地位”操作过程

2）从“接地位”操作到“工作位”

（1）如图 3–52 所示，在黄色钥匙（钥匙 B）使用的地方转动黄色钥匙，取下黄色钥匙，恢复机车高压部分机械联锁。将黄色钥匙插入到接地开关锁组装。仅在黄色锁被黄色钥匙打开后，操纵杆才能从“接地位”旋转到“工作位”。

（2）将黄色钥匙逆时针旋转 90° 至竖直位置，拉出操纵杆，旋转 180° 到“工作位”，此时接地开关转杆旋转 90° 到“工作位”。

（3）将蓝色钥匙（钥匙 A）逆时针旋转 90° 至水平位置，取出蓝色钥匙（联锁机构就被带有蓝色钥匙的锁锁在此位置）。将蓝色钥匙插入 BSV 安全联锁箱，转动蓝色钥匙，BSV 安全联锁箱转换到升弓位置。

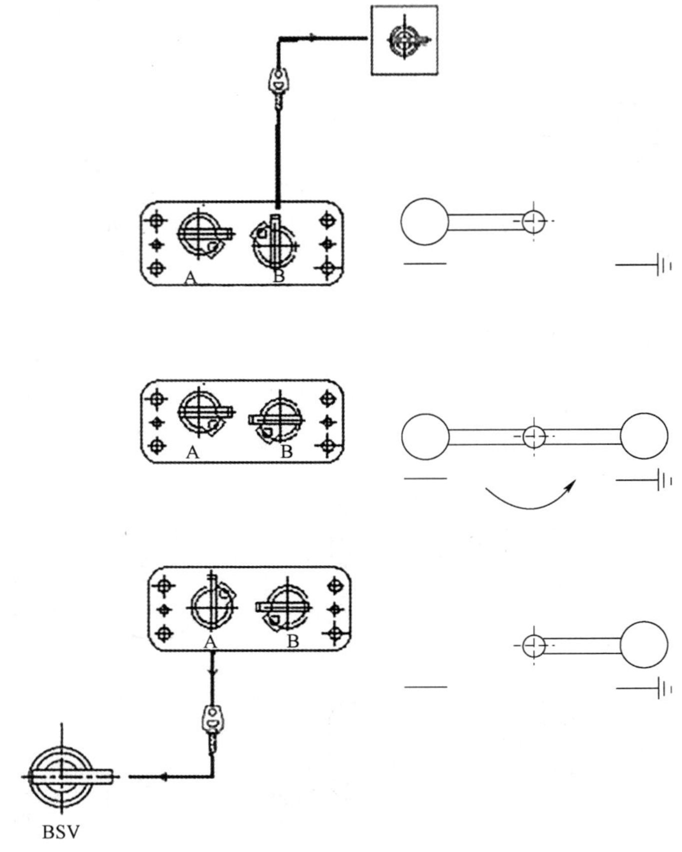


图 3–52　从“工作位”操作到“接地位”操作过程

### 3. 高压接地开关的常见故障

高压接地开关最常见的故障是转杆不能在“工作位”和“接地位”之间灵活转动，这一故障主要是由转杆上的弹簧片受损、变形或断流导致的。出现这一故障时，一般需要更换新的弹簧片。

## 习　题

1. 简述高压接地开关的结构与工作原理。
2. 高压接地开关常见的故障有哪些？
3. 简述高压接地开关的动作过程。
4. 简述高压接地开关弹簧片检查的主要内容。
5. 简述高压接地开关功能试验的主要内容和标准。

# 项目 4
# 牵引变压器的维护与检修

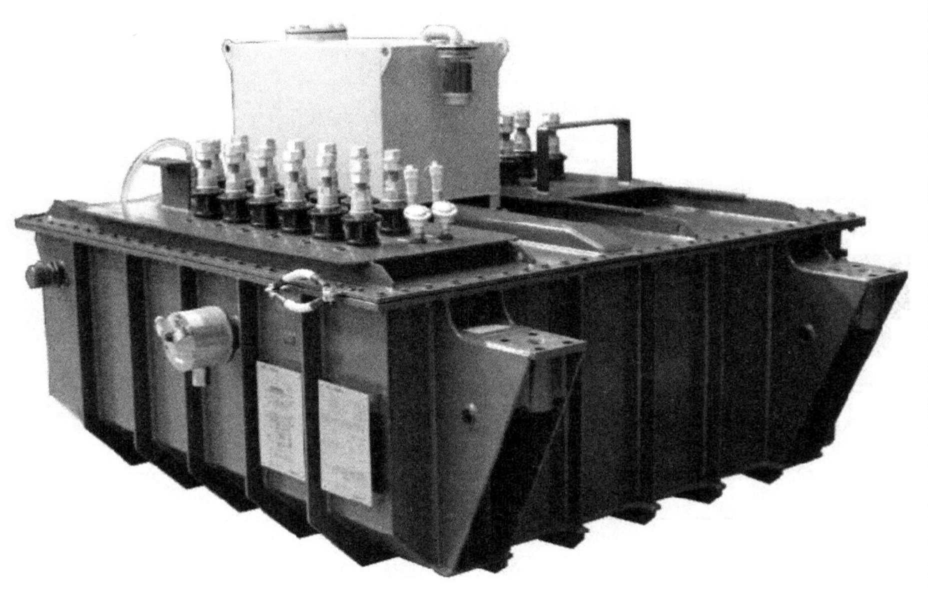

# 任务 4.1　牵引变压器整体安装与拆卸

## 教学目标

1. 了解牵引变压器在机械间的安装位置，能辨别变压器部件，理解变压器的作用；
2. 掌握牵引变压器整体安装与拆卸作业流程，具备编写变压器安装与拆卸作业工艺卡的能力；
3. 能识别变压器安装与拆卸过程中的危险源，具备风险识别能力；
4. 掌握螺栓紧固方法，能够正确使用各种螺栓紧固工具；
5. 培养学生安全意识、责任意识、团队意识。

## 任务描述

通过牵引变压器的整体安装与拆卸训练，使学生掌握变压器安装与拆卸流程，了解变压器与车体的连接方式，以及变压器吊装、转运方法，学会使用风动/电动扳手、定扭矩电扳手、液压升降小车等工具，加深对螺栓紧固工艺方法的理解。表 4–1 为本任务的任务清单。

表 4–1　任务清单

| 序号 | 任务内容 | 任务要求 |
| --- | --- | --- |
| 1 | 牵引变压器整体安装 | 能准确编制变压器安装工序卡 |
| 2 | 牵引变压器整体拆卸 | 能准确编制变压器拆卸工序卡 |
| 3 | 螺栓紧固作业 | 能够分辨不同螺栓紧固方式，熟悉螺栓紧固操作流程；能准确描述螺栓紧固顺序及防松标识的画法 |
| 4 | 风险识别 | 能准确识别变压器安装与拆卸过程中存在的危险源 |
| 5 | 专用工具 | 能够正确使用风动/电动扳手、定扭矩电扳手、液压升降小车等工具，熟悉工具维护、保养措施 |

## 任务分析

见表 4–2。

**表 4–2　知识/技能点确认单**

| 序号 | 知识/技能点 | 答案 | 自我评价 |
| --- | --- | --- | --- |
| 1 | 牵引变压器安装大致可以分为哪几部分？ | | |
| 2 | 牵引变压器吊装过程中需要注意哪些事项？ | | |
| 3 | 能识别安全警告注意事项 | | |

## 制订计划

见表 4–3。

**表 4–3　小组决策单**

**1. 计划参与人**

负责人：______________小组成员：______________________________

**2. 讨论决策及方案**

（1） 人员分工

______________________________________________

______________________________________________

（2） 工量具、工装

| 序号 | 名称 | 数量 | 规格/型号 |
|---|---|---|---|
| 1 | | | |
| 2 | | | |
| 3 | | | |
| 4 | | | |
| 5 | | | |
| 6 | | | |

（3）安全事项

______________________________________________

______________________________________________

______________________________________________

______________________________________________

（4） 工艺方案

______________________________________________

______________________________________________

______________________________________________

______________________________________________

**3. 小组互换决策**

| 优点 | 缺点 | 综合评价/A B C D E |
|---|---|---|
| | | |

## 任务实施

见表 4–4。

**表 4–4　任务实施方案**

| 工序/工步 | 工序/工步名称及内容 |
| --- | --- |
| | **变压器整体安装** |
| **1** | **工前准备** |
| 1.1 | 向工长领取并确认作业计划 |
| 1.2 | 安全注意事项如下：<br>（1）严禁穿越正在行进的车辆或设备；<br>（2）严禁在起吊重物下行走或停留；<br>（3）作业人员必须按规定穿戴个人防护用品（穿好防护服、绝缘鞋，戴好安全帽等）。个人防护用品不过期 |
| 1.3 | （1）开工前，对所使用的工具、材料进行状态检查，要求：工具处于检定期内且状态良好；物料外观良好，无缺损磕碰。<br>（2）在对变压器或变压器的附件进行任何操作之前，必须确保关闭所有电气连接。由于可能有残余电容存在，所以高压、中压、低压端子、油箱和附件必须接地（连接到地面） |
| **2** | **牵引变压器转运与放置** |
| 2.1 | **转运**：通常采用无轨电动转运小车（见图 4–1）运送。首先将牵引变压器吊装至无轨电动转运小车上，转运至安装台位。<br>**注意**：设备重量应与无轨电动转运小车载重量相匹配，严禁过载<br>**图 4–1　无轨电动转运小车** |
| 2.2 | **放置**：变压器必须被放置到能够承载相应重量且干净、水平的地面上。<br>（1）如果临时存放，为了防止损坏油漆，需在变压器下面放置合适的保护装置（建议：木制防护框架或其他木制防护装置、多层纸板等）。<br>（2）长期保存变压器时，必须使用变压器交货时带的木制横梁 |

续表

| 工序/工步 | 工序/工步名称及内容 |
|---|---|
| 3 | 牵引变压器吊装 |
| | 起吊牵引变压器时，只能使用专用的起吊设备，起吊带和水平面之间的角度必须大于 70°，起吊的质量约为 7 200 kg（见图 4–2）<br>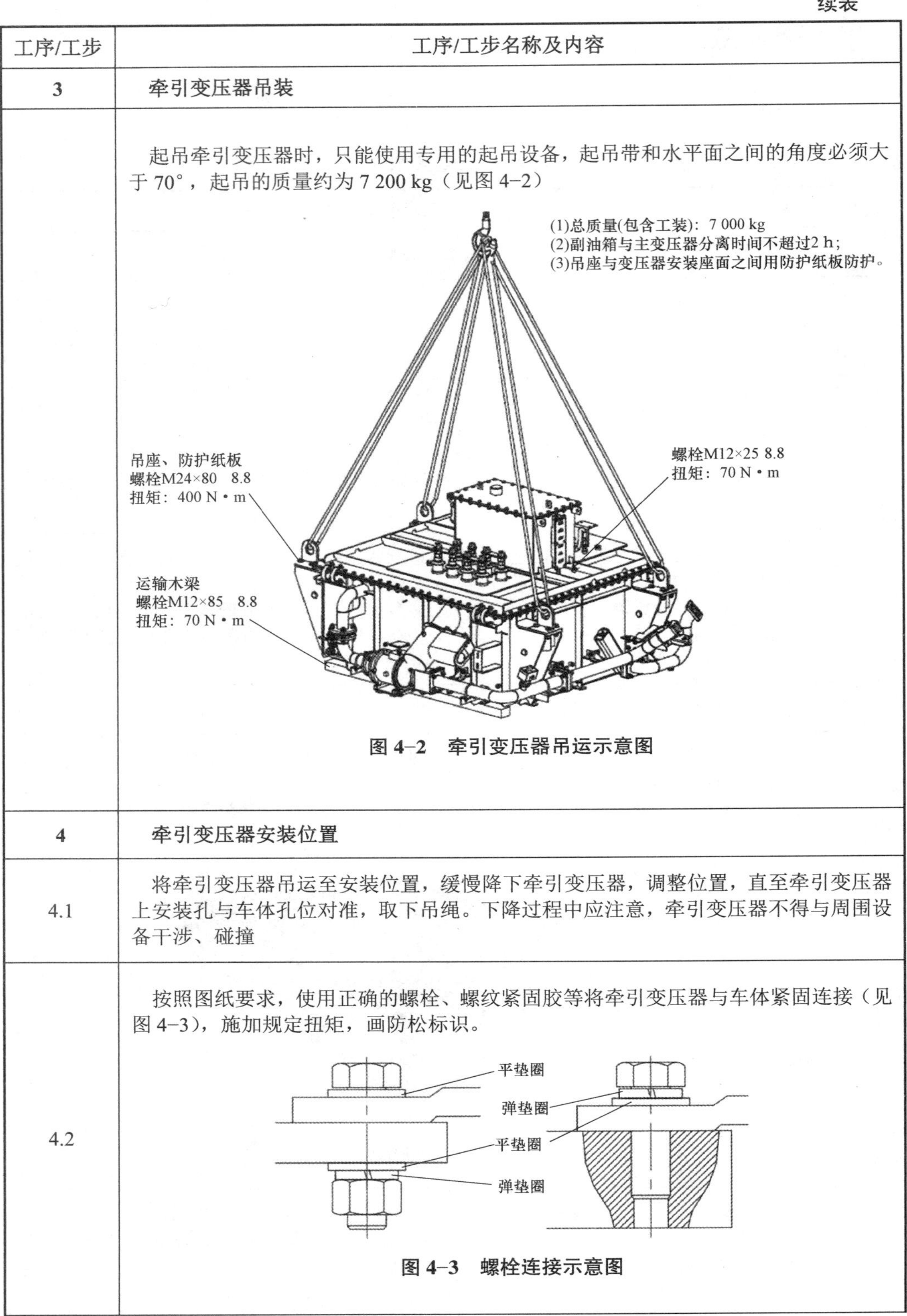<br><br>**图 4–2　牵引变压器吊运示意图** |
| 4 | 牵引变压器安装位置 |
| 4.1 | 将牵引变压器吊运至安装位置，缓慢降下牵引变压器，调整位置，直至牵引变压器上安装孔与车体孔位对准，取下吊绳。下降过程中应注意，牵引变压器不得与周围设备干涉、碰撞 |
| 4.2 | 按照图纸要求，使用正确的螺栓、螺纹紧固胶等将牵引变压器与车体紧固连接（见图 4–3），施加规定扭矩，画防松标识。<br><br>**图 4–3　螺栓连接示意图** |

续表

| 工序/工步 | 工序/工步名称及内容 |
| --- | --- |
| **5** | **安装前的准备** |
| 5.1 | 牵引变压器与副油箱保持连接。副油箱的油位应该和相应的温度标记相一致（允许 +20 ℃） |
| 5.2 | 检查所有的接地连线，如果在运输时有损坏，则必须更换 |
| 5.3 | 在牵引变压器未与复合冷却器连接前，确保油路中各阀保持关闭状态 |
| 5.4 | 进行目视检查，要特别注意箱盖四周、管道法兰、套管的连接处 |
| 5.5 | 如果必要，在牵引变压器安装到车体后可以卸下变压器的木支架 |
| 5.6 | 目视检查螺栓和油漆，应无螺栓松动、油漆无损伤 |
| 5.7 | 准备工具：M8 扳手、M10 扳手、M16 扳手 |
| **6** | **原边端子防护的连接** |
|  | 当牵引变压器被安装在列车上并将要连接高压端子时，先将原边端子的防护去掉。连接高压端子后，再重新安装防护（见图 4-4） <br>20 N·m<br>**图 4-4　原边端子防护安装图** |
| **7** | **接地端子的连接** |
| 7.1 | 为了避免牵引变压器接地短路，将牵引变压器内部和外部所有的金属件都应接地。牵引变压器外部所有接地部位均用黄色标识 |
| 7.2 | 变压器各附件的接地位置和详细信息，请参考附件图 2XKD211000-L1D。附件接地已经由 ABB 连接完成，此步只需进行检查 |
| 7.3 | 变压器与车体接地位置，请参考图 2XKD199001-L1D。在变压器安装和连接时，必须将已经断开的接地重新连接好（如高压端子防护罩接地）。<br>**注意：**作为一条通用原则，任何维修时断开的接地，必须正确地重新连接好 |

续表

| 工序/工步 | 工序/工步名称及内容 |
|---|---|
| **8** | **低压端子的连接** |
| | 低压端子已经安装在变压器上，按图 4–5 将低压电缆与接线排连接 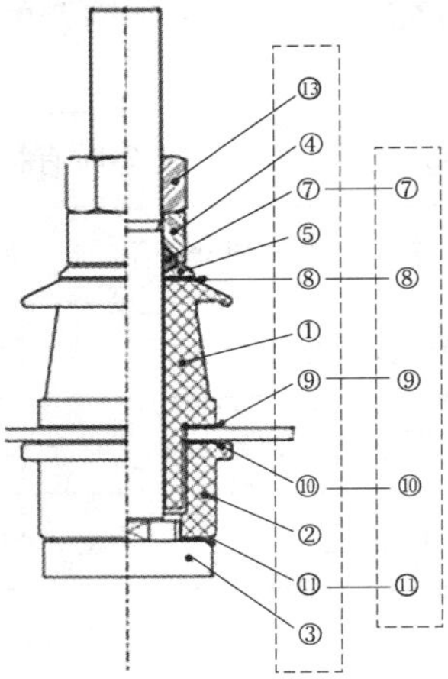<br>**图 4–5　低压端子** |
| **9** | **电气附件和保护装置的连接** |
| | 按电气原理图进行连接 |
| **10** | **高压端子的连接和装配** |
| 10.1 | 拆下防护罩 |
| 10.2 | 在连接高压端子之前，仔细地清洁高压端子安装表面，连接时不能有任何杂质 |
| 10.3 | 为了便于安装，在高压端子安装表面上轻轻地涂一层硅脂油 |
| 10.4 | 安装高压 T 型头 |
| 10.5 | 按照建议的紧固力矩锁紧固定螺栓（由 T 型头厂家提供） |
| **11** | **变压器和复合冷却塔连接安装** |
| 11.1 | （1）将法兰 505 和 106 与冷却系统油管路连接（见图 4–6），螺栓 M16 的紧固力矩为 120 N·m。<br>（2）用快速接头连接主变压器和复合冷却器的副油箱。注意：在主变压器和复合冷却器的副油箱未连接之前，必须保持主变压器与运输用工艺副油箱的连接，避免变压器器身缺油 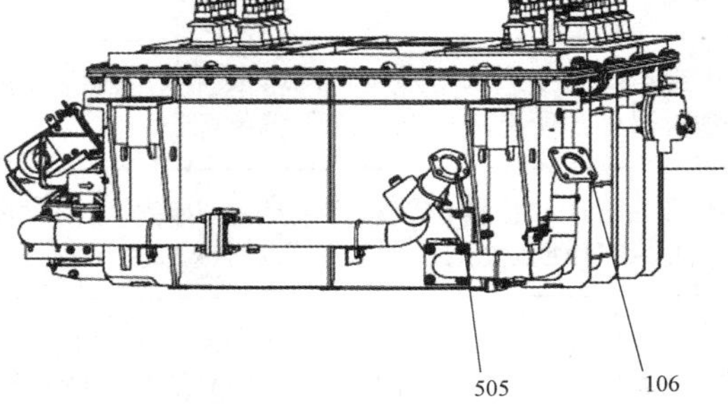<br>**图 4–6　冷却系统连接法兰图** |

续表

| 工序/工步 | 工序/工步名称及内容 |
|---|---|
| 11.2 | 断开工艺副油箱与主变压器的软管连接（快速接头位置） |
| 11.3 | 由主机厂将牵引变压器安装车下 |
| 11.4 | 为了便于安装，在高压端子安装表面上轻轻地涂一层硅脂油 |
| 11.5 | 拆掉油管路盲板 |
| 11.6 | 连接油管路 |
| 11.7 | 连接复合冷却器副油箱（见图 4–7） 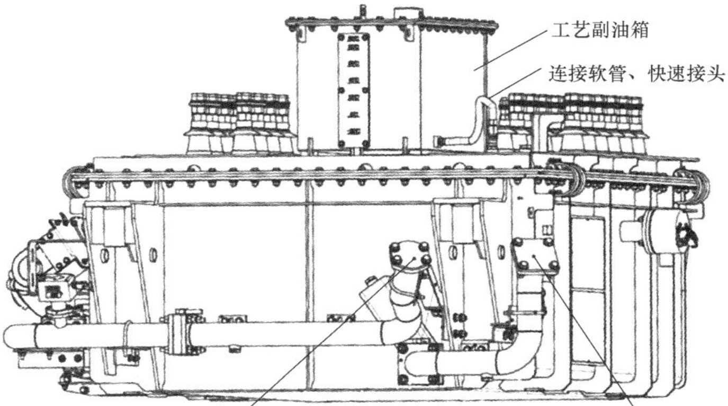<br><br>**图 4–7　工艺副油箱连接** |
| **12** | **补油、排气、保压** |
| 12.1 | 注油桶位置保持在高于牵引变压器和复合冷却器的位置，如果条件允许，应高于复合冷却器 4 m |
| 12.2 | 将注油管路与牵引变压器注油阀（件号 30）连接 |
| 12.3 | 注油前，先不打开油泵、复合冷却器放气塞 |
| 12.4 | 缓慢打开油管路蝶阀，控制注油流速不要过快 |
| 12.5 | 缓慢打开注油阀，注油流速不宜过快，开始注油 |
| 12.6 | 观察油泵、复合冷却器放气塞，直至溢油，确认无气体排出 |
| 12.7 | 观察复合冷却器副油箱油位刻度，应与油温度对应一致 |
| 12.8 | 调节油位 |
| 12.9 | 关闭注油阀，400 kPa 下静放保压 12 h。检查牵引变压器各连接部位是否有渗油 |

续表

| 工序/工步 | 工序/工步名称及内容 |
| --- | --- |
| **13** | **整理工具，清理现场** |
| 13.1 | （1）检查确认工具、材料已全部收回，防止遗留在作业现场或动车组上。<br>（2）将所有作业工具擦拭干净，归还工具室 |
| 13.2 | 清理作业现场，清点、回收作业废料并送回材料室。领用材料与回送废料应数量一一对应，做到场清料净 |
| **14** | **记录单填写** |
|  | 填写作业记录单，要求填写准确 |
| **牵引变压器的拆卸** | |
| **1** | **工前准备** |
| 1.1 | 向工长领取并确认作业计划 |
| 1.2 | 安全注意事项如下：<br>（1）所有电气连接均必须处于无电压状态；<br>（2）电源必须已锁，以防止电源意外地重新闭合；<br>（3）必须遵守牵引变压器内电容的放电时间，并采取适当的保护措施应对储存电能的释放；<br>（4）作业人员必须按规定穿戴个人防护用品（穿好防护服、绝缘鞋，戴好安全帽等）。个人防护用品不过期 |
| 1.3 | 开工前对所使用的工具、材料进行状态检查，确认其技术状态良好 |
| **2** | **拆卸前的准备** |
| 2.1 | 断开所有的接地连线 |
| 2.2 | 在复合冷却器的副油箱放油前，使油路中各阀保持关闭状态 |
| 2.3 | 主变压器拆卸之前，将复合冷却器的副油箱油放干净 |
| 2.4 | 如果必要，可以卸下变压器的木支架 |
| 2.5 | 拆卸后，必须将主变压器与运输用工艺副油箱连接，避免变压器油箱因温差变形 |
| 2.6 | 准备工具：M8 扳手、M10 扳手、M16 扳手 |
| **3** | **断开电气连接** |
| 3.1 | 断开牵引变压器与车体接地位置连接，高压端子防护罩接地 |
| 3.2 | 断开低压电缆与安装在牵引变压器上的接线排之间的连接 |
| 3.3 | 断开电气附件和保护装置的连接 |
| **4** | **原边端子防护的拆卸** |
|  | 拆卸与高压端子的连接前，先将原边端子的防护去掉 |

续表

| 工序/工步 | 工序/工步名称及内容 |
|---|---|
| **5** | **断开高压端子的连接** |
| | 断开已连接的高压端子 |
| **6** | **断开牵引变压器与复合冷却塔的连接** |
| 6.1 | 将法兰 505 和 106 与冷却系统油管路断开 |
| 6.2 | 断开主变压器和复合冷却器的副油箱连接的快速接头（见图 4-8） 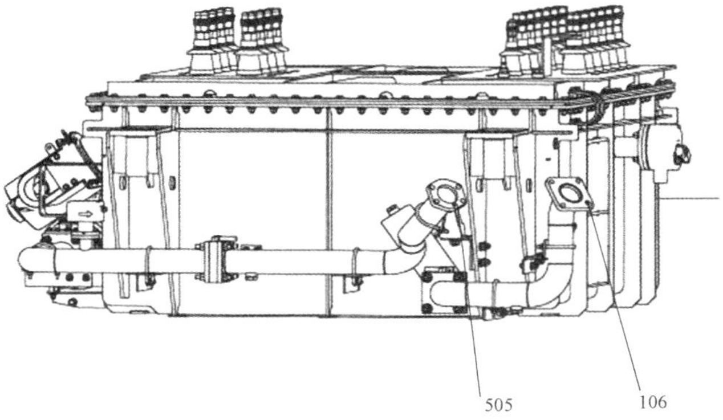<br>505　106<br>**图 4-8　主变压器与冷却系统连接图** |
| **7** | **变压器主体的拆卸** |
| | 变压器主体安装在车体下方，由厂家完成拆卸 |
| **8** | **变压器主体与运输副油箱的安装** |
| | 变压器主体从车上拆下后，将变压器主体与运输副油箱通过快速接头连接，防止油箱因为温差导致形变及漏油 |
| **9** | **整理工具，清理现场** |
| 9.1 | （1）检查确认工具、材料全部收回，防止遗留在作业现场或动车组上。<br>（2）将所有作业工具擦拭干净，归还工具室 |
| 9.2 | 清理作业现场，清点、回收作业废料并送回材料室，领用材料与回送废料应数量一一对应，做到场清料净 |
| **10** | **记录单填写** |
| | 填写作业记录单，要求填写准确 |

## 检查评价

见表 4-5。

**表 4-5 任务评价单**

<table>
<tr><th>序号</th><th colspan="2">检查项目</th><th>检查内容与评分标准</th><th>记录</th><th>评分</th><th>总分</th></tr>
<tr><td rowspan="2">1</td><td rowspan="2">实践过程与规范（40 分）</td><td>作业前准备（10 分）</td><td>（1） 检查作业服装是否穿戴整齐、安全帽是否佩戴。<br>（2） 是否对吊具进行点检。<br>（3） 电源是否断开。<br>（4） 变压器接地状态、油路阀状态、油箱状态及工艺运输副油箱连接是否到位。<br>缺少任一项，扣除 5 分；缺少两项，扣除 10 分</td><td></td><td></td><td rowspan="5"></td></tr>
<tr><td>操作过程（30 分）</td><td>按要求完成实践操作：<br>（1） 变压器转运；<br>（2） 变压器吊装；<br>（3） 变压器安装准备工作；<br>（4） 变压器安装流程；<br>（5） 变压器拆卸流程；<br>（6） 能分辨安全警告注意事项。<br>缺少任一项，扣除 10 分；缺少两项，扣除 30 分</td><td></td><td></td></tr>
<tr><td>2</td><td>实践结果与质量（40 分）</td><td>作业质量标准（40 分）</td><td>（1） 能准确描述牵引变压器安装与拆卸包含的工序流程<br>□合格 □不合格<br>（2） 能识别安全警告注意事项<br>□合格 □不合格<br>（3） 能正确涂画防松标识<br>□合格 □不合格</td><td></td><td></td></tr>
<tr><td rowspan="2">3</td><td rowspan="2">职业素养（20 分）</td><td>基本要求（10 分）</td><td>（1） 作业环境确认，作业场所安全确认。<br>（2）“工完料净场地清”状态确认。<br>缺少任何一项，扣除 5 分；缺少两项，扣除 10 分</td><td></td><td></td></tr>
<tr><td>任务要求（10 分）</td><td>安全意识、责任意识、团队意识</td><td></td><td></td></tr>
</table>

## 反思与改进

见表 4-6。

**表 4-6　反思与改进记录单**

| 序号 | 项目 | 收获与不足 | 改进措施 |
|---|---|---|---|
| 1 | 变压器各部位的名称与功能 | | |
| 2 | 变压器安装与拆卸的流程 | | |
| 3 | 起重作业安全项点 | | |
| 4 | 安全警告注意事项 | | |

## 知识链接

### 变压器认知

变压器是在法拉第电磁感应原理的基础上设计制造的一种静止的电气设备，它可以将输入的某种电压等级的交流电变换成同频率的另一种电压等级的交流电输出。一般电流量变大则电压量变小，反之亦然，变换倍数基本相等。一般将变压器划分到电机的范畴，因此变压器也被称作“静止的电机”。

1. 变压器的工作原理

变压器是一种电磁能量转换器，由绕在共同铁心上的两个或两个以上绕组通过交变磁场联系着，由一个线圈作为原绕组，由另一个或两个线圈作为副绕组，原绕组将电源输入的电能变为铁心的磁能，副绕组将铁心的磁能除去铁心的损耗以后变为电能输出到负载上去，如图 4-9 所示。

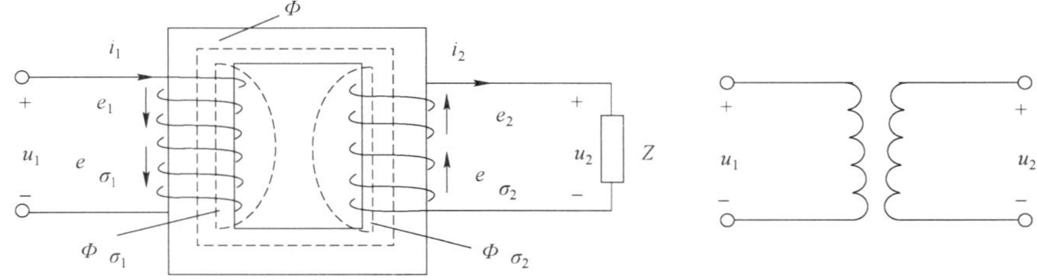

**图 4-9　主变压器的工作原理**

变压器的工作原理是以电磁感应定律为基础，即 $E=-Nd\Phi/dt$，式中：$E$ 为感应电势；$N$ 为线圈匝数；$\Phi$ 为主磁通。

### 2. 变压器的主要功能

（1）电压变换；

（2）电流变换；

（3）阻抗变换；

（4）电气隔离。

### 3. 变压器的分类

（1）按用途分：电力变压器和特种变压器。

（2）按铁心结构分：芯式变压器、壳式变压器等，如图 4-10 所示。

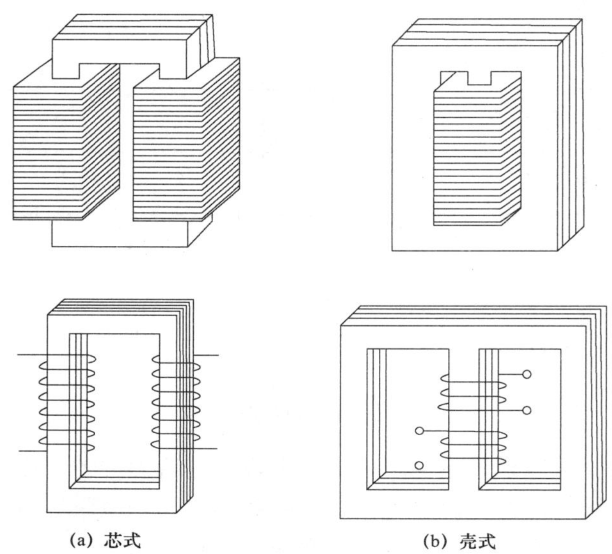


**图 4-10　变压器按铁心结构分类**

（3）按相数分：单相变压器、三相变压器和多相变压器，如图 4-11 所示。

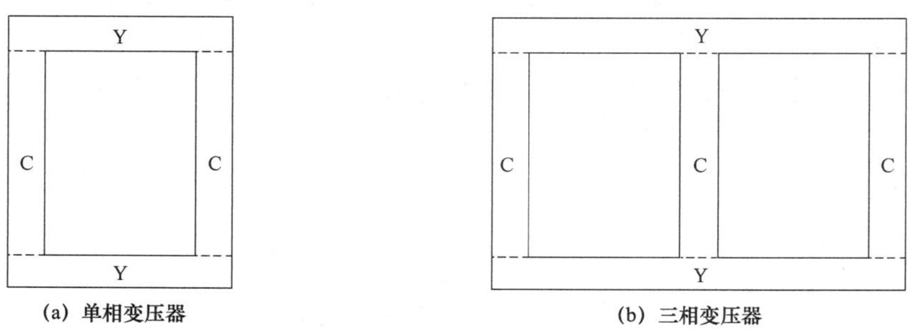


**图 4-11　变压器按相数分类**

（4）按冷却介质和冷却方式分：干式变压器、油浸式变压器和充气式变压器。

### 4. 牵引变压器的器身

牵引变压器一般是由铁心、绕组、油箱、绝缘套管和冷却系统等主要部分组成。铁心和绕组是变压器进行电磁能量转换的有效部分，称为变压器的器身。油箱是油浸式变压器的外壳，箱内灌满了变压器油，变压器油起绝缘和散热作用。绝缘套管的作用是将变压器内部的高、低压引线引到油箱的外部，不但作为引线对地的绝缘，而且还起着固定引线的作用。

1）铁心

牵引变压器采用壳式铁心，其特点是铁轭不仅包围线圈的顶面和底面，而且还包围线圈的侧面。硅钢片采用低损耗硅钢片，降低了变压器的铁损。

为防止产生悬浮电位造成对地放电，安装时铁心及其他所有金属构件都必须可靠接地。整个铁心只允许一点接地。如果有两点或两点以上接地，则接地点之间可能形成闭合回路，造成铁心局部过热。

2）绕组

线圈为层式结构，A 级绝缘等级，线圈有两柱，每柱有 2 段绕组，每段绕组都有由高压绕组、滤波绕组、供电绕组和牵引绕组组成的线饼，每个牵引绕组中都有它自身对应的高压绕组，每个变压器共有 4 段绕组。从里到外的顺序为：牵引绕组、供电绕组、滤波绕组及高压绕组。

引线结构紧凑，顶部出线，占用空间少，引线采用铜排和圆铜棒，导体焊接采用含银材料。引线支架采用强度高的层压木板。原边高压引线采用 T 型接头结构。二次接线端子采用接线端子结构，安装在变压器侧壁上。

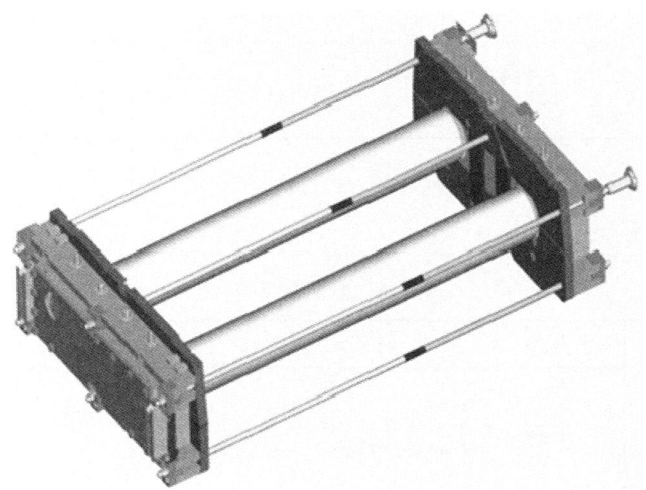

**图 4–12　变压器铁心**

## 5. 牵引变压器电气原理图

如图 4–13 所示，牵引变压器的高压绕组为 UE，额定电压为 25 kV；牵引绕组用来满足机车牵引或机车电阻制动需要，牵引绕组包括 1.1–1.2，2.1–2.2，3.1–3.1 及 4.1–4.2。四组绕组线圈匝数相同，电压相等，向牵引变流器柜 1、2 供电；牵引变流器 1 为 1–2 号牵引电机供电；牵引变流器 2 为 3–4 号牵引电机供电。供电绕组 5.1–5.2 和 6.1–6.2 向 2 套供电单元装置供电。L1.1 和 L1.2、L2.1 和 L2.2 为谐振电抗器；L3.1 和 L3.2、L4.1 和 L4.2 为供电电抗器。表 4–7 为牵引变压器绕组参数表。

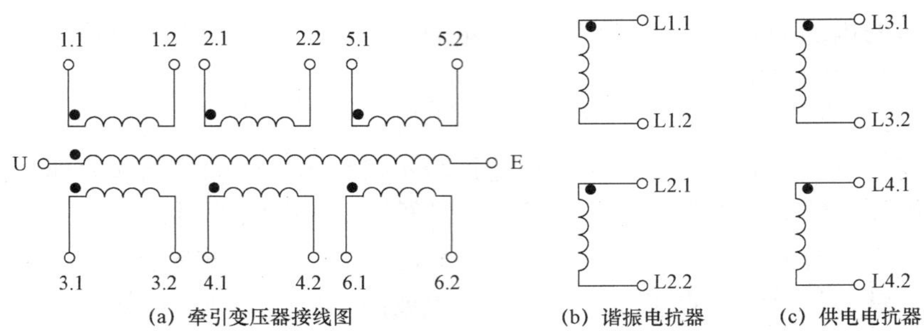


(a) 牵引变压器接线图　(b) 谐振电抗器　(c) 供电电抗器

**图 4–13　牵引变压器电气原理图**

**表 4–7　牵引变压器绕组参数**

| 序号 | 绕组 | 各端 | 功率/（kV·A） | 电压/V | 电流/A |
|---|---|---|---|---|---|
| 1 | 原边高压 | U–E | 6 752 | 25 000 | 270 |
| 2 | 牵引绕组 | 1.1–1.2<br>2.1–2.2<br>3.1–3.2<br>4.1–4.2 | 4×1 588 | 790 | 790 |
| 3 | 供电绕组 | 5.1–5.2<br>6.1–6.2 | 2×200 | 588 | 588 |

## 6. 安全说明

1）安全警告符号（见表 4–8）

**表 4–8　安全警告符号**

| 符号 | 说明 | 警示意义 |
|---|---|---|
|  | 危险 | 用于提醒：注意材料的使用、流程、方法、步骤和限制，必须严格遵守以免出现人身伤亡 |
|  | 警告 | 用于提醒：注意材料的使用、流程、方法、步骤和限制，必须严格遵守以免出现人身伤害 |
|  | 小心 | 用于提醒：注意方法和步骤，必须遵循以免损坏设备 |
|  | 注意 | 引起注意 |

2）安全警告注意事项

（1）绝缘油（见表 4–9）

**表 4–9　绝缘油安全警告注意事项**

| 符号 | 警示意义 |
|---|---|
| 小心 1 | 由供应商提供的标准油，如不能满足 ABB 的要求，需要用油处理装置进行干燥和过滤 |
| 小心 2 | 若没有得到 ABB 的允许，禁止将两种油混合使用 |

（2）$\phi$15 球阀（见表 4–10）

**表 4–10　$\phi$15 球阀安全警告注意事项**

| 符号 | 警示意义 |
|---|---|
| 小心 3 | 将阀关闭后，不要忘记：<br>（1）安装橡胶垫；<br>（2）安装压板；<br>（3）安装防护罩 |

（3）压力释放阀（见表 4–11）

**表 4–11　压力释放阀安全警告注意事项**

| 符号 | 警示意义 |
|---|---|
| 危险 1 | 如果压力释放阀被打开，必须切掉变压器，并通知 ABB 不能限制压力释放阀的开关（压在中心轴上），不能给变压器通电。<br>*有爆炸的危险！* |

（4）变压器运输（见表 4–12）

**表 4–12　变压器运输安全警告注意事项**

| 符号 | 警示意义 |
|---|---|
| 建议 1 | 厂家应该存放一套完整的运输设备（木梁、固定支架、固定板、螺栓、螺母和垫圈等），以方便变压器移转 |

（5）变压器起吊（见表 4–13）

**表 4–13 变压器起吊安全警告注意事项**

| 符号 | 警示意义 |
| --- | --- |
| 小心 4 | 在起吊和移动过程中，禁止有人员停留在变压器下面 |

（6）对变压器的操作（见表 4–14）

**表 4–14 对变压器的操作安全警告注意事项**

| 符号 | 警示意义 |
| --- | --- |
| 危险 2 | 在对变压器或变压器的附件进行任何操作之前，必须确保关闭所有电气连接。由于可能有残余电容存在，高压、中压、低压端子，以及油箱和附件必须接地（连接到地面） |

（7）维修及检查（见表 4–15）

**表 4–15 维修及检查安全警告注意事项**

| 符号 | 警示意义 |
| --- | --- |
| 危险 3 | 在对变压器及其部件进行任何操作之前，必须关闭所有电气连接。由于可能有电容存在，高压、中压、低压端子，以及油箱和附件必须接地（连接到地面） |
| 危险 4 | 触摸变压器之前，应先让变压器冷却下来，因为热油会烫伤人 |

（8）调整油位程序（见表 4–16）

**表 4–16　调整油位程序安全警告注意事项**

| 符号 | 警示意义 |
| --- | --- |
| 小心 5 | 注油、排油时的油流量允许的最大值为 5 L/min |
| 小心 6 | 在注油/排油阀处，由于注油系统造成的油过压不应超过 300 kPa |

（9）补油程说明（见表 4–17）

**表 4–17　补油程说明安全警告注意事项**

| 符号 | 警示意义 |
| --- | --- |
| 危险 5 | 仅当变压器中的油位在 6 个小时内降低的情况下这个程序才适用并允许。（线圈长时间暴露在空气中会导致电气失败和爆炸风险）<br>*爆炸风险！* |

（10）变压器的拆卸（见表 4–18）

**表 4–18　变压器的拆卸安全警告注意事项**

| 符号 | 警示意义 |
| --- | --- |
| 危险 6 | 在对变压器及其附件进行任何操作之前，必须切断电源。<br>因为可能有电容存在，所以高压、中压、低压端子，以及油箱和附件必须接地（如与大地相连） |
| 危险 7 | 在变压器冷却下来之前，请不要接触它，因为油温高，可能将人烫伤 |

# 习　　题

1. 牵引变压器吊装注意事项有哪些?
2. 牵引变压器安装大致可以分为哪几部分?
3. 简述变压器和复合冷却塔连接的安装步骤。
4. 为什么变压器整个铁心只允许一点接地?
5. 画出牵引变压器电气原理图。

# 任务 4.2　牵引变压器的预防性维修

## 教学目标

1. 了解牵引变压器修程修制，了解预防性维修的必要性；
2. 掌握接地杆与防护信号的使用方法，能够正确挂设接地杆和插设防护信号标志牌；
3. 掌握牵引变压器 D2 修的检修作业流程，具备编写检修作业工艺卡的能力；
4. 掌握牵引变压器外观及内部设备状态检查方法，具备清洁及更换部件的实践能力；
5. 培养学生安全意识、责任意识、团队意识。

## 任务描述

通过对牵引变压器进行 D2 修训练，使学生进一步掌握变压器的结构及各部件工作原理，了解变压器预防性维修的整体工艺流程，学会使用接地杆、防护信号标志牌、毛刷等工具，进一步熟悉牵引变压器关键部件检修的工艺和方法。表 4-19 为本任务的任务清单。

**表 4-19　任务清单**

| 序号 | 任务内容 | 任务要求 |
| --- | --- | --- |
| 1 | 牵引变压器的结构、工作原理 | 能够详细描述牵引变压器的结构组成、工作原理 |
| 2 | 预防性维修的一般工艺流程 | 能准确列出牵引变压器预防性维修的一般工艺流程 |
| 3 | 牵引变压器 D2 修作业内容 | 能够分辨 D2 修中季度修、半年修及年度修所检内容，并能对牵引变压器展开 D2 修作业 |
| 4 | 专用工具的使用、维护 | 能够正确使用接地杆、防护信号标志牌、毛刷等工具，熟悉工具维护、保养措施 |

## 任务分析

见表 4–20。

**表 4–20　知识/技能点确认单**

| 序号 | 知识/技能点 | 答案 | 自我评价 |
| --- | --- | --- | --- |
| 1 | 牵引变压器主要由哪几部分组成？各部件的作用是什么？ | | |
| 2 | 牵引变压器的保护装置有哪些？分别起什么作用？ | | |
| 3 | 牵引变压器的季度修、半年修和年度修的主要内容有哪些？ | | |

## 制订计划

见表 4–21。

**表 4–21　小组决策单**

1. 计划参与人

负责人：__________ 小组成员：____________________

2. 讨论决策及方案

（1） 人员分工

____________________

____________________

（2） 工量具、工装

| 序号 | 名称 | 数量 | 规格/型号 |
|---|---|---|---|
| 1 | | | |
| 2 | | | |
| 3 | | | |
| 4 | | | |
| 5 | | | |
| 6 | | | |

（3） 安全事项

____________________

____________________

____________________

____________________

（4） 工艺方案

____________________

____________________

____________________

____________________

3. 小组互换决策

| 优点 | 缺点 | 综合评价/A B C D E |
|---|---|---|
| | | |

## 任务实施

见表 4–22。

**表 4–22 任务实施方案**

| 工序/工步 | 工序/工步名称及内容 |
| --- | --- |
| 季度修 | |
| **1** | **工前准备** |
| 1.1 | 向工长领取并确认作业计划 |
| 1.2 | 安全注意事项如下：<br>（1）确认车列已设置防溜；<br>（2）降下受电弓，断开主断路器，变压器柜上各高压指示灯熄灭；<br>（3）挂设接地杆，插设防护信号表示牌；<br>（4）作业人员必须按规定穿戴个人防护用品（穿好防护服、绝缘鞋，戴好安全帽等）。个人防护用品不过期 |
| 1.3 | 开工前对所使用的工具、材料进行状态检查，确认其技术状态良好 |
| **2** | **主变压器检查外观** |
| 2.1 | （1）检查所有与主变压器连接的电缆，外部绝缘不应有损伤，接线端子连接处的紧固件应安装牢靠，无松动。<br>（2）检查接线箱内接线柱上电缆的连接状态，应紧固牢靠，无松动，接线箱内部不应有雨水进入，密封性良好。<br>（3）检查高压电缆与主变压器 A 端子连接是否牢靠。若有松动，需打开 T 型头（见图 4–14）后盖，重新紧固，紧固力矩为 50 N·m。<br>（4）作业完毕后恢复各部 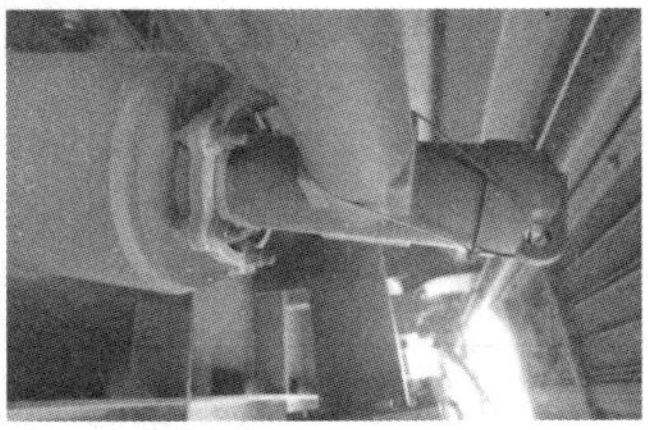<br>**图 4–14 T 型头** |
| 2.2 | 检查蝶阀及其连接件（见图 4–15）；不许有松动，安装螺栓防缓线齐全、清晰，无错位现象 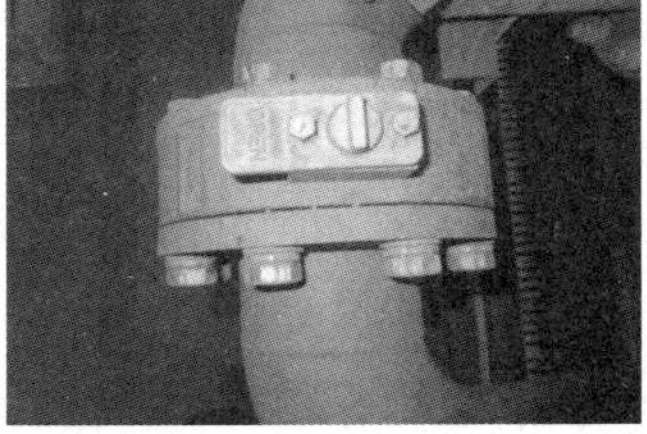<br>**图 4–15 蝶阀及其连接件** |

续表

| 工序/工步 | 工序/工步名称及内容 |
|---|---|
| **3** | 主变压器附属配件检查 |
| 3.1 | 检查主变压器油流继电器（见图 4-16），应状态良好、安装牢固，紧固螺栓防缓线齐全、无错位现象，法兰连接处不许有泄漏现象 <br>**图 4-16　油流继电器** |
| 3.2 | 检查主变压器温度传感器、温度计（见图 4-17），应安装牢固，紧固螺栓防缓线齐全、无错位现象，法兰连接处不许有泄漏现象 <br>**图 4-17　温度传感器及温度计** |
| **4** | 高压电压互感器状态检查 |
| 4.1 | 清除高压电压互感器（见图 4-18）表面的积尘或污垢，然后用洁净擦机布蘸绝缘清洗剂清洁产品表面并擦拭干净，不可用尖锐物体刮刺产品表面，也不得用强酸、强碱等腐蚀剂擦拭 <br>**图 4-18　高压电压互感器** |

续表

| 工序/工步 | 工序/工步名称及内容 |
| --- | --- |
| 4.2 | 检查绝缘表面，应清洁、无破损裂纹，无放电痕迹 |
| 4.3 | 检查一次侧高压接线端子，应无锈蚀或氧化层，紧固件齐全，连接可靠。一次引线应可靠连接，不准松动。M10 螺栓紧固力矩为 15 N·m |
| 4.4 | 检查二次侧接线端子，应无锈蚀或氧化层，紧固件齐全，连接可靠，不准松动 |
| 4.5 | 检查各接线端子的标志，应齐全清晰，铭牌完好 |
| 4.6 | 检查安装板上的 4 个 M10 紧固螺栓，应无松动现象。若有松动，应用定扭矩电扳手进行紧固，紧固扭矩为 44 N·m |
| 4.7 | 检查一、二次侧及设备接地端子，接地端子应紧固无松动，接地线完好。发现接触不良时，应清除锈蚀后再将其紧固。接地端子 M10 螺母紧固扭矩为 22 N·m |
| 4.8 | 检查紧固螺栓，应紧固到位 |
| **5** | **整理工具，清理现场** |
| 5.1 | （1）检查确认工具、材料应全部收回，防止遗留在作业现场或动车组上。<br>（2）将所有作业工具擦拭干净，归还工具室 |
| 5.2 | 清理作业现场，清点、回收作业废料并送回材料室，领用材料与回送废料应数量一一对应，做到场清料净 |
| **6** | **记录单填写** |
|  | 填写作业记录单，要求填写准确 |
| **半年修** | |
| **1** | **工前准备** |
| 1.1 | 向工长领取并确认作业计划 |
| 1.2 | 安全注意事项如下：<br>（1）确认车列已设置防溜；<br>（2）降下受电弓，断开主断路器，变压器柜上各高压指示灯熄灭；<br>（3）挂设接地杆，插设防护信号表示牌；<br>（4）作业人员必须按规定穿戴个人防护用品（穿好防护服、绝缘鞋，戴好安全帽等）。个人防护用品不过期 |
| 1.3 | 开工前，对所使用的工具、材料进行状态检查，确认其技术状态良好 |
| **2** | **主变压器油样化验** |
| 2.1 | 打开变压器注油阀封盖，解下绑扎阀体手轮的钢扎带 |
| 2.2 | 将变压器取样工装用螺栓安装在阀体上 |

续表

| 工序/工步 | 工序/工步名称及内容 |
| --- | --- |
| 2.3 | （1）先将软管一头安装在取样工装出油口，另一头插在取油针筒上（见图 4–19）。<br>（2）开启注油阀门，拉动取油针筒，直至变压器油充满针筒后关闭阀门，防止空气进入变压器油箱体内。<br>（3）将取油针筒从软管上拔出，再将针筒内的油注到取样试剂瓶内。<br>（4）重新连接软管，重复抽油动作，直到取出的油样数量满足试验需求为止（500 mL）。<br>（5）关闭注油阀，卸下取样工装 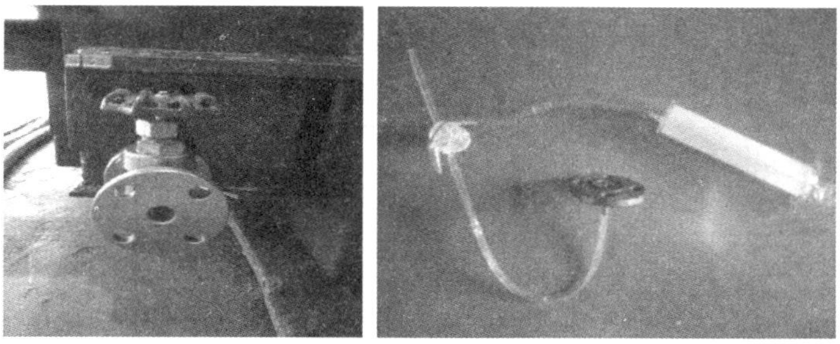<br>**图 4–19　取油针筒** |
| 2.4 | 取样完毕后，安装好注油阀封盖，使用钢扎带将注油阀手轮与管径绑扎牢固，直至手轮不再转动 |
| 2.5 | 油样瓶应为干燥洁净的容器，油样取好后应做好密封，同时在瓶身上贴好标签，注明车号、油样名称及取样日期 |
| 2.6 | 取好的油样应在 4 d 内送到相关检测部门进行耐压试验及理化分析，防止油样受潮或其他原因导致失准 |
| **3** | **高压电压互感器状态检查** |
| 3.1 | 使用洁净擦机布蘸绝缘清洗剂对高压电压互感器及外绝缘伞裙（见图 4–20）外表面清洁 <br>**图 4–20　高压电压互感器及外绝缘伞裙** |
| 3.2 | 检查高压电压互感器及外观，应无放电痕迹，外绝缘伞裙无破损等缺陷 |

续表

| 工序/工步 | 工序/工步名称及内容 |
|---|---|
| **4** | **高压电流互感器状态检查** |
| 4.1 | 使用洁净擦机布蘸绝缘清洗剂清洁高压电流互感器表面并擦拭干净，不可用尖锐物体刮刺产品表面，也不得用强酸强碱等腐蚀剂擦拭 |
| 4.2 | 检查绝缘表面，应清洁、无破损裂纹，无放电痕迹 |
| 4.3 | 检查二次侧引线，应可靠连接，不准松动 |
| 4.4 | 检查各接线端子的标志，应齐全清晰，铭牌完好 |
| 4.5 | 检查安装板，应安装紧固可靠，无松动现象 |
| 4.6 | 检查二次侧及设备接地端子，应接地可靠，接地线完好。发现接触不良时，应清除锈蚀，然后将其紧固 |
| 4.7 | 检查高压电流互感器（见图 4–21），应安装状态良好。如有松动，应进行紧固，紧固扭矩为 75 N·m 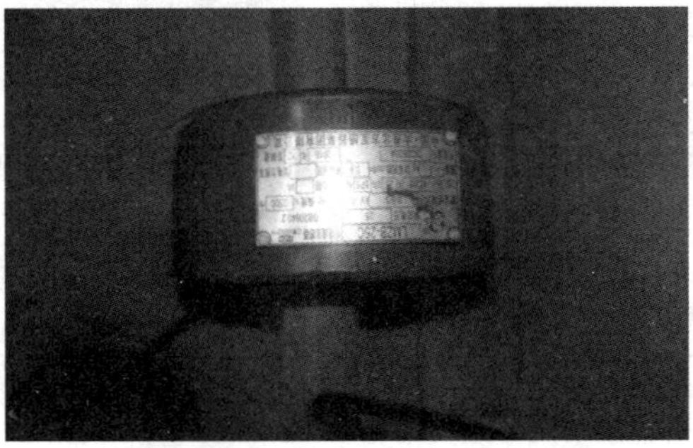<br>**图 4–21　高压电流互感器** |
| **5** | **回流（低压）电流互感器状态检查** |
| 5.1 | 外观检查回流（低压）电流互感器（见图 4–22），应安装状态良好，紧固螺栓防缓线齐全、无错位现象 <br>**图 4–22　回流（低压）电流互感器** |
| 5.2 | 使用洁净的擦机布擦拭配件表面的灰尘及其他污物 |
| 5.3 | 检查回流（低压）电流互感器外观，不许有损伤 |

续表

| 工序/工步 | 工序/工步名称及内容 |
| --- | --- |
| **6** | **油泵检查及绝缘测量** |
| 6.1 | 将主变压器油泵接线盒盖拆下，检查内部接线，应状态良好，无过热烧损现象；接线柱瓷瓶状态良好，无裂漏现象 |
| 6.2 | 使用 500 V 兆欧表分别对各接线柱（见图 4–23）进行绝缘测量，对地绝缘电阻≥10 MΩ<br>**图 4–23　油泵及接线柱** |
| **7** | **记录单填写** |
|  | 填写作业记录单，要求填写准确 |
| **年度修** |  |
| **1** | **工前准备** |
| 1.1 | 向工长领取并确认作业计划 |
| 1.2 | 安全注意事项如下：<br>（1）确认车列已设置防溜；<br>（2）降下受电弓，断开主断路器，变压器柜上各高压指示灯熄灭；<br>（3）挂设接地杆，插设防护信号表示牌；<br>（4）作业人员必须按规定穿戴个人防护用品（穿好防护服、绝缘鞋，戴好安全帽等）。个人防护用品不过期 |
| 1.3 | 开工前对所使用的工具、材料进行状态检查，确认其技术状态良好 |
| **2** | **主变压器油样化验** |
| 2.1 | 打开变压器注油阀封盖，解下绑扎阀体手轮的钢扎带 |
| 2.2 | 将变压器取样工装用螺栓安装在阀体上 |
| 2.3 | （1）先将软管一头安装在取样工装出油口，另一头插在取样针筒上。<br>（2）开启注油阀门，拉动取样针筒，直至变压器油充满针筒，关闭阀门，防止空气进入变压器油箱体内。<br>（3）将取样针筒从软管上拔出，再将针筒内的油注到取样试剂瓶内。<br>（4）重新连接软管，重复抽油动作，直到取出的油样数量满足试验需求为止（500 mL）。<br>（5）关闭注油阀，卸下取样工装 |

续表

| 工序/工步 | 工序/工步名称及内容 |
| --- | --- |
| 2.4 | 取样完毕后，安装好注油阀封盖，使用钢扎带将注油阀手轮与管径绑扎牢固，直至手轮不再转动 |
| 2.5 | 油样瓶应为干燥洁净的容器，油样取好后做好密封，同时在瓶身上贴好标签，注明车号、油样名称及取样日期 |
| 2.6 | 取好的油样应在 4 d 内送到相关检测部门进行气相色谱分析，防止油样受潮或因其他原因导致失准 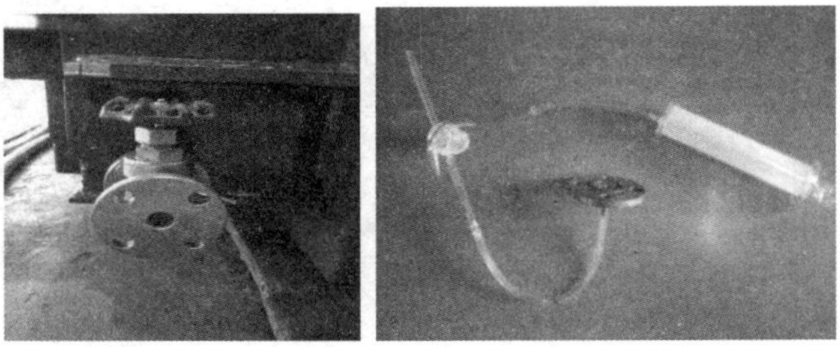<br>**图 4-24　取油针筒** |
| **3** | **辅助变压器状态检查** |
| 3.1 | 用毛刷或吸尘器去除表面灰尘 |
| 3.2 | 使用洁净的擦机布浸蘸绝缘洗涤剂对辅助变压器（见图 4-25）外部进行清洁，去除油污。污垢去除后再用干净的擦机布擦拭，不得用带油棉纱进行擦拭 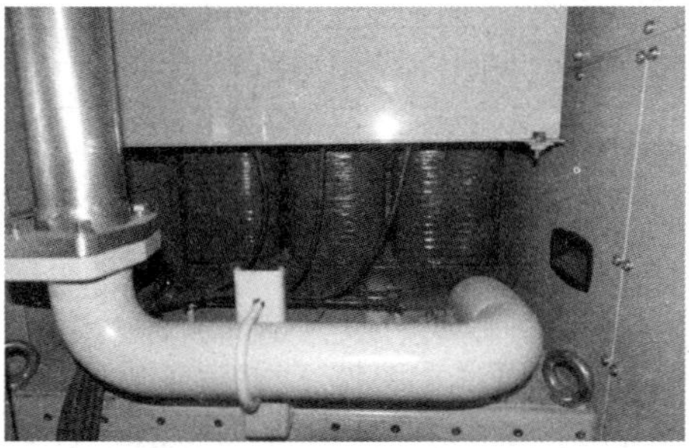<br>**图 4-25　辅助变压器** |
| 3.3 | 拆除辅助变压器白色外盖的 4 条固定螺栓，取下外盖（见图 4-26） 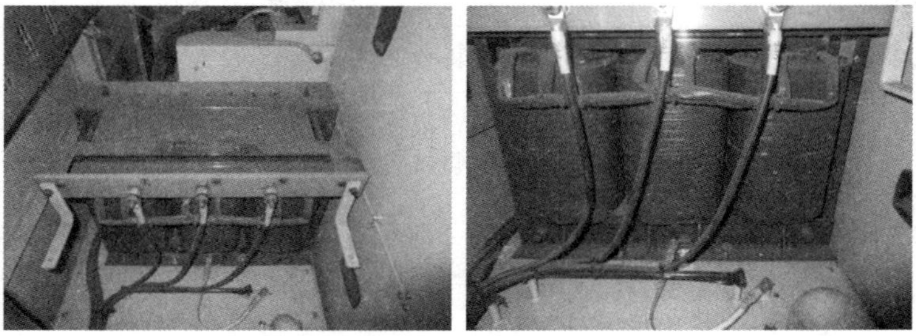<br>**图 4-26　取下外盖的辅助变压器** |

续表

| 工序/工步 | 工序/工步名称及内容 |
|---|---|
| 3.4 | 检查辅助变压器引线的连接是否良好，接线螺母不应有松动现象，紧固件无松动 |
| 3.5 | 接地导线连接可靠，接地螺母不应有松动现象 |
| 3.6 | 作业完毕将盖板恢复 |
| **4** | **整理工具，清理现场** |
| 4.1 | （1）检查确认工具、材料全部收回，防止遗留在作业现场或动车组上。<br>（2）将所有作业工具擦拭干净，归还工具室 |
| 4.2 | 清理作业现场，清点、回收作业废料并送回材料室，领用材料与回送废料应数量一一对应，做到场清料净 |
| **5** | **记录单填写** |
|  | 填写作业记录单，要求填写准确 |

## 检查评价

见表 4–23。

**表 4–23　任务评价单**

<table>
<tr><th>序号</th><th colspan="2">检查项目</th><th>检查内容与评分标准</th><th>记录</th><th>评分</th><th>总分</th></tr>
<tr><td rowspan="2">1</td><td rowspan="2">实践过程与规范（40 分）</td><td>作业前准备（10 分）</td><td>（1）检查作业服装是否穿戴整齐、安全帽是否佩戴。<br>（2）检查检修工具完整性。<br>（3）检查受电弓是否降下，接地杆是否挂设。<br>（4）检查止轮器是否放置。<br>缺少任一项，扣除 5 分；缺少两项，扣除 10 分</td><td></td><td></td><td></td></tr>
<tr><td>操作过程（30 分）</td><td>按要求完成实践操作：<br>（1）主变压器外观及附属配件检查；<br>（2）高压电压互感器检查；<br>（3）主变压器油样化验；<br>（4）高压/低压电流互感器检查；<br>（5）油泵检查及绝缘测量；<br>（6）辅助变压器清洁及检查。<br>缺少任一项，扣除 10 分；缺少两项，扣除 30 分</td><td></td><td></td><td></td></tr>
</table>

续表

| 序号 | 检查项目 | | 检查内容与评分标准 | 记录 | 评分 | 总分 |
|---|---|---|---|---|---|---|
| 2 | 实践结果与质量（40 分） | 作业质量标准（40 分） | （1）能准确指出主变压器各部件的名称，并完成清洗<br>□合格 □不合格<br>（2）能书写出预防性维修中的季度修、半年修和年度修的检修流程<br>□合格 □不合格<br>（3）能够正确使用接地杆、防护信号标志牌、毛刷等工具<br>□合格 □不合格 | | | |
| 3 | 职业素养（20 分） | 基本要求（10 分） | （1）作业环境确认，作业场所安全确认。<br>（2）“工完料净场地清”状态确认。<br>缺少任何一项，扣除 5 分；缺少两项，扣除 10 分 | | | |
| | | 任务要求（10 分） | 安全意识、责任意识、团队意识 | | | |

## 反思与改进

见表 4–24。

**表 4–24 反思与改进记录单**

| 序号 | 项目 | 收获与不足 | 改进措施 |
|---|---|---|---|
| 1 | 变压器 D2 修的流程 | | |
| 2 | C1、C2 和 C3 级修程的区别 | | |
| 3 | 安全意识、责任意识、团队意识 | | |

## 知识链接

### 1. 维修等级

CR200J 型动力集中型动车组的维修等级如表 4–25 所示，在规定的走行公里数或间隔期内（以先到为准），实施相应的维修工作。

表 4–25　维修等级

| 动车组修程 | 动力车修程 | 走行公里数/km | 时间间隔周期 | 检修范围 |
|---|---|---|---|---|
| D1 修 | 日常检查 | 4 000±400 | 动力车出入库 | 动力车日常出入库整备 |
| D2 修 | C1 级修 | | 不超过 3 个月 | 动力车例行检查和保养，利用动力车自检系统进行故障诊断，按状态修处理 |
| | C2 级修 | | 不超过 6 个月 | 动力车关键部件重点检查维修，有针对性地恢复动力车运行可靠性 |
| | C3 级修 | 30 万±3 万 | 不超过 1 年 | 动力车关键部件重点检查维修，有针对性地恢复动力车运行可靠性 |
| D3 修 | C4 级修 | 60 万±6 万 | 距上次 D3 修以上修程 2 年 | 动力车主要部件检查，性能参数测试，恢复不良状态部件，修复动力车可靠质量状态 |
| D4 修 | C5 级修 | 110 万±10 万 | 距上次 D3 修修程 2 年 | 动力车主要部件检查，性能参数测试，修复动力车可靠状态 |
| D5 修 | C6 级修 | 220 万±22 万 | 距新造或 D6 修 8 年 | 动力车全面分解检修，全面性能参数测试，恢复基本性能，可同时进行动力车或主要部件的技术提升 |
| D6 修 | 次轮 C6 级修 | 440 万±22 万 | 距上次 D5 修 8 年 | 动力车全面分解检修，全面性能参数测试，恢复基本性能，可同时进行动力车或主要部件的技术提升 |
| UM | | 计划外维修 | | |

## 2. 牵引变压器主要结构

各功能模块安装位置对应关系如图 4-27 和图 4-28 及表 4-26 所示。

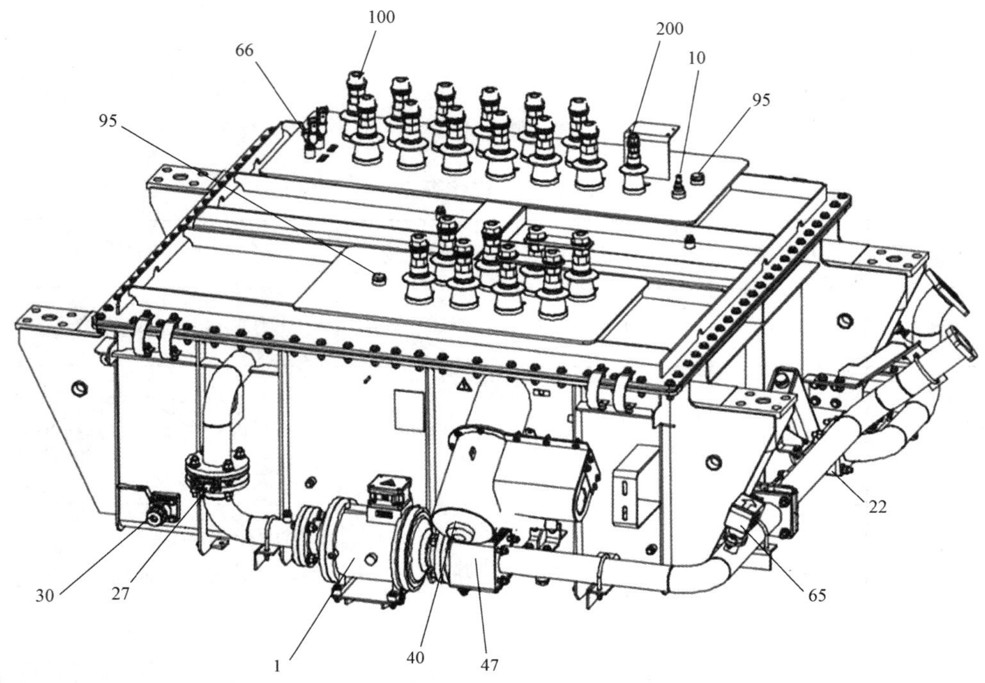


1—油泵；10—快速接头；22—蝶阀；27—DN80 钢板阀；30—DN32 注油球阀；40—高压端子；47—波纹管；65—油流继电器；66—PT100；95—放油/气塞；100—端子（DIN 3/1250 M30 F/—40）；200—端子（DIN DT3/630）。

**图 4-27　变压器结构部件位置示意图（一）**

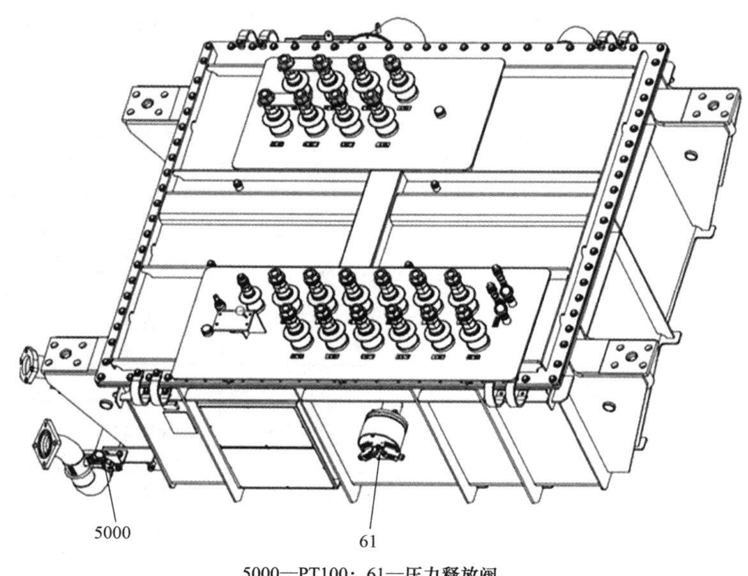


5000—PT100；61—压力释放阀。

**图 4-28　变压器结构部件位置示意图（二）**

表 4-26　主要部件清单

| 件号 | 数量 | 名称 | 件号 | 数量 | 名称 |
|---|---|---|---|---|---|
| 1 | 1 | 油泵 | 61 | 1 | 压力释放阀 |
| 10 | 1 | 快速接头 | 65 | 1 | 油流继电器 |
| 22 | 2 | 蝶阀 | 66 | 2 | PT100 |
| 27 | 1 | DN80 钢板阀 | 5000 | 1 | PT100 |
| 30 | 1 | DN32 注油球阀 | 95 | 4 | 放油塞、放气塞 |
| 40 | 1 | 高压端子 630 A/42 kV | 100 | 20 | 端子（DIN 3/1250 M30 F/−4） |
| 47 | 7 | 波纹管 | 200 | 1 | 端子（DIN DT3/630） |

1）原边高压端接线

高压端子（见图 4–29）作为变压器原边高压输入电源的插头，与高压 T 型头连接，使变压器通电。

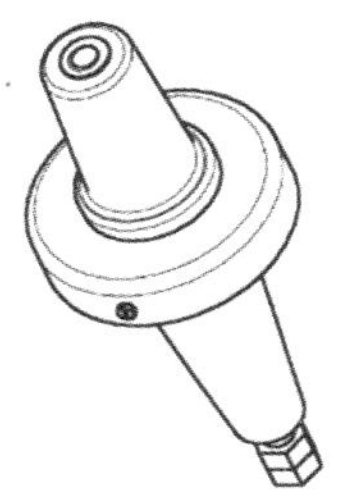

图 4–29　高压端子（一般视图）

2）次边低压端子接线

次边低压端子接线直接连接到低压端子（见图 4–30）上。低压端子主要由导电杆、上瓷瓶、下瓷瓶、NOMEX 纸垫、密封垫和铜螺母组装而成。其中瓷瓶易碎，需做好防护。图 4–30 中，100、200 的含义见表 4–26。

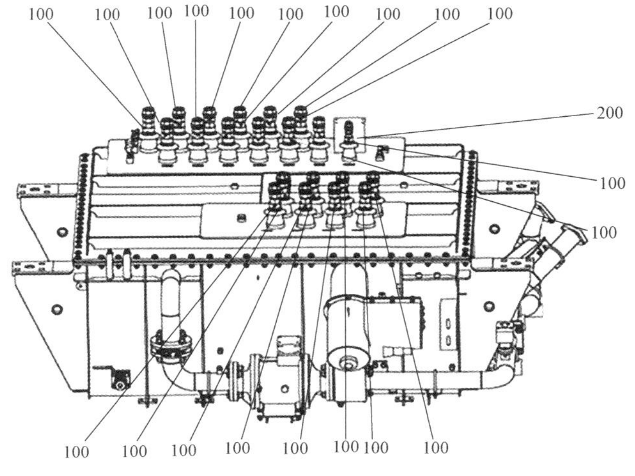


图 4–30　低压端子所在示意图

3）循环油泵

油泵（见图 4–31）的作用是确保冷却回路（如变压器管路和冷却系统）中油的循环流动。油泵由三相异步电机和油路中的离心泵组成。电机完全浸入变压器油中，依靠叶轮旋转带动油流动。

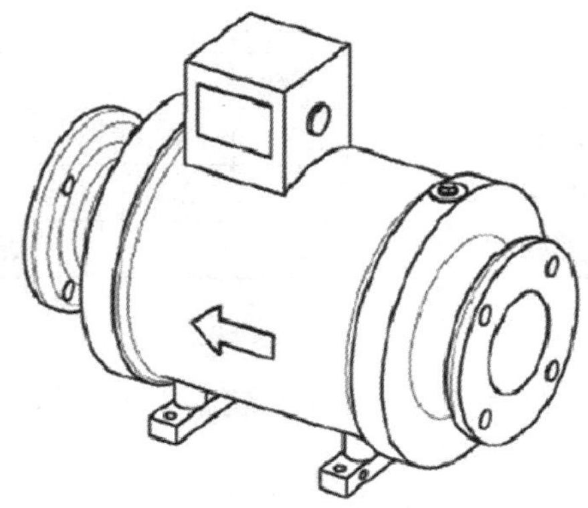

**图 4–31 油泵外观图**

4）蝶阀 DN100

蝶阀被用于打开和关闭油回路，变压器上共有 6 个蝶阀，所有蝶阀在变压器正常运行期间都处于开启状态。

5）DN32 球阀

DN32 球阀（见图 4–32）安装在主油箱和副油箱之间，其作用是在变压器运输和长时间存储时，使变压器与副油箱保持连接。

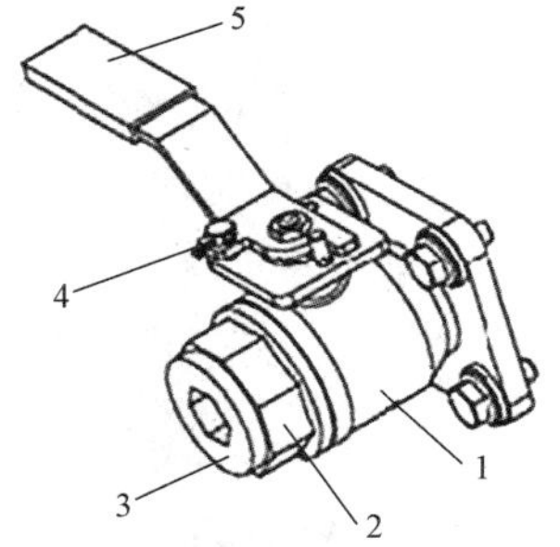


1—阀体；2—阀端；3—塞子（带密封圈）；4—锁紧螺栓；5—手柄。

**图 4–32 DN32 球阀**

6）波纹管

波纹管是弹性的，可以在轴向和径向或成角度移动。波纹管不需要定期维护，但要特别注意对波纹管的保护，避免列车运行时飞石等外界物体撞击到波纹管表面。若发现波纹管表面有尖锐磕痕，则需要更换。

7）油流指示器

油流指示器（见图 4–33）用于监测管路的最小油流量（50 $m^3/h$）。当油流正常时，油流指示器处于常开状态。当油流量小于 50 $m^3/h$ 时，桨片恢复并触发一个开关信号。

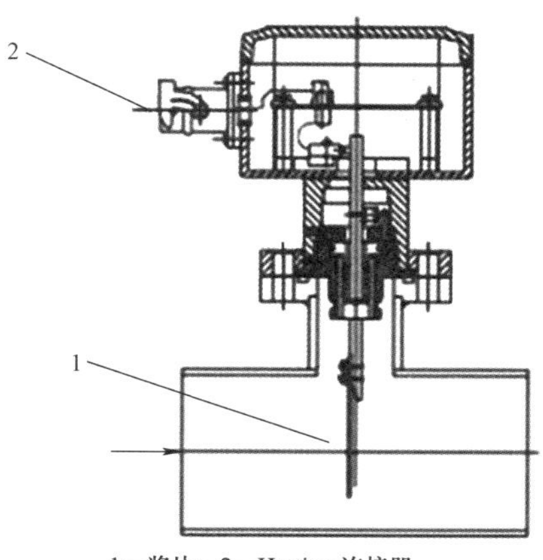


1—桨片；2—Harting 连接器。

**图 4–33　油流指示器型式图**

8）压力释放阀

压力释放阀用于限制由意外引起的油箱内部压力升高。当油箱内部压力超过 800 kPa 时，压力释放阀将打开。

当压力释放阀打开时，中心轴将高于保护区域，立即推动压力释放阀保护罩上的微动开关动作，给出一个可视信号，电源主变压器切断。注意：压力释放阀最多可以安装 3 个微动开关。

当压力释放阀落下时，弹簧会自动关闭阀门，但是中心轴仍然处在高位，需人工复位。压力释放阀上可以安装开关，如图 4–34 所示。

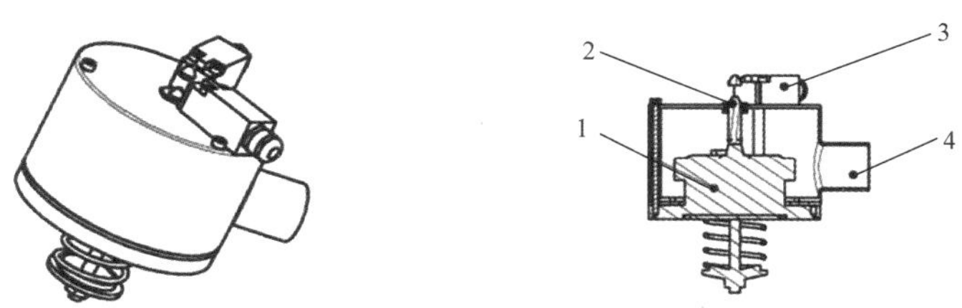


1—安全阀（可选择的）；2—中心轴；3—开关（可选择的）；4—油出口。

**图 4–34　带开关的压力释放阀**

9）PT100 温度传感器

PT100 温度传感器（见图 4–35）的作用是测量变压器油的温度，输出信号对应相应的温度。该温度传感器被放置在一个注有油的容器中，该容器焊接在油箱的箱盖上，测温的原理是假定容器中的油温与油箱中的油温相同。

为了更好地进行热交换，放置 PT100 温度传感器的容器内必须注油，容器内还必须留有一定的空气（大约为容积 1/3）；在这个容器中，不用排油便可更换温度传感器。

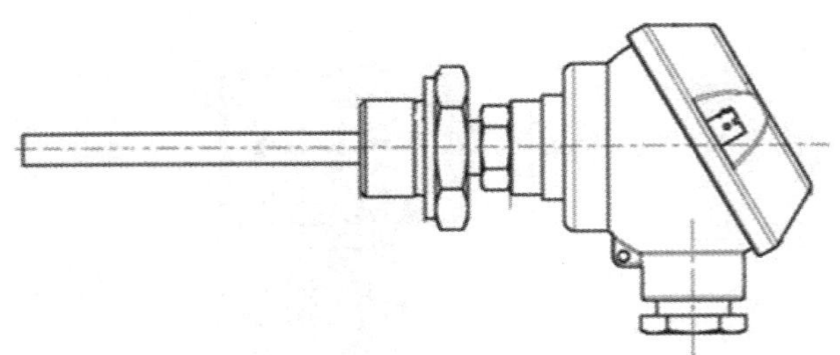

图 4-35 PT100 温度传感器

10）快速接头

快速接头是一种不需要工具就能实现管路连通或断开的接头，在牵引变压器中用于连接主变油箱和副油箱（位于复合冷却器上），可快捷地接通和关断。

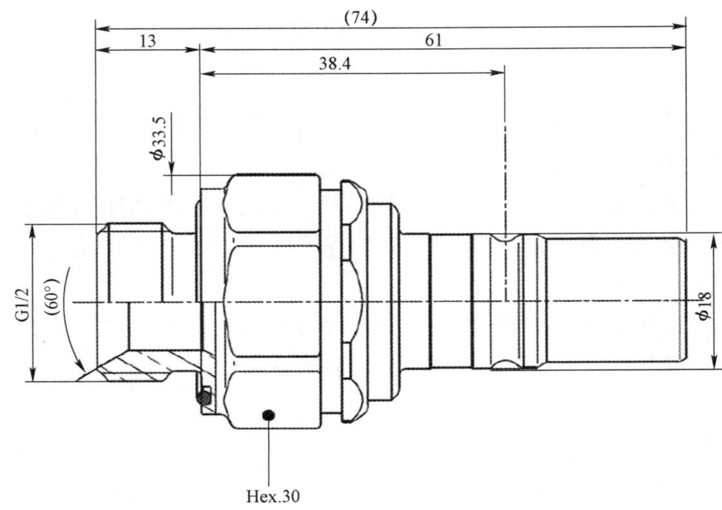


图 4-36 快速接头示意图

11）储油柜

储油柜安装在箱盖的上方，其容量应能满足：在高温（+40 ℃）并在变压器持续运行时，油不溢出储油柜；在低温（−25 ℃）且变压器不工作时，储油柜中应有油。主变压器储油柜的功能如下：

（1）减小变压器油与空气接触的面积。

（2）当变压器油受热膨胀时，多余的变压器油进入并储存在储油柜里。

（3）当油箱中的变压器油变冷收缩时，若原来油箱中的油不能充满油箱，储油柜里的油就通过油管和蝶阀进入油箱，并把油箱填满。

12）吸湿器

吸湿器装在储油柜上，通过金属管与储油柜上部空间连接起来，使进入储油柜的空气得到过滤，达到清洁、干燥的目的。

13）油位表

储油柜侧壁上装有玻璃管油位表，用以指示油位。

# 习　　题

1. 储油柜的功能是什么？
2. 变压器由哪些部件组成？各部件的作用是什么？
3. 简述打开注油/排油阀的步骤。
4. 简述半年修主变压器油样化验步骤。
5. 简述季度修主变压器状态检查步骤。

# 任务 4.3　牵引变压器的修复性维修

## 教学目标

1. 了解牵引变压器修复性维修的概念，能辨析其与预防性维修的区别；
2. 掌握牵引变压器修复性维修的作业流程，具备编写检修作业工艺卡的能力；
3. 掌握牵引变压器的冷却系统，具备更换部件的实践能力；
3. 掌握专用工具的使用方法，能够正确使用开口扳手及六角扳手等工具；
4. 培养学生安全意识、责任意识、团队意识。

## 任务描述

通过对牵引变压器进行修复性维修训练，使学生进一步掌握牵引变压器的内部结构及各部件的作用，了解变压器修复性维修的整体工艺流程，学会根据螺栓规格使用正确的紧固扳手，进一步熟悉牵引变压器关键部件检修的工艺和方法。表 4–27 为本任务的任务清单。

表 4–27　任务清单

| 序号 | 任务内容 | 任务要求 |
|---|---|---|
| 1 | 牵引变压器冷却系统 | 能够简述牵引变压器冷却系统的特点 |
| 2 | 修复性维修的准备工艺流程 | 能够准确口述牵引变压器修复性维修的准备工艺流程 |
| 3 | 牵引变压器修复性维修作业内容 | 能够动手处理油箱渗漏油，绕组匝间短路，变压器油受潮、污染，油泵停转，继电器异常等关键部件的故障 |
| 4 | 专用工具 | 能够正确使用接地杆开口扳手、六角扳手、定扭矩电扳手等工具，熟悉工具维护、保养措施 |

## 任务分析

见表 4–28。

**表 4–28　知识/技能点确认单**

| 序号 | 知识/技能点 | 答案 | 自我评价 |
| --- | --- | --- | --- |
| 1 | 简述牵引变压器冷却系统的组成 | | |
| 2 | 描述牵引变压器及各主要保护部件常见故障的原因 | | |
| 3 | 描述牵引变压器的常见故障及处理方法 | | |

## 制订计划

见表 4–29。

**表 4–29　小组决策单**

**1. 计划参与人**

负责人：________小组成员：________________

**2. 讨论决策及方案**

（1）人员分工

________________________________

________________________________

（2）工量具、工装

| 序号 | 名称 | 数量 | 规格/型号 |
|---|---|---|---|
| 1 | | | |
| 2 | | | |
| 3 | | | |
| 4 | | | |
| 5 | | | |
| 6 | | | |

（3）安全事项

________________________________

________________________________

________________________________

________________________________

（4）工艺方案

________________________________

________________________________

________________________________

________________________________

**3. 小组互换决策**

| 优点 | 缺点 | 综合评价/A B C D E |
|---|---|---|
| | | |

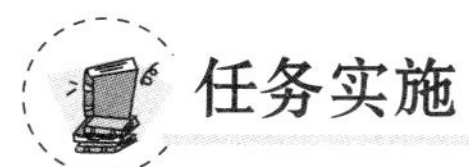

## 任务实施

见表 4-30。

表 4-30　任务实施方案

| 工序/工步 | 工序/工步名称及内容 |
|---|---|
| 修复性维修常见故障及处理 | |
| **1** | **工前准备** |
| 1.1 | 向工长领取并确认作业计划 |
| 1.2 | 安全注意事项如下：<br>（1）确认车列已设置防溜；<br>（2）降下受电弓，断开主断路器，变压器柜上各高压指示灯熄灭；<br>（3）挂设接地杆，插设防护信号表示牌；<br>（4）作业人员必须按规定穿戴个人防护用品（穿好防护服、绝缘鞋，戴好安全帽等）。个人防护用品不过期 |
| 1.3 | 开工前对所使用的工具、材料进行状态检查，确认其技术状态良好 |
| **2** | **油箱** |
| 2.1 | 故障现象/信息：渗漏油 |
| 2.2 | 可能的原因：（1）焊接质量问题；（2）配管法兰密封 |
| 2.3 | 处理方法/测量/测试：（1）补焊返修；（2）更换密封垫 |
| **3** | **器身** |
| 3.1 | 故障现象/信息：绕组匝间短路 |
| 3.2 | 可能的原因：绝缘破损 |
| 3.3 | 处理方法/测量/测试：（1）检测绝缘电阻；（2）检测绕组直流电阻 |
| **4** | **变压器油** |
| 4.1 | 故障现象/信息：颜色变深，电气强度下降 |
| 4.2 | 可能的原因：吸潮，受污染 |
| 4.3 | 处理方法/测量/测试：进行脱水脱气过滤处理 |

续表

| 工序/工步 | 工序/工步名称及内容 |
|---|---|
| **5** | **油泵** |
| 5.1 | 故障现象/信息：停转 |
| 5.2 | 可能的原因：油泵绕组烧损 |
| 5.3 | 处理方法/测量/测试：检测绕组直流电阻 |
| **6** | **PT100 温度传感器** |
| 6.1 | 故障现象/信息：报警 |
| 6.2 | 可能的原因：（1）过负载引起油温过高；（2）油冷却器堵塞引起油温过高；（3）冷却风机故障引起油温过高；（4）自身故障 |
| 6.3 | 处理方法/测量/测试：（1）检查风机、冷却器状态；（2）检查 PT100 接线是否松脱 |
| **7** | **油流继电器** |
| 7.1 | 故障现象/信息：不动作 |
| 7.2 | 可能的原因：（1）油泵故障或油流减少；（2）由于漏油而吸入空气；（3）由于异常低温而导致循环油量不足；（4）油泵电源回路故障；（5）油流继电器自身故障 |
| 7.3 | 处理方法/测量/测试：（1）检查油泵；（2）检查油流接线及动作 |
| **8** | **压力释放阀** |
| 8.1 | 故障现象/信息：动作 |
| 8.2 | 可能的原因：（1）内部异常过热；（2）内部放电；（3）外部短路冲击 |
| 8.3 | 处理方法/测量/测试：（1）检查冷却系统状态；（2）检查绕组直流电阻、绝缘电阻，进行油气体分析；（3）外部过压 |
| **9** | **整理工具，清理现场** |
| 9.1 | （1）检查确认工具、材料全部收回，防止遗留在作业现场或动车组上。<br>（2）将所有作业工具擦拭干净，归还工具室 |
| 9.2 | 清理作业现场，清点、回收作业废料并送回材料室，领用材料与回送废料应数量一一对应，做到场清料净 |
| **10** | **记录单填写** |
|  | 填写作业记录单，要求填写准确 |

## 检查评价

见表 4–31。

**表 4–31　任务评价单**

<table>
<tr><th>序号</th><th colspan="2">检查项目</th><th>检查内容与评分标准</th><th>记录</th><th>评分</th><th>总分</th></tr>
<tr><td rowspan="2">1</td><td rowspan="2">实践过程与规范（40 分）</td><td>作业前准备（10 分）</td><td>（1）检查作业服装是否穿戴整齐、安全帽是否佩戴。<br>（2）检查检修工具完整性。<br>（3）检查受电弓是否降下，接地杆是否挂设。<br>（4）检查止轮器是否放置。<br>缺少任一项，扣除 5 分；缺少两项，扣除 10 分</td><td></td><td></td><td></td></tr>
<tr><td>操作过程（30 分）</td><td>按要求完成实践操作：<br>（1）油箱渗漏油故障处理；<br>（2）绕组匝间短路故障处理；<br>（3）变压器油颜色变深、电气强度下降故障处理；<br>（4）油泵停转故障处理；<br>（5）PT100 温度传感器报警故障处理；<br>（6）油流继电器不动作故障处理；<br>（7）压力释放阀异常动作故障处理。<br>缺少任一项，扣除 10 分；缺少两项，扣除 30 分</td><td>报警故障处理</td><td></td><td></td></tr>
<tr><td>2</td><td>实践结果与质量（40 分）</td><td>作业质量标准（40 分）</td><td>（1）能正确分析常见故障原因<br>□合格　□不合格<br>（2）能准确找出变压器故障部位<br>□合格　□不合格<br>（3）能消除变压器故障，使其正常工作<br>□合格　□不合格</td><td></td><td></td><td></td></tr>
<tr><td rowspan="2">3</td><td rowspan="2">职业素养（20 分）</td><td>基本要求（10 分）</td><td>（1）作业环境确认，作业场所安全确认。<br>（2）“工完料净场地清”状态确认。<br>缺少任何一项，扣除 5 分；缺少两项，扣除 10 分</td><td></td><td></td><td></td></tr>
<tr><td>任务要求（10 分）</td><td>安全意识、责任意识、团队意识</td><td></td><td></td><td></td></tr>
</table>

## 反思与改进

见表 4–32。

**表 4–32　反思与改进记录单**

| 序号 | 项目 | 收获与不足 | 改进措施 |
| --- | --- | --- | --- |
| 1 | 修复性维修的流程 | | |
| 2 | 修复性维修项点 | | |
| 3 | 安全意识、责任意识、团队意识 | | |

## 知识链接

### 1. 冷却塔

1）冷却塔的作用

时速 160 km 动力集中型动车组冷却塔（LQT–024）用于散发由机车变压器和主变流器所产生的热量，并通过在水路和油路分别设置膨胀箱，维持冷却系统循环介质压力的稳定。

冷却塔设计为双循环冷却塔，变压器和主变流器的冷却回路分别通过油管及水管与车体变压器及主变流器连接。在冷却风机的作用下，冷却空气与水/油复合散热器进行热交换，将热量散发到环境空气中。

2）冷却塔部件

冷却塔的主要组成部件如图 4–37 所示。

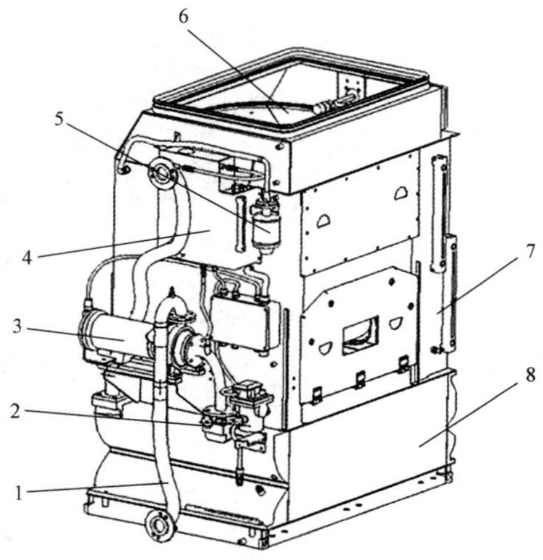


1—逆变器进水管；2—布赫继电器；3—冷却水泵；4—膨胀水箱；5—吸湿器；6—主冷风机；7—副油箱；8—冷却塔。

**图 4–37　冷却塔结构部件位置示意图**

（1）散热器（见图 4-38）。在冷却风机作用下，变压器回路的冷却油和主变流器回路的冷却水通过强制风冷换热冷却，使冷却水和冷却油温度不超过使用要求。

填充量：冷却水 45 L，冷却油 32 L。

质量：470 kg。

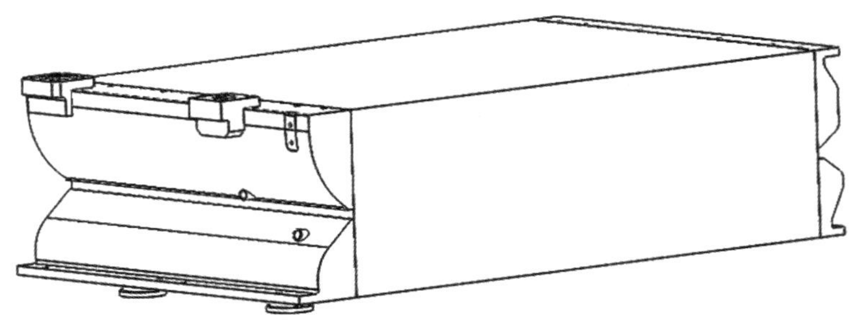

**图 4-38　散热器外形图**

（2）膨胀水箱。膨胀水箱（见图 4-39）用于提供主变流器回路的缓冲旁路，调节冷却回路中因温度变化而发生的冷却液体积变化。通过侧面的液位显示器显示内部液位变化，通过液位开关适时监控内部液位，为动车组控制系统提供警告信号。

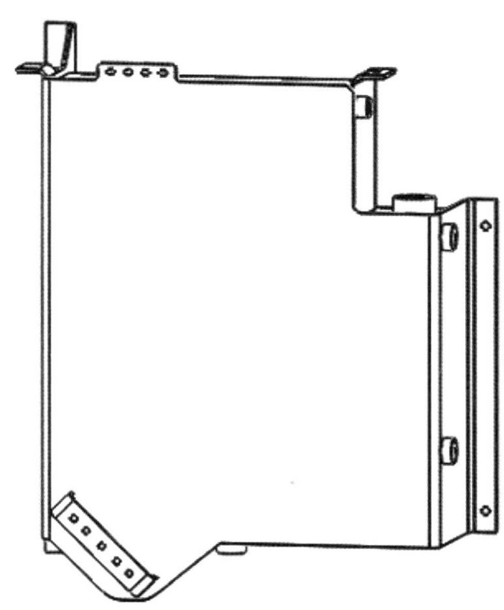

**图 4-39　膨胀水箱外形图**

（3）副油箱。副油箱（见图 4-40）用于提供变压器油路缓冲旁路，调节变压器油因温度变化而发生的体积变化。通过油位观察窗显示内部油位变化。顶部排气口通过一个吸湿器与外界大气相通，以免大气中水汽进入油箱，影响变压器油的绝缘性能。

填充容积：20 ℃时 110 L，最大 321 L。

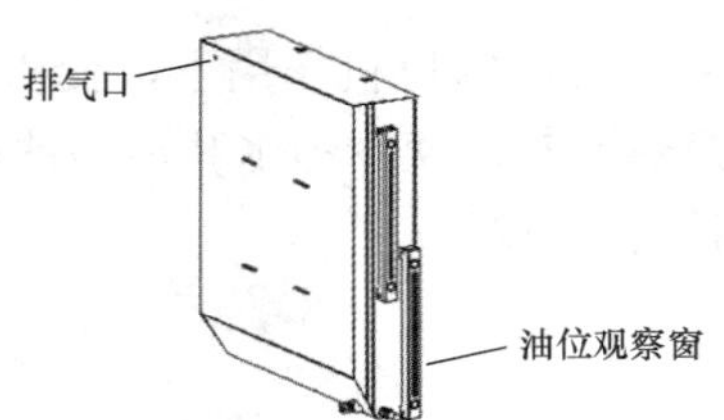


图 4-40　副油箱外形图

（4）主冷风机。主冷风机（见图 4-41）为轴流式风机，通过叶轮送风，为冷却塔提供足够流量和压力的冷却空气，克服冷却塔回路的阻力。

电源要求：380 V（Y），50 Hz，30 kW。

质量：340 kg。

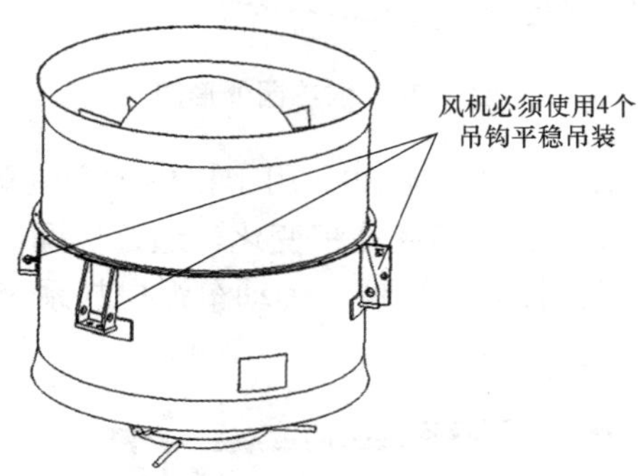


图 4-41　冷却塔主冷风机外形图

（5）冷却水泵。冷却水泵（见图 4-42）与电机为一体式组装，泵体采用一体式离心水泵，为冷却塔提供足够流量和压力的冷却水，以克服水路阻力。每个冷却塔有一台水泵，将冷却塔中冷却水从散热器抽出，经过滤器过滤后，克服管道阻力，送入机车逆变器柜。

电源要求：380 V，50 Hz，5.5 kW。

质量：83 kg。

防护等级：IP55。

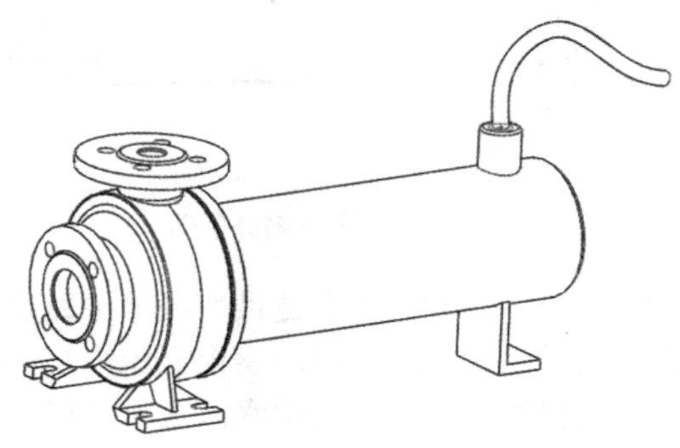

图 4-42　冷却水泵外形图

（6）布赫继电器。布赫继电器（见图 4-43）连接在变压器和副油箱之间的油管中。当发生下列情况之一时，触发报警开关：

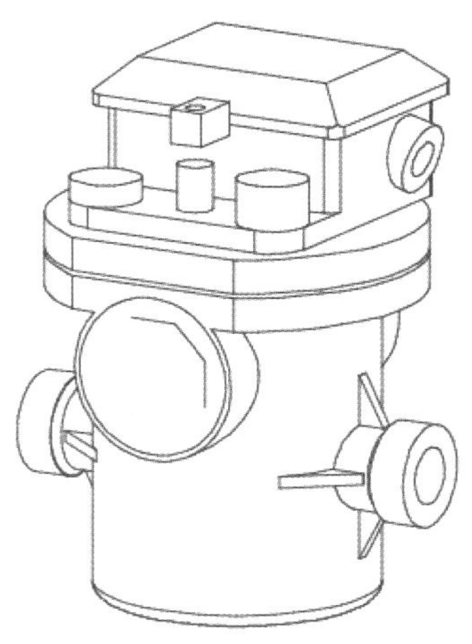

**图 4-43　布赫继电器外形图**

① 空气集结在继电器中。变压器油中分解产生的气体，逐渐聚集在继电器内，挤压油液面，使液面下降，上浮子下降触动报警开关。

② 油路出现泄漏。泄漏导致油液流失，液面下降，上浮子下降触动报警开关。若液面继续下降，则下浮子下沉，触动开关使变压器跳闸断路。

③ 从变压器流向副油箱的流量很大时。大流量油液流向副油箱，冲击定位挡板，带动下浮子触动开关，使变压器跳闸断路。但流量变小后挡板并不能自动回位。

当第 3 种情况发生时，通常表明为变压器油路出现了故障，为机车提供了重要的预警信号。

布赫继电器报警或变压器断路后，下浮球系统中挡板不能自动复位，需手动复位，具体操作（见图 4-44）如下：

① 从继电器上拧下复位按钮的大闷盖螺母。

② 逆时针旋转复位按钮，使挡板复位。

**注意：**旋转复位按钮时，严禁向下按动按钮。

**图 4-44　布赫继电器的复位按钮**

### 2. 主变压器保护电路

动力车控制系统通过设置的温度传感器 BT47、BT48、BT49，油流继电器 KP41、KP42，压力释放阀 KP43、布赫继电器 KP44 对主变压器实施温度保护和过压力保护。

**温度传感器 BT47、BT48、BT49** 检测油路的油温，当主变压器的油温超过 90 ℃时，动力车功率开始线性下降；当主变压器的油温超过 105 ℃时，断开主断路器。

**油流继电器 KP41、KP42** 主变压器具有两路油循环冷却系统，各设有一个油流继电器对油流情况进行监测。当主变压器油温≥30 ℃时，如果一个油流继电器检测到无油循环，则该冷却支路对应的两组牵引变流器停止功率输出，动力车的牵引功率下降 50%。当主变压器油温≥30 ℃时，如果两个油流继电器都检测到无油循环，则主变流器被封锁，停止输出功率。

**压力释放阀 KP43** 当变压器内部压力达到（95±15）kPa 时，压力释放阀动作，释放压力，同时动力车断开主断路器，并在微机显示屏上进行故障显示。

**布赫继电器 KP44** 用于检测主变压器内气体含量。KP44 设置有 2 级报警级别，当 1 级报警动作时，TCMS 在显示屏上提示；当 2 级报警动作时，TCMS 将控制断开主断路器。

### 3. 辅助电动机自动开关

**牵引通风机自动开关 QA11、QA12** 用于牵引通风机的故障保护和相应的逻辑控制。当牵引通风机过流造成自动开关断开后，主触点断开对应牵引通风机的供电电路，辅助触点将故障信号送到 TCMS。TCMS 收到故障信号后，一方面进行故障提示，另一方面自动隔离变流柜内的对应牵引变流器，同时对应的牵引电动机停止工作。

**冷却塔通风机自动开关 QA15、QA16** 用于冷却塔通风机的故障保护和相应的逻辑控制。当冷却塔通风机过流造成自动开关断开后，主触点断开对应冷却塔通风机的供电电路，辅助触点将故障信号送到 TCMS。TCMS 收到故障信号后，一方面进行故障提示，另一方面自动隔离变流柜内的对应牵引变流器，同时对应的牵引电动机全部停止工作。

**空气压缩机自动开关 QA17、QA18** 用于空气压缩机的故障保护。当空气压缩机自动开关断开后，断开空气压缩机的供电电路，并将故障信号通过 TCMS 进行显示，同时断开空气压缩机的控制接触器线圈支路，使该接触器不能得电闭合。

**油泵自动开关 QA19、QA20** 用于主变压器油泵的故障保护和相应的逻辑控制。当油泵自动开关断开后，断开对应油泵供电电路，故障信号一方面送到司机故障显示灯，另一方面自动隔离变流柜内的对应牵引变流器，同时对应的牵引电动机全部停止工作。

# 习　题

1. 油流继电器不动作的原因有哪些？如何处理？
2. 压力释放阀不动作的原因有哪些？如何处理？
3. PT100 温度传感器报警原因有哪些？如何处理？
4. 简述牵引变压器冷却系统的组成。
5. 简述主变压器保护电路的组成及各部分的功能。

# 项目 5
# 牵引变流器的维护与检修

# 任务 5.1 牵引变流器整体安装与拆卸

## 教学目标

1. 了解牵引变流器在机械间的安装位置，能辨别变压器与变流器，理解变流器的作用；
2. 掌握牵引变流器整体安装与拆卸作业流程，能编写变流器安装与拆卸作业工艺卡；
3. 识别变流器安装与拆卸过程中的危险源，具备风险识别能力；
4. 掌握螺栓紧固方法，能够正确使用各类螺栓紧固工具；
5. 培养学生安全意识、科技担当意识、责任意识、团队协作意识。

## 任务描述

通过牵引变流器的整体拆卸与安装训练，使学生掌握变流器安装与拆卸流程，了解变流器与车体的连接方式，以及变流器吊装、转运方法，学会使用风动/电动扳手、定扭矩电扳手、液压升降小车等工具，加深对螺栓紧固工艺方法的理解。表 5–1 为本任务的任务清单。

表 5–1 任务清单

| 序号 | 任务内容 | 任务要求 |
| --- | --- | --- |
| 1 | 牵引变流器整体安装 | 能准确编制变流器安装工序卡 |
| 2 | 牵引变流器整体拆卸 | 能准确编制变流器拆卸工序卡 |
| 3 | 螺栓紧固作业 | 能够分辨不同螺栓紧固方式，熟悉螺栓紧固操作流程；能准确描述螺栓紧固顺序及防松标识的画法 |
| 4 | 风险识别 | 能准确识别变流器安装与拆卸过程中存在的危险源 |
| 5 | 专用工具 | 能够正确使用风动/电动扳手、定扭矩电扳手、液压升降小车等工具，熟悉工具维护、保养措施 |

## 任务分析

见表 5-2。

**表 5-2　知识/技能点确认单**

| 序号 | 知识/技能点 | 答案 | 自我评价 |
| --- | --- | --- | --- |
| 1 | 牵引变流器安装大致可以分为哪几部分？ | | |
| 2 | 牵引变流器吊装过程中需要注意哪些事项？ | | |
| 3 | 简述螺栓紧固流程 | | |

## 制订计划

见表 5-3。

**表 5-3 小组决策单**

**1. 计划参与人**

负责人：＿＿＿＿＿＿小组成员：＿＿＿＿＿＿＿＿＿＿＿＿＿＿＿＿

**2. 讨论决策及方案**

（1） 人员分工

（2） 工量具、工装

| 序号 | 名称 | 数量 | 规格/型号 |
| --- | --- | --- | --- |
| 1 | | | |
| 2 | | | |
| 3 | | | |
| 4 | | | |
| 5 | | | |
| 6 | | | |

（3）安全事项

（4） 工艺方案

**3. 小组互换决策**

| 优点 | 缺点 | 综合评价/A B C D E |
| --- | --- | --- |
| | | |

## 任务实施

见表 5–4。

**表 5–4　任务实施方案**

| 工序/工步 | 工序/工步名称及内容 |
| --- | --- |
| **牵引变流器整体安装** | |
| **1** | **工前准备** |
| 1.1 | 向工长领取并确认作业计划 |
| 1.2 | 安全注意事项如下：<br>（1）严禁穿越正在行进的车辆或设备；<br>（2）严禁在起吊重物下行走或停留；<br>（3）作业人员必须按规定穿戴个人防护用品（穿好防护服、绝缘鞋，戴好安全帽等）。个人防护用品不过期 |
| 1.3 | 开工前对所使用的工具、材料进行状态检查，应保证工具处于检定期内且状态良好；物料外观良好，无缺损磕碰 |
| **2** | **牵引变流器转运** |
| | 转运牵引变流器时通常采用无轨电动转运小车（见图 5–1）。将牵引变流器吊装至无轨电动转运小车上，转运至安装台位。<br>**注意：**无轨转运小车承载重量应与牵引变流器匹配，严禁过载 <br>**图 5–1　无轨电动转运小车** |
| **3** | **牵引变流器吊装** |
| | 按照吊装点检要求对吊具进行检查，将吊绳挂钩勾住吊环螺栓，并进行试吊（见图 5–2）。试吊无误后，起吊牵引变流器，将变流器吊运至安装台位或转运小车 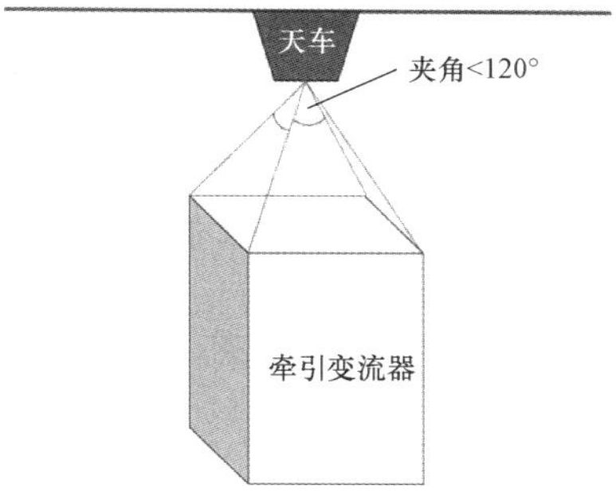<br>**图 5–2　牵引变流器吊运示意图** |

续表

| 工序/工步 | 工序/工步名称及内容 |
| --- | --- |
| **4** | **牵引变流器安装** |
| 4.1 | 将牵引变流器吊运至如图 5–3 所示安装位置，缓慢降下变流器，调整位置，直至牵引变流器上安装孔与车体孔位对准，取下吊绳。<br>**注意：下降过程中，变流器不得与周围设备干涉、碰撞** 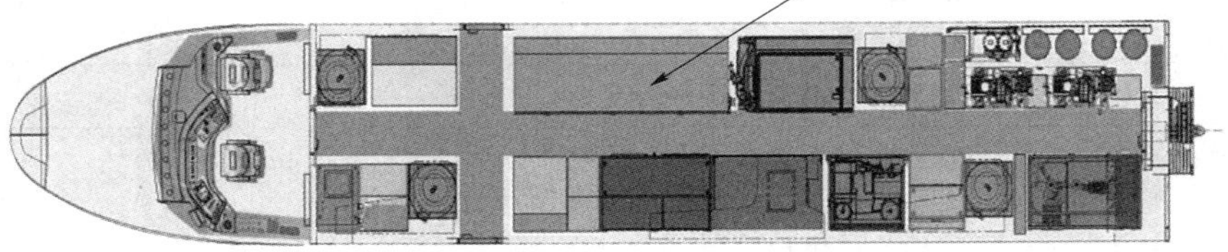<br><br>**图 5–3　牵引变流器安装位置** |
| 4.2 | 按照图纸要求，使用正确的螺栓、螺纹紧固胶等将变流器与车体紧固连接（见图 5–4），施加规定扭矩，画防松标识 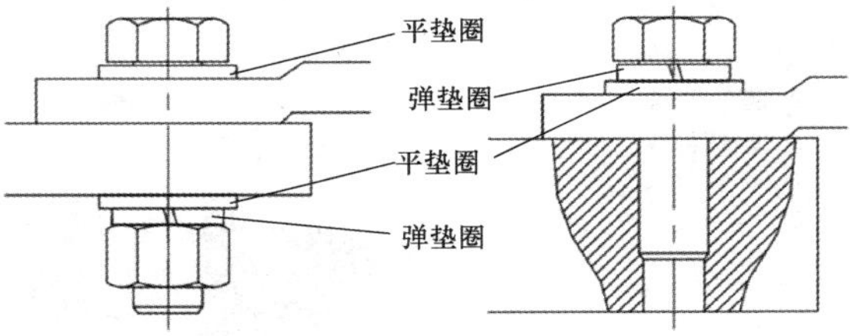<br><br>**图 5–4　螺栓连接示意图** |
| 4.3 | 连接电气电缆 |
| 4.4 | 将牵引变流器的水接头连接到冷却系统 |
| **5** | **整理工具，清理现场** |
| 5.1 | （1）检查确认工具、材料全部收回，防止遗留在作业现场或动车组上。<br>（2）将所有作业工具擦拭干净，归还工具室 |
| 5.2 | 清理作业现场，清点、回收作业废料并送回材料室，领用材料与回送废料应数量一一对应，做到场清料净 |
| **6** | **记录单填写** |
|  | 填写作业记录单，要求填写准确 |

续表

| 工序/工步 | 工序/工步名称及内容 |
| --- | --- |
| 牵引变流器整体拆卸 | |
| **1** | **工前准备** |
| 1.1 | 向工长领取并确认作业计划 |
| 1.2 | 安全注意事项如下：<br>（1）所有电气连接均必须处于无电压状态；<br>（2）电源必须已锁定，防止电源意外重新闭合；<br>（3）必须遵守牵引变流器电容放电时间规定，并采取适当的保护措施应对储存电能的释放；<br>（4）作业人员必须按规定穿戴个人防护用品（穿好防护服、绝缘鞋，戴好安全帽等）。个人防护用品不过期 |
| 1.3 | 开工前对所使用的工具、材料进行状态检查，确认其技术状态良好 |
| **2** | **冷却系统管路拆除及断开** |
| 2.1 | 关闭牵引变流器和冷却系统水路入口和出口处的蝶阀 |
| 2.2 | 将冷却系统与牵引变流器断开 |
| 2.3 | 将溢流软管从牵引变流器上拆除。<br>**注意：**溢流软管位于牵引变流器左下方 |
| 2.4 | 使用胶带或塑料袋及扎带将开口管路部分进行密封，防止污物进入 |
| **3** | **电缆拆除及断开** |
| 3.1 | 拆除牵引变流器前面板（包括旋转门锁、接地螺栓和锁） |
| 3.2 | 旋松并拆除牵引电动机、变压器、谐振吸收扼流圈的电缆线 |
| 3.3 | 将牵引变流器柜的盖板全部重新装好，包括冷却系统水路的出入口，以避免污物的进入 |
| 3.4 | 拆除面对牵引变流器左手侧的控制连接器，并从变流器上拆除电缆接头 |
| 3.5 | 拆除保护接地电缆 |
| 3.6 | 所有裸露电缆接头均需使用塑料袋及扎带包扎好，防止电缆接头受到污染 |
| **4** | **螺栓拆除** |
| | 使用扳手将连接螺栓拧松并拆除 |
| **5** | **牵引变流器起吊** |
| | 使用起重机将牵引变流器从动车组内吊出。<br>**注意：**吊出时，用牵引变流器顶部的 4 个承载吊环系上 4 根链条。链条间的角度不得大于 120° |
| **6** | **整理工具，清理现场** |
| 6.1 | （1）检查确认工具、材料全部收回，防止遗留在作业现场或动车组上。<br>（2）将所有作业工具擦拭干净，归还工具室 |
| 6.2 | 清理作业现场，清点、回收作业废料并送回材料室，领用材料与回送废料应数量一一对应，做到场清料净 |
| **7** | **记录单填写** |
| | 填写作业记录单，要求填写准确 |

## 检查评价

见表 5-5。

**表 5-5 任务评价单**

<table>
<tr><th>序号</th><th colspan="2">检查项目</th><th>检查内容与评分标准</th><th>记录</th><th>评分</th><th>总分</th></tr>
<tr><td rowspan="2">1</td><td rowspan="2">实践过程与规范（40 分）</td><td>作业前准备（10 分）</td><td>（1） 作业服装是否穿戴整齐、安全帽是否佩戴。<br>（2） 是否对吊具进行点检。<br>（3） 电源是否断开。<br>（4） 变流器断电是否达到电容放电时间。<br>缺少任一项，扣除 5 分；缺少两项，扣除 10 分</td><td></td><td></td><td></td></tr>
<tr><td>操作过程（30 分）</td><td>按要求完成实践操作：<br>（1） 变流器转运；<br>（2） 变流器吊装；<br>（3） 变流器螺栓连接；<br>（4） 变流器电缆及冷却系统管路连接；<br>（5） 变流器冷却系统管路拆除及断开；<br>（6） 变流器电缆拆除。<br>缺少任一项，扣除 10 分；缺少两项，扣除 30 分</td><td></td><td></td><td></td></tr>
<tr><td>2</td><td>实践结果与质量（40 分）</td><td>作业质量标准（40 分）</td><td>（1） 起吊钢丝绳之间角度≤________<br>（2） 拆卸过程，电气接口应<br>□断开 □闭合<br>（3） 裸露电缆接头应<br>□塑料袋包扎 □裸露<br>（4） 螺栓紧固，防松标识：<br>□清晰、无歪斜，延伸至连接件<br>□歪斜，未延伸至连接件<br>缺少任何一项，扣除 10 分；缺少两项，扣除 30 分</td><td></td><td></td><td></td></tr>
<tr><td rowspan="2">3</td><td rowspan="2">职业素养（20 分）</td><td>基本要求（10 分）</td><td>（1） 作业环境确认，作业场所安全确认。<br>（2）“工完料净场地清”状态确认。<br>缺少任何一项，扣除 5 分；缺少两项，扣除 10 分</td><td></td><td></td><td></td></tr>
<tr><td>任务要求（10 分）</td><td>安全意识、责任意识、团队意识</td><td></td><td></td><td></td></tr>
</table>

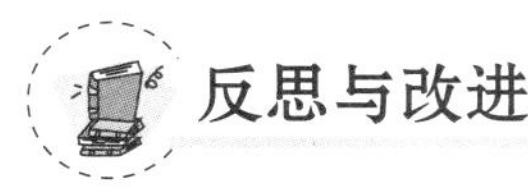

## 反思与改进

见表 5–6。

表 5–6　反思与改进记录单

| 序号 | 项目 | 收获与不足 | 改进措施 |
|---|---|---|---|
| 1 | 变流器安装与拆卸的流程 | | |
| 2 | 起重作业安全项点 | | |
| 3 | 螺栓紧固 | | |

## 知识链接

### 起重作业安全与螺栓紧固

#### 1. 起重作业安全

起重机械广泛应用于机械制造、冶金、建筑、矿山、化工等行业，是一种危险因素较大的特种机械。下面介绍对起重司机、起重操作人员的要求，以及起重不吊准则。起重作业必须遵守一定的安全规则，否则容易出现安全事故。

1）起重司机安全驾驶

（1）司机接班时，应对制动器、吊钩、钢丝绳和安全装置进行检查。发现性能不正常时，应立即处理。

（2）开车前，必须鸣铃或报警。操作中有人接近时，应给予断续铃声或警报。

（3）操作应按指挥信号执行。对紧急停车信号，不论任何人发出，都应立即执行。

（4）确认起重机上面和周围无人时，才可以闭合主电源。

（5）不得利用极限位置限制器停车。

（6）不得在有载荷的情况下调整起升、变幅机构的制动器。

（7）吊运时，不得从有人的上空通过，吊臂下不得有人。

（8）起重机工作时不得对其进行检查和维修。

（9）所吊重物接近或达到额定起重能力时，吊运前应检查制动器，并用小高度、短行程试吊后，再平稳吊运。

（10）无下降极限位置限制器的起重机，吊钩在最低工作位置时，卷筒上的钢丝绳必须保持设计规定的安全圈数。

（11）起重机工作时，臂架、吊具、辅具、钢丝绳、缆风绳及重物等，与输电线的最小距离不应小于相关规定。

（12）闭合主电源前或工作中突然断电时，应使所有的控制器手柄置于零位。

2）起重操作人员一般安全要求

（1）起重操作人员须经专业训练，并经考试合格，持有安全作业证。

（2）工作前，穿戴好个人防护用品，并对设备设施进行安全检查。

（3）现场指挥信号统一、明确。

（4）吊挂时，吊挂绳之间的夹角宜小于 120°，以免吊挂绳受力过大。

（5）绳、链所经过的棱角处应加衬垫。

（6）指挥物体翻转时，应使其重心平稳变化，不应产生指挥意图之外的动作。

（7）进入悬吊的重物下方时，应先与司机联系，并设置支撑装置。

（8）多人绑挂时，应由一人负责指挥。

3）起重“十不吊”

（1）超载或被吊重物不清楚时不吊。

（2）指挥信号不明确不吊。

（3）捆绑、吊绑不牢固或不平衡可能引起吊物滑动时不吊。

（4）被吊物上有人或浮置物时不吊。

（5）结构或零部件有影响安全的缺陷或损伤时不吊。

（6）遇到拉力不清的埋置物件时不吊。

（7）工作场所光线暗淡、无法看清场地、被吊物情况和指挥信号不明不吊。

（8）重物棱角处于捆绑钢丝之间未加垫子不吊。

（9）歪拉斜吊重物时不吊。

（10）易燃易爆品不吊。

**2. 螺栓紧固**

1）螺栓紧固基本操作

（1）安装前，确认螺孔、安装面清洁、完好，如有杂质应清除干净。

（2）安装过程中，应按照技术文件上规定的紧固件型号、等级、数量、安装方向等进行装配。

（3）螺栓与螺孔装配时，先手动将螺栓拧入螺孔 3 圈以上；螺母与螺栓装配时，先手动将螺母拧至螺栓 3 圈以上（锁紧螺母除外）。在未达到以上装配要求时不得强行预紧。

（4）螺栓、螺母紧固时，严禁使用不符合规格要求的扳手、套筒，严禁使用活扳手、尖嘴钳、钢丝钳等进行拧紧。

（5）预紧后，应使用定扭矩工具，按照工艺文件上规定的紧固扭矩进行紧固，且螺栓或螺母应能至少旋转 1/4 圈以上，定扭矩工具发出扭矩到位的提示后停止操作。表 5-7 给出了牵引变流器安装过程中涉及的机械连接和电气连接螺栓的扭矩值。

表 5-7　螺栓连接固定扭矩表

| 序号 | 规格 | 电气连接/（N·m） | 机械连接/（N·m） |
|---|---|---|---|
| 1 | M3 | 0.8 | 1.3 |
| 2 | M4 | 1.8 | 3 |
| 3 | M5 | 3 | 6 |
| 4 | M6 | 6 | 10 |
| 5 | M8 | 13 | 25 |
| 6 | M10 | 25 | 50 |
| 7 | M12 | 50 | 88 |

（6）成组螺栓预紧和紧固过程中，应采取由内向外、交叉对称的操作顺序，如图 5-5 序号所示。

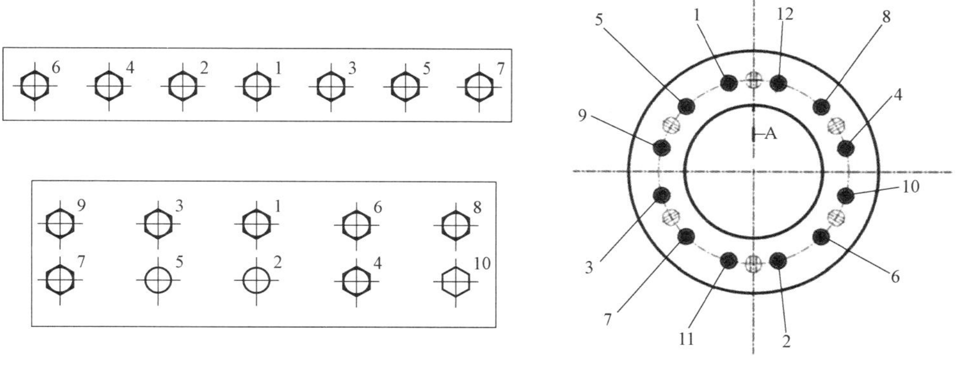


图 5-5　螺栓拧紧顺序图

（7）螺栓、螺母连接紧固后，螺栓、螺钉头部露出螺母端面部分应不小于 2 个螺距。

（8）对于在装配中允许重复使用的紧固件，应检查确认紧固件完好，且将螺栓、螺母螺纹部分清洗干净后才能使用。

（9）对于所有锁紧螺母及其配套螺栓、止动垫、开口销、防松铁丝，在一次安装完成后，因各种原因拆卸后，原则上不得重复使用，应更换。

2）螺栓紧固防松标识基本要求

（1）当被紧固部位的螺栓、螺母都可进行防松标识时，防松标识宜涂打在螺母端。

（2）螺栓紧固标识线应与螺栓轴线平行（或垂直）。

（3）同一产品的相同部位防松标识应一致，相邻或成组螺栓（螺钉）、螺母的防松标识应一致，正好在六方头尖角处的标识，位置应做偏移（见图 5-6），其中圆形布置的螺栓标识线呈辐射状朝外（见图 5-7）。

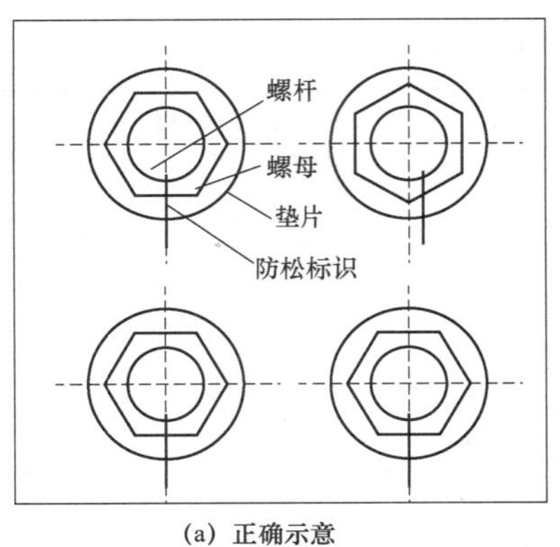


(a) 正确示意

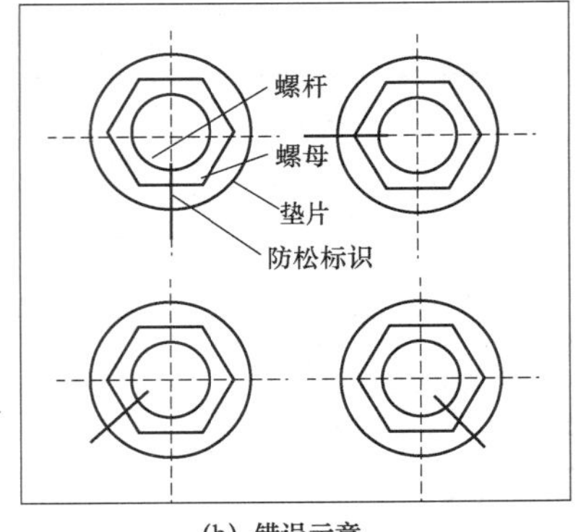


(b) 错误示意

**图 5-6　矩形成组螺栓防松标识示意**

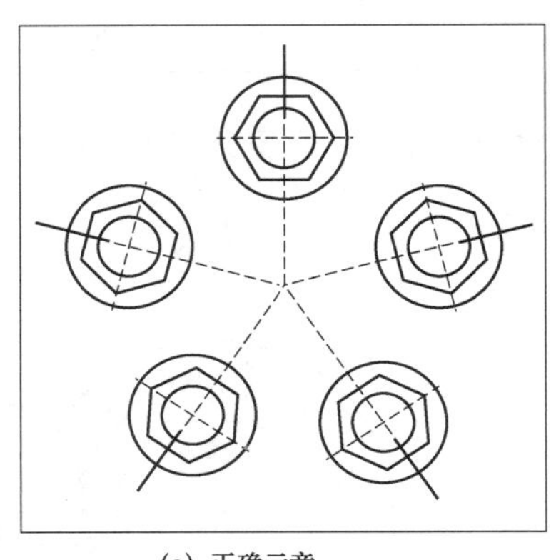

(a) 正确示意

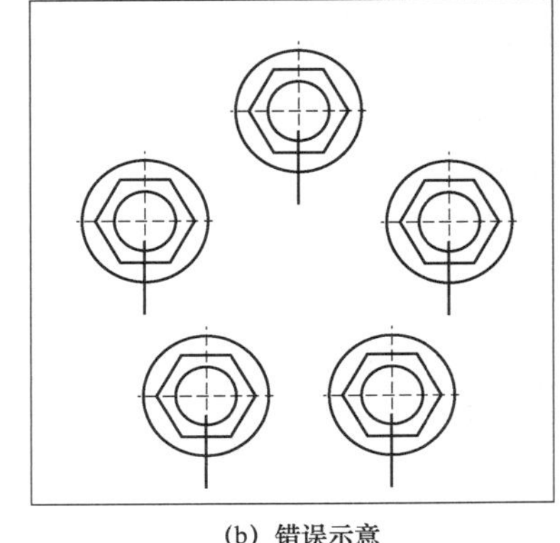

(b) 错误示意

**图 5-7　圆形成组螺栓防松标识示意**

（4）从螺母端紧固的，防松标识应从工件的表面划到螺母的侧面并延长到螺纹处；从螺栓端紧固的，防松标识应从螺栓的头部划到工件表面（见图 5-8）。

**图 5-8　成组螺栓防松标识实物图**

# 习　题

1. CR200J 型动力集中型动车组牵引变流器位于列车的哪个位置？
2. CR200J 型动力集中型动车组牵引变流器拆卸时，在进行螺栓拆卸之前，需要拆卸的部件有哪些？
3. CR200J 型动力集中型动车组牵引变流器安装流程是怎样的？
4. 起吊重物时，人是否可以从起吊重物下行走？
5. 螺栓防松标识的作用是什么？

# 任务 5.2　牵引变流器的预防性维修

## 教学目标

1. 了解牵引变流器修程修制，能辨析与机车修程修制的区别；
2. 掌握牵引变流器内部结构布置，能准确识别各模块的名称及功能作用；
3. 掌握牵引变流器外观及内部设备状态检查方法，具备清洁及更换部件的实践能力；
4. 掌握接地杆与防护信号的使用方法，能够正确挂设接地杆和插设防护信号标志牌；
5. 培养学生民族自豪感、开拓创新精神、团队意识。

## 任务描述

通过对牵引变流器进行 D2 修训练，使学生进一步掌握牵引变流器的结构及各部件工作原理，了解牵引变流器预防性维修的整体工艺流程，学会使用接地杆、防护信号标志牌、毛刷等工具，进一步熟悉牵引变流器关键部件检修的工艺和方法。表 5-8 为本任务的任务清单。

**表 5-8　任务清单**

| 序号 | 任务内容 | 任务要求 |
| --- | --- | --- |
| 1 | 牵引变流器的结构、工作原理 | 能够详细描述牵引变流器的结构组成、各模块的功能作用 |
| 2 | 预防性维修的一般工艺流程 | 能准确列出牵引变流器预防性维修的一般工艺流程 |
| 3 | 牵引变流器 D2 修作业内容 | 能够分辨 D2 修中季度修、半年修及年度修所检内容，并能对牵引变流器开展 D2 修作业 |
| 4 | 专用工具 | 能够正确使用接地杆、防护信号标志牌、毛刷等工具，熟悉工具维护、保养措施 |

## 任务分析

见表 5-9。

**表 5-9　知识/技能点确认单**

| 序号 | 知识/技能点 | 答案 | 自我评价 |
|---|---|---|---|
| 1 | 牵引变流器主要由哪几部分组成？每一部分的作用是什么？ | | |
| 2 | 描述牵引变流器预防性维修的一般过程 | | |
| 3 | 牵引变流器年度修的主要内容有哪些？ | | |

## 制订计划

见表 5-10。

**表 5-10　小组决策单**

**1. 计划参与人**

负责人：________________小组成员：________________________________________

**2. 讨论决策及方案**

（1） 人员分工

______________________________________________________________________

______________________________________________________________________

（2） 工量具、工装

| 序号 | 名称 | 数量 | 规格/型号 |
|---|---|---|---|
| 1 | | | |
| 2 | | | |
| 3 | | | |
| 4 | | | |
| 5 | | | |
| 6 | | | |

（3） 安全事项

______________________________________________________________________

______________________________________________________________________

______________________________________________________________________

______________________________________________________________________

（4） 工艺方案

______________________________________________________________________

______________________________________________________________________

______________________________________________________________________

______________________________________________________________________

**3. 小组互换决策**

| 优点 | 缺点 | 综合评价/A B C D E |
|---|---|---|
| | | |

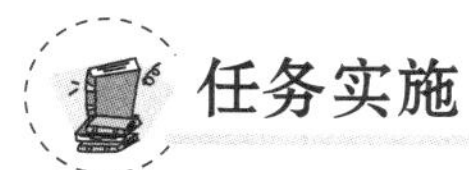

## 任务实施

见表 5–11。

**表 5–11　任务实施方案**

| 工序/工步 | 工序/工步名称及内容 |
|---|---|
| 季度修 | |
| **1** | **工前准备** |
| 1.1 | 向工长领取并确认作业计划 |
| 1.2 | 安全注意事项如下：<br>（1）确认车列已设置防溜；<br>（2）降下受电弓，断开主断路器，变流器柜上各高压指示灯熄灭；<br>（3）挂设接地杆，插设防护信号表示牌；<br>（4）作业人员必须按规定穿戴个人防护用品（穿好防护服、绝缘鞋，戴好安全帽等）。个人防护用品不过期 |
| 1.3 | 开工前对所使用的工具、材料进行状态检查，确认其技术状态良好 |
| **2** | **变流器清洁及外观检查** |
| 2.1 | 主、辅变流器外观检查（见图 5–9），要求：变流器柜体盖板不许有缺失，柜体两侧的插头、插座紧固状态良好，接地线齐全，紧固良好 <br>**图 5–9　外观检查** |
| 2.2 | （1）使用洁净的擦机布蘸电器绝缘清洗剂擦拭变流柜内各配件表面灰尘及其他污物。<br>（2）检查变流柜内各配件，要求：绝缘表面清洁，无破损裂纹；绝缘表面无放电痕迹，柜体内部应清洁 |

续表

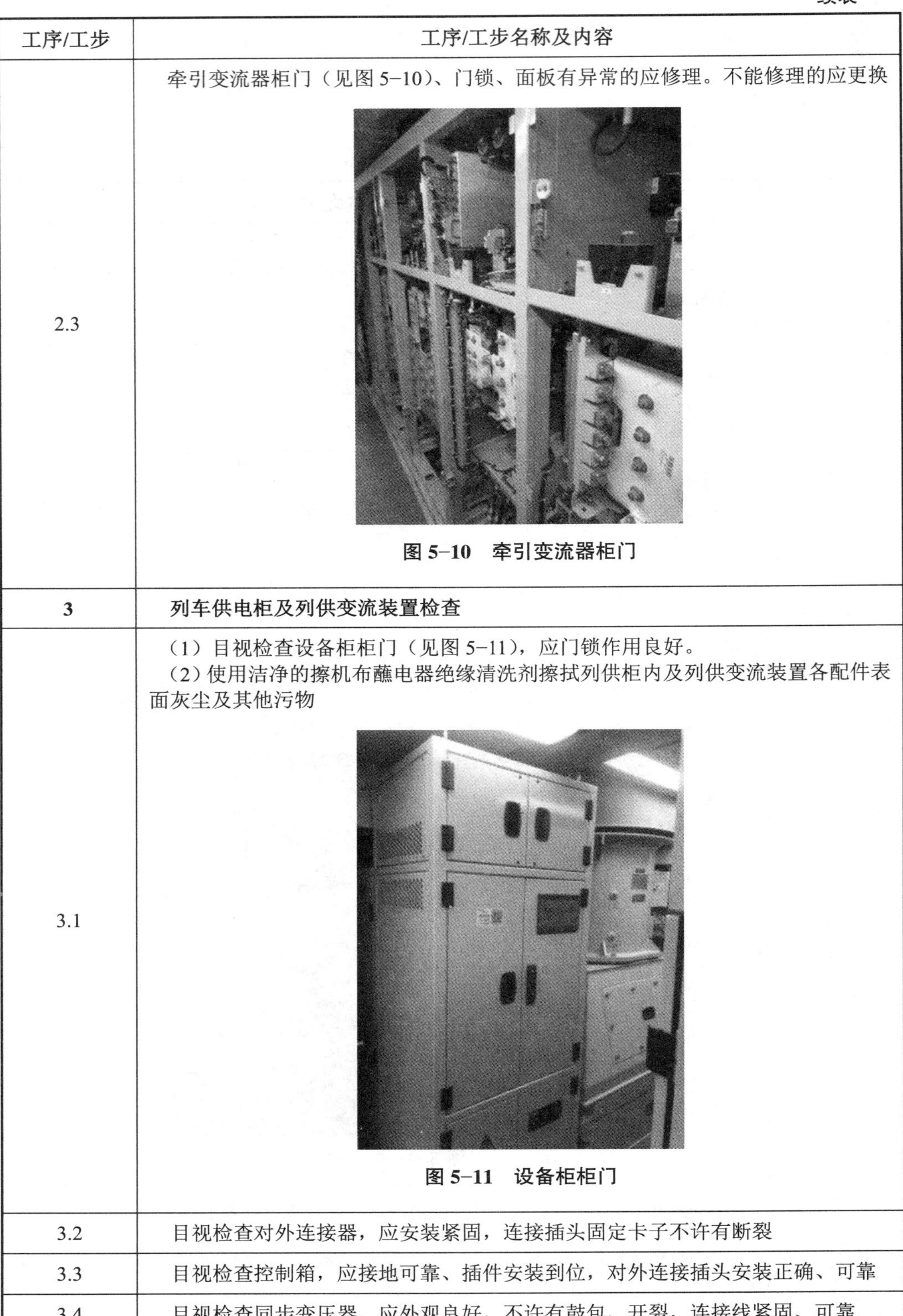

| 工序/工步 | 工序/工步名称及内容 |
|---|---|
| 2.3 | 牵引变流器柜门（见图 5-10）、门锁、面板有异常的应修理。不能修理的应更换<br>图 5-10　牵引变流器柜门 |
| **3** | **列车供电柜及列供变流装置检查** |
| 3.1 | （1）目视检查设备柜柜门（见图 5-11），应门锁作用良好。<br>（2）使用洁净的擦机布蘸电器绝缘清洗剂擦拭列供柜内及列供变流装置各配件表面灰尘及其他污物<br>图 5-11　设备柜柜门 |
| 3.2 | 目视检查对外连接器，应安装紧固，连接插头固定卡子不许有断裂 |
| 3.3 | 目视检查控制箱，应接地可靠、插件安装到位，对外连接插头安装正确、可靠 |
| 3.4 | 目视检查同步变压器，应外观良好，不许有鼓包、开裂，连接线紧固、可靠 |

续表

| 工序/工步 | 工序/工步名称及内容 |
| --- | --- |
| 3.5 | （1）目视检查内部电气连接（见图 5–12），各接触器，应安装状态良好，接线紧固、无松动；线圈无过热、烧损迹象；灭弧罩安装紧固，无烧损迹象，触头不许有烧损；连接端子及连接线不许有烧损、松动。<br>（2）用擦机布或吸尘器清洁灰尘 <br>**图 5–12 内部电气连接** |
| 3.6 | 目视检查继电器，连接端子及连接线不许有烧损、松动，各电阻安装紧固，接线端子无过热、松动 |
| 3.7 | （1）目视检查显示屏，应显示正常，插头安装可靠。<br>（2）接通控制电源，触摸屏应显示无异常，手指触摸效果正常，各个界面切换灵活 |
| 3.8 | 目视检查电压传感器、电流传感器、水压传感器、温度传感器，各接线不允许有松动，电压传感器、电流传感器在外观上无过热、变色及破损，接线紧固，导线压接良好 |
| 3.9 | 目视检查熔断器，应外观良好，不允许有烧损和接线松动 |
| 3.10 | 目视检查电容，端子连接线应紧固可靠，电容上不许有鼓包、漏液、烧损 |
| 3.11 | 目视检查可视部分，连接器、母排、连接线不许有松动、烧损、脱落 |
| 3.12 | 使用内窥镜检查快速接头，不许有松脱、漏液等 |
| **4** | **整理工具，清理现场** |
| 4.1 | （1）检查确认工具、材料全部收回，防止遗留在作业现场或动车组上。<br>（2）将所有作业工具擦拭干净，归还工具室 |
| 4.2 | 清理作业现场，清点、回收作业废料并送回材料室，领用材料与回送废料应数量一一对应，做到场清料净 |
| **5** | **记录单填写** |
|  | 填写作业记录单，要求填写准确 |

续表

| 工序/工步 | 工序/工步名称及内容 |
|---|---|
| 半年修 | |
| **1** | **工前准备** |
| 1.1 | 向工长领取并确认作业计划 |
| 1.2 | 安全注意事项如下：<br>（1）确认车列已设置防溜；<br>（2）降下受电弓，断开主断路器，变流器柜上各高压指示灯熄灭；<br>（3）挂设接地杆，插设防护信号表示牌；<br>（4）作业人员必须按规定穿戴个人防护用品（穿好防护服、绝缘鞋，戴好安全帽等）。个人防护用品不过期 |
| 1.3 | 开工前对所使用的工具、材料进行状态检查，确认其技术状态良好 |
| **2** | **变流器外观检查** |
| 2.1 | 打开柜门，检查充电电阻、固定放电电阻（见图 5-13），应外观良好、无破损 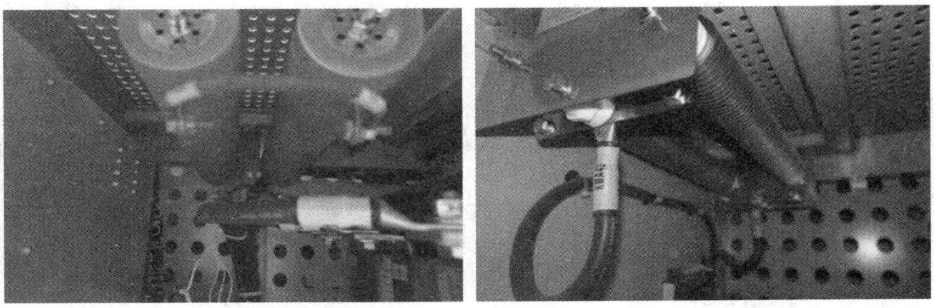<br>**图 5-13　充电电阻与固定电阻外观** |
| 2.2 | 检查直流支撑电容外观（见图 5-14），不许有鼓胀、漏液，电容连接端子不许有松动 <br>**图 5-14　直流支撑电容外观** |

续表

<table>
<tr><th>工序/工步</th><th>工序/工步名称及内容</th></tr>
<tr><td>2.3</td><td>检查充电接触器、短接接触器触头外观（见图 5–15），不许有烧损、卡滞、松动，接线不允许松动。 <br><br>图 5–15　充电接触器与短接接触器触头外观</td></tr>
<tr><td>2.4</td><td>（1）检查冷却回路外观（见图 5–16），不许有渗漏。<br>（2）使用内窥镜检查模块后部的快速接头，不许有松脱。<br>（3）检查主变流器可见各部管路，不许有渗漏 <br><br>图 5–16　冷却回路外观</td></tr>
<tr><td>3</td><td>整理工具，清理现场</td></tr>
<tr><td>3.1</td><td>（1）检查确认工具、材料全部收回，防止遗留在作业现场或动车组上。<br>（2）将所有作业工具擦拭干净，归还工具室</td></tr>
<tr><td>3.2</td><td>清理作业现场，清点、回收作业废料并送回材料室，领用材料与回送废料应数量一一对应，做到场清料净</td></tr>
<tr><td>4</td><td>记录单填写</td></tr>
<tr><td></td><td>填写作业记录单，要求填写准确</td></tr>
</table>

续表

| 工序/工步 | 工序/工步名称及内容 |
| --- | --- |
| 年度修 | |
| **1** | **工前准备** |
| 1.1 | 向工长领取并确认作业计划 |
| 1.2 | 安全注意事项如下：<br>（1）确认车列已设置防溜；<br>（2）降下受电弓，断开主断路器，变流器柜上各高压指示灯熄灭；<br>（3）挂设接地杆，插设防护信号表示牌；<br>（4）作业人员必须按规定穿戴个人防护用品（穿好防护服、绝缘鞋，戴好安全帽等）。个人防护用品不过期 |
| 1.3 | 开工前对所使用的工具、材料进行状态检查，确认其技术状态良好 |
| **2** | **变流器清洁及外观检查** |
| 2.1 | 主、辅变流器密封和清洁检查，要求：门盖板密封条状态良好；各部绝缘表面清洁，无破损裂纹；绝缘表面无放电痕迹 |
| 2.2 | 目视检查控制机箱及电子插件，电缆插头不许有松动 |
| 2.3 | （1）检查各接线，应固定螺丝齐全、紧固。<br>（2）检查、清洁各大线连接端子及铜排是否密贴，应无变形、无接触缝隙。<br>（3）检查各大线连接端子及铜排外观（见图 5-17），应无放电烧损。<br>（4）使用擦机布蘸取适量电器绝缘清洗剂清洁变流柜下部的主变压器端子及瓷瓶 <br>**图 5-17　大线连接端子及铜排外观** |
| 2.4 | 目视检查整流、逆变、辅助逆变器模块，应接线牢固，输入输出铜母排连接部位不许有烧损，门极驱动板、光纤、连接器不许有松动 |
| 2.5 | 目视检查滤波器外观（见图 5-18），不许有变形、烧损等异常现象，接线端子不允许有松动 <br>**图 5-18　滤波器外观** |

续表

| 工序/工步 | 工序/工步名称及内容 |
| --- | --- |
| 2.6 | 目视检查电压传感器、电流传感器、水压传感器、温度传感器，各接线不允许有松动，电压传感器，电流传感器外观（见图 5-19）不许有破损、开裂 <br>**图 5-19　各传感器外观** |
| **3** | **列车供电变流装置检查** |
| 3.1 | 目视检查整流模块（见图 5-20），应接线牢固，输入输出铜母排连接部位不许有烧损，门极驱动板、光纤、连接器不许有松动 <br>**图 5-20　整流模块** |
| 3.2 | 目视检查门盖板，应密封条状态良好，柜体内外部清洁 |
| **4** | **整理工具，清理现场** |
| 4.1 | （1）检查确认工具、材料全部收回，防止遗留在作业现场或动车组上。<br>（2）将所有作业工具擦拭干净，归还工具室 |
| 4.2 | 清理作业现场，清点、回收作业废料并送回材料室，领用材料与回送废料应数量一一对应，做到场清料净 |
| **5** | **记录单填写** |
|  | 填写作业记录单，要求填写准确 |

## 检查评价

见表 5-12。

**表 5-12　任务评价单**

<table>
<tr><th>序号</th><th colspan="2">检查项目</th><th>检查内容与评分标准</th><th>记录</th><th>评分</th><th>总分</th></tr>
<tr><td rowspan="2">1</td><td rowspan="2">实践过程与规范（40 分）</td><td>作业前准备（10 分）</td><td>（1）检查作业服装是否穿戴整齐、安全帽是否佩戴。<br>（2）检查检修工具完整性。<br>（3）检查受电弓是否降下，接地杆是否挂设。<br>（4）检查止轮器是否放置。<br>缺少任一项，扣除 5 分；缺少两项，扣除 10 分</td><td></td><td></td><td rowspan="2"></td></tr>
<tr><td>操作过程（30 分）</td><td>按要求完成实践操作：<br>（1）接触器外观检查；<br>（2）各接线端子外观检查；<br>（3）冷却回路外观检查；<br>（4）变流装置外观检查；<br>（5）支撑电容外观检查；<br>缺少任一项，扣除 10 分；缺少两项，扣除 30 分</td><td></td><td></td></tr>
<tr><td>2</td><td>实践结果与质量（40 分）</td><td>作业质量标准（40 分）</td><td>（1）接触器外观检查<br>□松动、灰尘　□完好、干净<br>（2）各接线端子外观检查<br>□破损、开裂　□完好<br>（3）冷却回路漏液情况<br>□渗漏　□完好<br>（4）变流装置外观检查<br>□烧损　□完好<br>（5）支撑电容外观检查<br>□鼓胀、漏液　□完好<br>缺少任一项，扣除 10 分；缺少两项，扣除 40 分</td><td></td><td></td><td></td></tr>
<tr><td rowspan="2">3</td><td rowspan="2">职业素养（20 分）</td><td>基本要求（10 分）</td><td>（1）作业环境确认，作业场所安全确认。<br>（2）“工完料净场地清”状态确认。<br>（3）个人防护用品穿戴状态确认。<br>缺少任何一项，扣除 5 分；缺少两项，扣除 10 分</td><td></td><td></td><td rowspan="2"></td></tr>
<tr><td>任务要求（10 分）</td><td>安全意识、开拓创新精神、团队意识</td><td></td><td></td></tr>
</table>

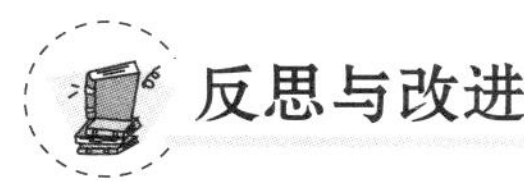

## 反思与改进

见表 5-13。

表 5-13　反思与改进记录单

| 序号 | 项目 | 收获与不足 | 改进措施 |
|---|---|---|---|
| 1 | 变流器 D2 修的流程 | | |
| 2 | D2 修外观检查项点 | | |
| 3 | 安全意识、开拓创新精神、民族自豪感 | | |

## 知识链接

### 牵引变流器的结构组成与冷却

#### 1. 牵引变流器总体

牵引变流器采用柜式结构，柜体安装有门安全联锁装置，打开主电路单元柜门之前，变流器会自动降弓、跳主断，同时中间直流回路快速放电，以保证操作人员的人身安全。箱体内部采用模块化结构，从牵引变流器柜的前面可以很容易地检修或拆装各模块：

（1）高压电气连接端子位于柜体下方，可方便地进行拆装、维护。

（2）低压连接采用连接器实现，易于更换。

（3）功率模块上安装有快速防漏接头，可以快捷简便地更换，而不需排放冷却回路中的冷却液。

各功能模块安装位置对应关系如图 5-21 及表 5-14 所示。

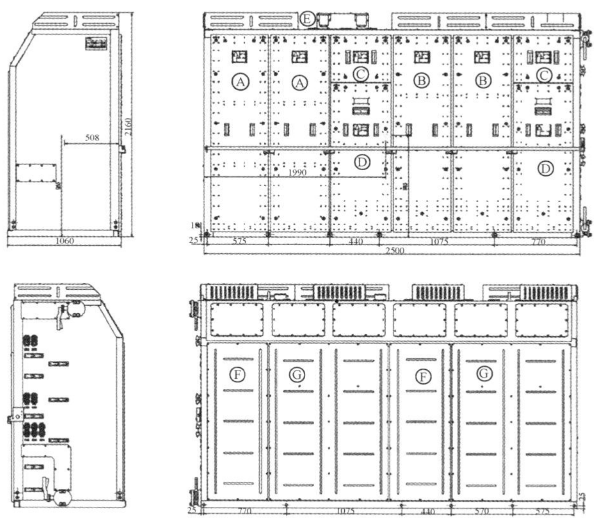


图 5-21　牵引变流器外形图（有柜门）

表 5-14 变流器外形图位置说明

| 位置 | 零件名称 | 说明 |
|---|---|---|
| A | 柜门 A | 内部主要放置 A 架支撑电容、整流模块、主逆变模块、辅助逆变模块、充电短接接触器、固定放电电阻组件、中间继电器组件、电压传感器等 |
| B | 柜门 B | 内部主要放置 B 架支撑电容、整流模块、牵引逆变模块、辅助逆变模块、充电电阻组件、斩波和辅助逆变输出电流传感器等 |
| C | 柜门 C | 内部主要为牵引控制单元、分线器、接地汇流排、电阻分流板、同步变压器和电流检测板等 |
| D | 柜门 D | 内部主要为热交换器组件（内循环风机）、电动隔离开关、高压指示灯、短接接触器等 |
| E | 柜门 E | 柜顶挡板区，内部主要为斩波电阻组件 |
| F | 柜门 F | 内部主要为内循环风机、短接接触器、电动隔离开关、二次谐振电容 |
| G | 柜门 G | 内部主要为二次谐振电容、低感母排等 |

牵引变流器采用模块化结构，通过图 5-22 可以看到牵引变流器柜内部重要电气部件的布置结构。牵引变流器中共包含 6 个逆变器模块（4 个牵引逆变器模块和 2 个辅助逆变器模块）、PWM 整流模块、牵引控制单元、短接接触器、预充电组件、内循环风机、水冷系统、二次谐振电容、辅助变压器等部件，其中变流模块等主要部件位于柜体前部，打开柜门可以方便地对其进行检修，柜体后部主要用于放置不需要维护或很少需要维护的部件，如二次谐振电容。

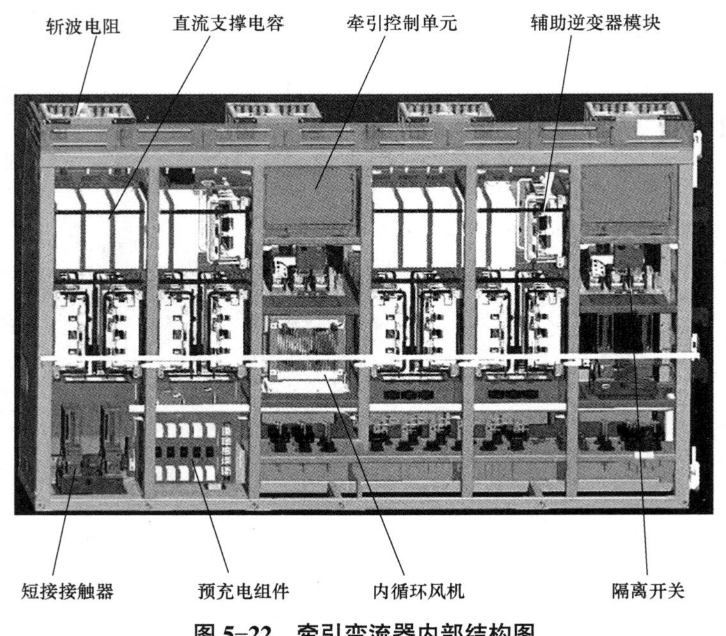


图 5-22 牵引变流器内部结构图

变流器模块采用水冷散热，冷却液由纯水和乙二醇按一定比例混合而成，通过柜体右下方的阀门输入，对变流器模块进行冷却，由柜体右上方的阀门排出；变流器安装有一个水–气热交换器，与冷却风机集成在一起，用于变流器柜体内部的空气循环与降温，防止出现局部过热点；变流器模块、热交换器与水冷管路全部采用快速接头连接，方便快捷插拔，不需要排放冷却系统中的冷却液。

**2. 牵引变流器模块说明**

牵引变流器用于控制主变压器和牵引电机之间的能量传输，进而控制牵引电机以获得所期望的转矩。牵引变流器为间接变流器，分为四象限整流、中间直流和牵引逆变等环节。整流环节控制能量的流向，并使主变压器原边具有较小的谐波和较高的功率因数（接近 1）；中间直流环节为储能环节，其作用是保持中间直流电压的稳定，实现对主变压器和牵引电机的能量解耦。另外，中间回路还设置了接地检测电路，用于对主电路接地故障进行检测。牵引逆变环节输出三相 PWM 电压，用于控制牵引电机的转矩。每台牵引变流器中的 4 个 PWM 整流模块由对应的牵引控制单元（traction control unit，TCU）单独控制，从而实现轴控。

1）牵引控制单元

牵引控制单元用于监视、控制、调节牵引变流器，牵引控制单元采用 PWM（pulse width modulator，脉冲宽度调制）整流模块四象限脉冲整流器控制，采用直接转矩控制完成对异步牵引电机的精确转矩控制，实现完全微机化、数字化的实时控制。

2）PWM 整流模块

PWM 整流模块集成了 8 个 6 500 V/750 A 的 IGBT 元件及水冷散热器、温度传感器、门控单元、门控电源、脉冲分配单元、低感母排等部件，在牵引工况下进行交—直变换，将来自主变压器的单相交流输入电压转换为直流电压，为中间直流环节提供电能；在再生制动工况时，通过中间直流环节进行直—交变换，将电能回馈给电网。

3）短接接触器和预充电电路

短接接触器用于控制牵引变流器与主变压器之间电路的通断。例如，如果牵引变流器出现故障，可以通过分断接触器将故障牵引变流器隔离，而与变压器相连的其他变流器单元不受影响。只有在无电流的状态下，该输入断路器才可以断开。当接触器处于闭合状态时，不得将其断开。

预充电电路的主要功能是：系统上电时，完成对中间直流电容的预充电。避免上电时强大的冲击电流损坏功率模块。预充电单元以并联方式连接到短接接触器上。

以图 5–23 为例，预充电单元由充电接触器 KM3A 和充电电阻 R1A 组成。当牵引变流器投入运行时，首先通过预充电单元对直流支撑电容充电，然后闭合短接接触器 KM1A。这样就减小了大的电流冲击；否则，如果输入电压突然加载到未充电的支撑电容组上，将会导致瞬间峰值电流过大。当直流支撑电压达到大于理论最大电压值的 85%后，短接接触器才可以切换至闭合状态。

4）直流支撑电容

直流支撑电容组由 5×1 mF 电容器组成，装配在变流器内，每个变流器的支撑电容共计为 10 mF（单架容量 5 mF）。作为能量存储单元，其作用是对直流支撑回路的电压进行滤波和缓冲。因为在短时间内能量的输入和能量的输出不对等，因而必须在中间直流支撑回路设置支撑电容。

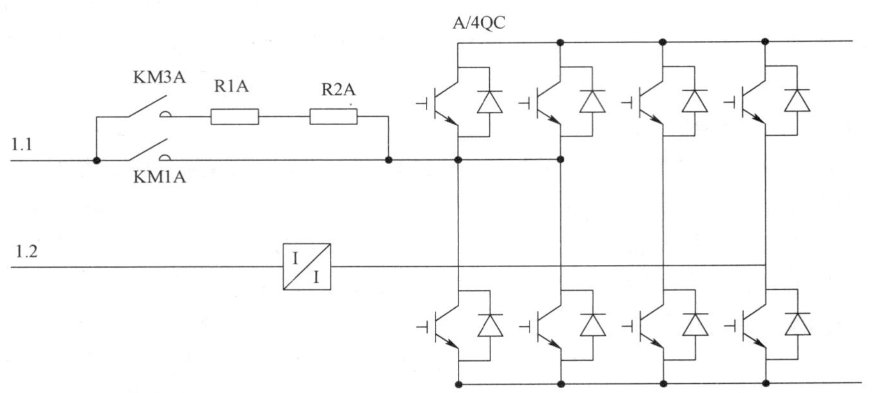


1.1、1.2—主变绕组输入端子；KM1A—短接接触器（直流接触器）；KM3A—充电接触器（直流接触器）；R1A、R2A—充电电阻（功率电阻）；4QC—四象限整流器。

**图 5–23　输入电路**

### 3. 牵引变流器冷却

牵引变流器的冷却分为内部冷却与外部冷却两个回路。牵引变流器内部布置有冷却循环管路，它依靠外部冷却塔（见图 5–24）进行换热，之后再将冷却后的冷却液循环进牵引变流器内部管路进行热交换，以此循环，完成牵引变流器的冷却散热。

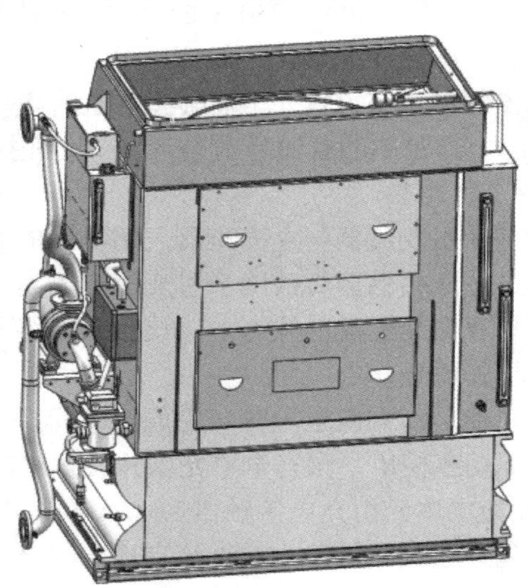

**图 5–24　冷却塔三维实体**

CR200J 型动力集中型动车组冷却塔（LQT–024）兼具变压器与变流器两者的冷却功能，冷却介质有冷却水和冷却油，冷却塔采用双循环冷却设计，其结构如图 5–25 所示。在冷却风机的作用下，冷却空气与水/油复合散热器进行热交换，将热量散发到环境空气中。

牵引变流器与冷却塔相邻布置，一方面可节省管路材料，另一方面尽可能减少管路阻力，减小水泵功率。

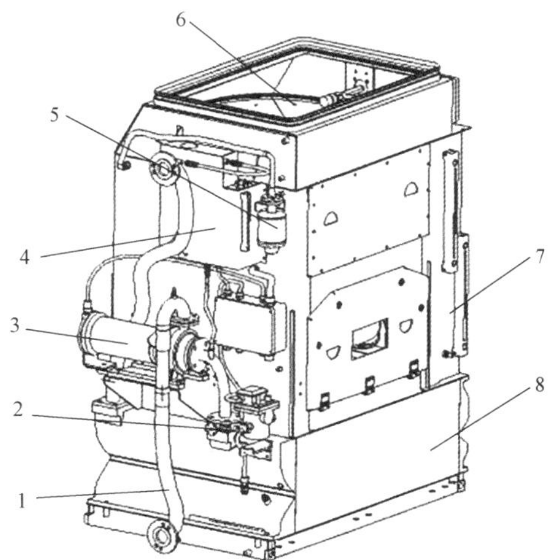


1—变流器进水管；2—布赫继电器；3—冷却水泵；4—膨胀水箱；5—吸湿器；6—主冷风机；7—副油箱；8—复合散热器。

**图 5-25　冷却塔主要部件说明**

变流器工作时将产生大量的热量，通过内部冷却管路中冷却液进行热交换，变流器内部冷却循环示意图如图 5-26 所示。在冷却风机的作用下，变流器回路中的冷却液通过强制风冷换热冷却，在冷却泵的压力作用下，克服水路阻力，将散热后的冷却液从变流器进水管重新送回变流器，完成冷却循环。

**图 5-26　变流器内部冷却循环示意图**

## 习　题

1. CR200J 型动力集中型动车组牵引变流器主要由哪些部件组成？
2. CR200J 型动力集中型动车组牵引变流器中间支撑电容的作用是什么？
3. CR200J 型动力集中型动车组牵引变流器采用什么样的冷却方式？
4. CR200J 型动力集中型动车组牵引变流器预防性维修的内容主要有哪些？
5. 牵引控制单元（TCU）的作用是什么？

# 任务 5.3 变流器模块的更换性维修

## 教学目标

1. 了解变流器模块更换性维修概念，能辨析其与预防性维修的区别；
2. 掌握牵引变流器变流和逆变的原理，具备变流模块与逆变模块故障检修能力；
3. 掌握牵引变流器模块更换方法，具备更换模块的实践能力；
4. 掌握专用工具的使用方法，能够正确使用开口扳手、定扭矩电扳手等工具；
5. 培养学生国家认同感，树立行业自信。

## 任务描述

通过对牵引变流器的变流模块进行更换性维修训练，使学生进一步掌握牵引变流器的内部结构，了解牵引变流器更换性维修的整体工艺流程，理解变流模块与逆变模块的异同点及工作原理，最后学会根据螺栓规格使用正确的紧固扳手，进一步熟悉牵引变流器关键部件检修的工艺和方法。表 5–15 为本任务的任务清单。

**表 5–15 任务清单**

| 序号 | 任务内容 | 任务要求 |
|---|---|---|
| 1 | 牵引变压器的内部结构 | 了解牵引变流器内部各模块所在位置 |
| 2 | 更换性维修的一般工艺流程 | 能准确列出牵引变流器变流模块的更换性维修的一般工艺流程 |
| 3 | 变流模块更换性维修作业内容 | 能够动手更换变流模块等关键部件 |
| 4 | 专用工具 | 能够正确使用接地杆、开口扳手、六角扳手、定扭矩电扳手等工具，熟悉工具维护、保养措施 |

## 任务分析

见表 5–16。

表 5–16　知识/技能点确认单

| 序号 | 知识/技能点 | 答案 | 自我评价 |
| --- | --- | --- | --- |
| 1 | 简述牵引变流器内部各模块位置及名称 | | |
| 2 | 描述变流模块更换性检修的一般过程 | | |
| 3 | 牵引变流器变流及逆变的工作原理是什么？ | | |

## 制订计划

见表 5-17。

**表 5-17　小组决策单**

**1. 计划参与人**

负责人：________________小组成员：________________________________________

**2. 讨论决策及方案**

（1） 人员分工

________________________________________________________________

________________________________________________________________

（2） 工量具、工装

| 序号 | 名称 | 数量 | 规格/型号 |
|---|---|---|---|
| 1 | | | |
| 2 | | | |
| 3 | | | |
| 4 | | | |
| 5 | | | |
| 6 | | | |

（3）安全事项

________________________________________________________________

________________________________________________________________

________________________________________________________________

________________________________________________________________

（4） 工艺方案

________________________________________________________________

________________________________________________________________

________________________________________________________________

________________________________________________________________

**3. 小组互换决策**

| 优点 | 缺点 | 综合评价/A B C D E |
|---|---|---|
| | | |

## 任务实施

见表 5–18。

**表 5–18　任务实施方案**

| 工序/工步 | 工序/工步名称及内容 |
|---|---|
| **1** | **工前准备** |
| 1.1 | 向工长领取并确认作业计划 |
| 1.2 | 安全注意事项如下：<br>（1）确认车列已设置防溜；<br>（2）降下受电弓，断开主断路器，变流器柜上各高压指示灯熄灭；<br>（3）挂设接地杆，插设防护信号表示牌；<br>（4）作业人员必须按规定穿戴个人防护用品（穿好防护服、绝缘鞋，戴好安全帽等）。个人防护用品不过期 |
| 1.3 | 开工前对所使用的工具、材料进行状态检查，确认其技术状态良好 |
| **2** | **拆卸盖板** |
|  | 找出变流模块所在位置，使用扳手拆除保护盖板紧固螺栓，将保护盖板和紧固螺栓小心保存，防止丢失及碰伤其他部件 |
| **3** | **拆卸管路及电气连接** |
| 3.1 | 拆除接头（每个整流模块有两个快速接头，见图 5–27）。为了防止冷却液滴入牵引变流器，在拆除接头的时候，应该使用一块干净的抹布将接头包裹起来<br>快速接头<br>**图 5–27　冷却系统快速接头** |
| 3.2 | 拆除与变流模块相连的所有控制连接器及相关电缆。<br>**注意：** 控制器及电缆接头须用塑料袋和扎带做好防护，防止异物进入 |
| **4** | **更换变流模块** |
| 4.1 | 拆除变流模块与框架安装螺栓（6×M8，扳手规格 13）、电源连接头与框架连接螺栓（12×M8，扳手规格 13） |
| 4.2 | 抓握两侧把手，缓慢地将模块拉出 |

续表

| 工序/工步 | 工序/工步名称及内容 |
|---|---|
| 4.3 | 使用升降台抬升模块，将模块推入安装槽，这一工作需要两位维修人员共同完成。注意周边管路和电缆，防止挤压 |
| 4.4 | 用一个套筒扳手（6×M8，外六角螺钉，扳手规格 13，紧固扭矩 25 N·m）拧紧安装螺栓 |
| 4.5 | 连接冷却系统快速接头、控制器及相关电缆 |
| 4.6 | 拧紧电源连接接头（12×M8，扳手规格 13，紧固扭矩 15 N·m） |
| 4.7 | 插入控制连接器，插入水接头，确保可靠紧固 |
| **5** | **整理工具，清理现场** |
| 5.1 | （1）检查确认工具、材料全部收回，防止遗留在作业现场或动车组上。<br>（2）将所有作业工具擦拭干净，归还工具室 |
| 5.2 | 清理作业现场，清点、回收作业废料并送回材料室，领用材料与回送废料应数量一一对应，做到场清料净 |
| **6** | **记录单填写** |
|  | 填写作业记录单，要求填写准确 |

## 检查评价

见表 5-19。

**表 5-19　任务评价单**

| 序号 | 检查项目 | | 检查内容与评分标准 | 记录 | 评分 | 总分 |
|---|---|---|---|---|---|---|
| 1 | 实践过程与规范（40 分） | 作业前准备（10 分） | （1）检查作业服装是否穿戴整齐、安全帽是否佩戴。<br>（2）检查检修工具完整性。<br>（3）检查受电弓是否降下，接地杆是否挂设。<br>（4）检查止轮器是否放置。<br>缺少任一项，扣除 5 分；缺少两项，扣除 10 分 | | | |
| | | 操作过程（30 分） | 按要求完成实践操作：<br>（1）盖板拆除；<br>（2）拆除冷却系统水接头及电气连接；<br>（3）更换变流模块；<br>（4）螺栓紧固；<br>（5）管路及电气连接。<br>缺少任一项，扣除 10 分；缺少两项，扣除 30 分 | | | |

续表

<table>
<tr><th>序号</th><th colspan="2">检查项目</th><th>检查内容与评分标准</th><th>记录</th><th>评分</th><th>总分</th></tr>
<tr><td>2</td><td>实践结果与质量（40 分）</td><td>作业质量标准（40 分）</td><td>（1）冷却系统，快速接头防护情况<br>□包扎完好　　□裸露<br>（2）电源连接紧固螺栓扭矩=______<br>（3）拆除变流模块连接螺栓所使用扳手规格为<br>缺少任一项，扣除 10 分；缺少两项，扣除 40 分</td><td></td><td></td><td></td></tr>
<tr><td rowspan="2">3</td><td rowspan="2">职业素养（20 分）</td><td>基本要求（10 分）</td><td>（1）作业环境确认，作业场所安全确认。<br>（2）“工完料净场地清”状态确认。<br>（3）个人防护用品穿戴情况确认。<br>缺少任何一项，扣除 5 分；缺少两项，扣除 10 分</td><td></td><td></td><td></td></tr>
<tr><td>任务要求（10 分）</td><td>国家认同感、行业自信心</td><td></td><td></td><td></td></tr>
</table>

## 反思与改进

见表 5-20。

**表 5-20　反思与改进记录单**

| 序号 | 项目 | 收获与不足 | 改进措施 |
|---|---|---|---|
| 1 | 逆变模块更换性维修的流程 | | |
| 2 | 逆变模块更换性维修内容 | | |
| 3 | 国家认同感、行业自信 | | |

## 知识链接

### 1. 主电路工作原理

一台动力集中型动车组配置 2 台牵引变流器（A 节和 B 节），每台牵引变流器由 2 套完全独立的主电路构成，分别向 1 节机车的 4 台电机和 2 组辅助系统供电。

下面以第一个主电路单元说明牵引变流器主电路的工作原理（见图 5-29）。牵引变压器牵引绕组 1.1-1.2 输入电压首先经由 KM3A、R1A～R2A 组成的充电回路对直流回路的支撑电容充电，充电完成后闭合短接接触器 KM1A。牵引工况时单相工频电网电压经四象限 PWM 整流器整流为 3 600 V 直流电压，再经逆变器逆变为三相 VVVF 电压供给牵引电机；再生制动工况时牵引电机发出的三相电压经整流、逆变后通过牵引变压器、受电弓反馈回电网。

（1）谐振电抗器 L2A（集成在变压器内部）和谐振电容（C21A～C26A）组成二次谐振回路，用于滤除四象限 PWM 整流器输出的二次谐波电流。

（2）Rch1A～Rch2A 为过压斩波电阻，用于直流回路的过电压抑制及停机后的快速放电。

（3）R5A～R10A 为固定放电电阻，用于快速放电回路故障后将支撑电容上的电压放至安全电压以下。

（4）LH1A～LH8A 为电流传感器，分别用于检测变流器四象限输入电流、主逆变输出电流和斩波电流。

（5）VH1A、VH2A 和 VH3A 为电压传感器，分别用于检测牵引变流器直流回路全电压和半电压。辅变模块从中间回路取电，经变压器后输出 3 AC 380 V，给车上的辅助设备供电。

（6）LH9A～LH11A 为电流传感器，分别用于检测辅变输出电流（变压器原边侧）。

（7）VH4A、VH5A 和 VH6A 为电压传感器，分别用于辅变输出电压（变压器次边侧）。

（8）QS1A～QS3A 为隔离开关，正常工况下，主触头 QS1A：A1–A2、QS2A：A3–A4、QS3A：A5–A6 处于常闭状态；高压辅助触头 QS1A：21–22、QS2A：21–22、QS3A：21–22 处于常开状态。当某牵引功率单元的变流模块故障时，相应的隔离开关可以分断，对应的辅助触头将该中间回路正负极短路。例如：当 4QC1 模块发生故障导致该中间回路短路时，QS2A：A3–A4 断开，QS2A：21–22 闭合。

图 5–28 中，各支路序号说明如表 5–21 所示。

**表 5–21　变流器内部支路序号说明**

| 序号 | 说明 |
|---|---|
| ① | 短接接触器，以及充电接触器、充电电阻组成的预充电电路 |
| ② | 四象限 PWM 整流器 |
| ③ | 含支撑电容器等的直流支撑回路 |
| ④ | 接地检测单元 |
| ⑤ | 含谐振电容器等谐振电路，谐振电抗器外设 |
| ⑥ | PWM 脉宽调制逆变 |
| ⑦ | 辅助逆变器 |
| ⑧ | 电动隔离开关 |
| ⑨ | 含过压斩波电阻等的保护模块单元 |
| ⑩ | 四象限输入电流传感器 |
| ⑪ | 牵引逆变输出电流传感器 |
| ⑫ | 辅助逆变输出电压和电流传感器 |

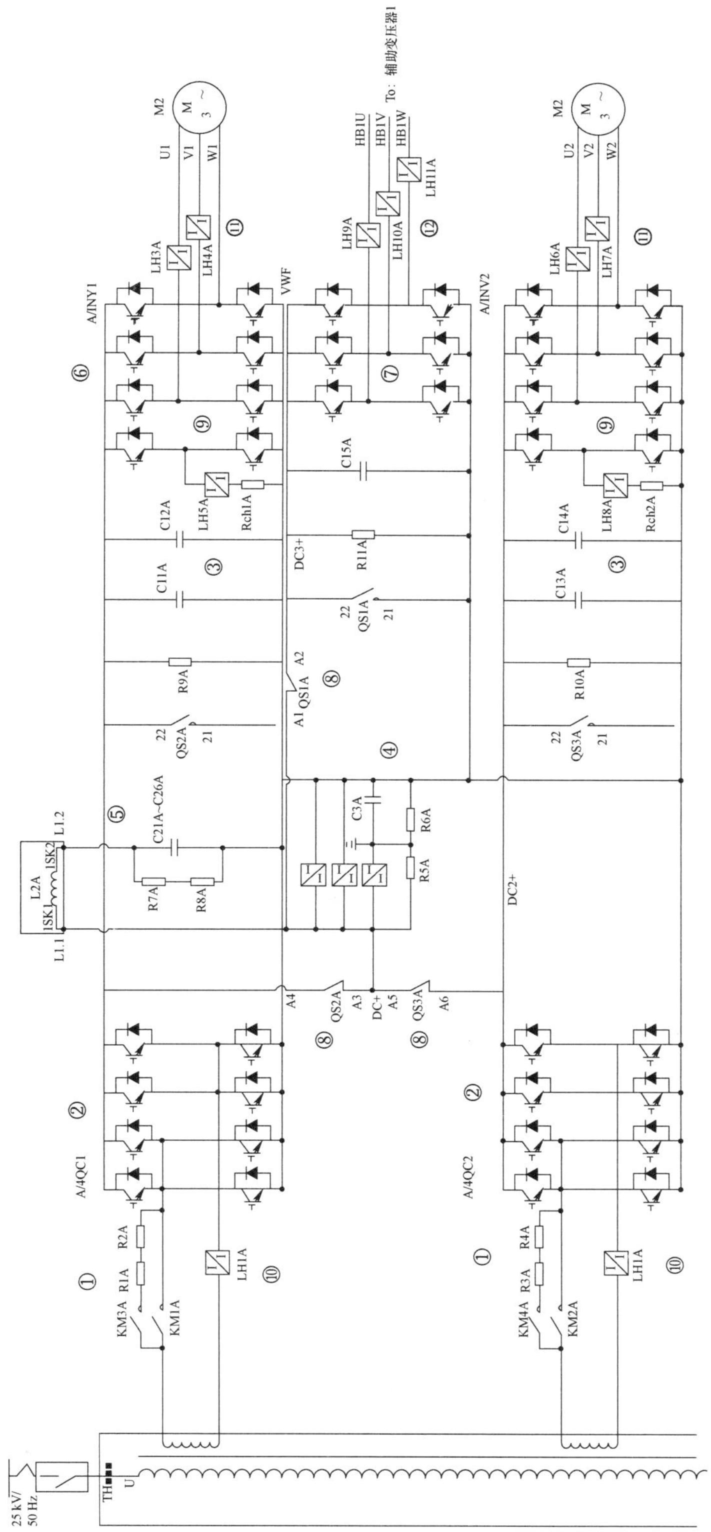

图 5-28　一台牵引变流器的一条支路概略图

### 2. 四象限脉冲整流器

1）四象限脉冲整流器参数

输入电压：4×AC 2 011 V（AC 1 408～2 494 V）/50 Hz

额定输入电流：4×803 A

最大输入电流：4×890 A

短时（30 min）最大输入电流：4×911 A

开关频率：250 Hz

IGBT 元件：6 500 V/750 A

外形尺寸：763 mm×480 mm×185 mm

质量：51 kg

2）四象限脉冲整流器工作原理

四象限脉冲整流器在牵引工况下进行交—直变换，将来自主变压器的单相交流输入电压转换为直流电压，为中间直流回路提供电能；在再生制动工况时，通过中间直流回路进行直—交变换，将电能回馈给电网。四象限整流器（4QC）这一术语表示的是在牵引工况以及制动工况下，电压和电流间的相位角是完全可调节的。通过对电压和电流间的相位角的控制，能够在全部四个象限内工作，从而实现能量的双向流动。

采用 IGBT 功率模块的四象限整流器，由高运算处理能力的数字信号处理芯片（DSP）产生 PWM 脉冲进行控制。当电机工作在电动机状态的时候，整流控制单元的 DSP 产生高频的 PWM 脉冲、控制整流侧 IGBT 的开通和关断。IGBT 的开通和关断与输入电抗器共同作用产生了与输入电压相位一致的正弦电流波形，这样就消除了二极管整流桥产生的谐波。使功率因数高达 99%，消除了对电网的谐波污染。此时能量从电网经由整流回路和逆变回路流向电机，变流器工作在第一、第三象限。

当电机工作在发电状态的时候，电机产生的能量通过逆变侧的二极管回馈到直流母线，当直流母线电压超过一定的值后，整流侧能量回馈控制部分启动，将直流电逆变成交流电，通过控制逆变电压相位和幅值将能量回馈到电网，达到节能的效果。此时能量由电机通过逆变侧、整流侧流向电网，变流器工作在第二、第四象限。

在一个转向架控制中，有两台四象限整流器，组成两重四象限变流电路。一个四象限整流器由两个相位模块（半桥）组成，如图 5-29 所示。

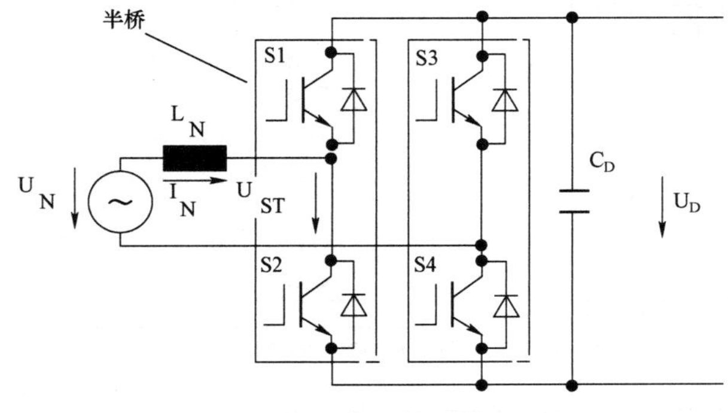


**图 5-29　四象限整流器原理图**

图 5–29 中，$L_N$ 作为输入电抗器，在主变绕组制作中已考虑了其电感量：电动机状态下起储能作用，形成正弦电流波形；在发电机状态下，起滤波作用，滤掉电流波形中的高频成分。变流模块由 IGBT 功率元件、驱动板、检测板、脉冲分配板等保护监测单元组成。IGBT 是电子开关元件，其开通和关断的频率相对较高。当整流器中电流处于正弦波的正半波时，S2 或 S3 两个 IGBT 开关中的一个处于开通状态，变压器次边绕组处于短路状态，电流开始上升。此时，如果原来开通的 IGBT 关断，由于变压器存在漏电感，电流不能被中断。电流通过 IGBT 开关 S1 或 S4 的续流二极管流入直流支撑回路并缓慢降低。利用这一原理，电流就可以围绕一个参考值上下波动且 $\cos\varphi$ 和直流支撑电压值能保持在要求的范围内。IGBT 开关频率决定每个周期的脉冲数量，脉冲频率越高，越能精确地追踪参考电流值。

## 习　题

1. 在进行管路与电气接头维护时，应注意什么？
2. 简述变流器工作原理。
3. 变流模块更换需要使用的工具有哪些？
4. 变流器更换性维修的一般流程是什么？
5. 变流器更换性维修前的准备工作有哪些？

项目 6
# 牵引电机的控制与检修

# 任务 6.1 牵引电机的预防性维修

## 教学目标

1. 掌握牵引电机预防性检修的维修等级，具备牵引电机外观检查的能力；
2. 掌握牵引电机的维修计划及具体维修作业内容，具备提前检查和排错能力；
3. 培养学生“安全无小事”的责任意识和精益求精的“大国工匠”精神；
4. 培养学生民族自信心、自豪感、集体荣誉感。

## 任务描述

通过对牵引电机开展预防性维修实训，使学生进一步熟悉牵引电机的结构，掌握牵引电机的维修等级及具体维修作业内容，学会使用专业工具开展预防性维修，树立“安全无小事”的责任意识和质量意识。表 6-1 为本任务的任务清单。

**表 6-1 任务清单**

| 序号 | 任务内容 | 任务要求 |
| --- | --- | --- |
| 1 | 牵引电机预防性维修的维修等级设计 | 能够详细描述牵引电机预防性维修的维修等级 |
| 2 | 牵引电机预防性维修一般工艺流程设计 | 能够列出牵引电机预防性维修的一般工艺流程 |
| 3 | 牵引电机不同维修等级的具体维修作业内容 | 能够详细设计各部件的维修内容并开展维修作业 |

## 任务分析

见表 6–2。

**表 6–2　知识/技能点确认单**

| 序号 | 知识/技能点 | 答案 | 自我评价 |
|---|---|---|---|
| 1 | 简述牵引电机预防性维修的维修等级 | | |
| 2 | 设计牵引电机的维修计划 | | |
| 3 | 详细设计各部件不同维修等级下的检修内容与要求 | | |

## 制订计划

见表 6-3。

**表 6-3　小组决策单**

**1. 计划参与人**

负责人：______________小组成员：______________________________

**2. 讨论决策及方案**

（1） 人员分工

______________________________________________

______________________________________________

（2）工量具、工装

| 序号 | 名称 | 数量 | 规格/型号 |
|---|---|---|---|
| 1 | | | |
| 2 | | | |
| 3 | | | |
| 4 | | | |
| 5 | | | |
| 6 | | | |

（3）安全事项

______________________________________________

______________________________________________

______________________________________________

______________________________________________

（4） 工艺方案

______________________________________________

______________________________________________

______________________________________________

______________________________________________

**3. 小组互换决策**

| 优点 | 缺点 | 综合评价/A B C D E |
|---|---|---|
| | | |

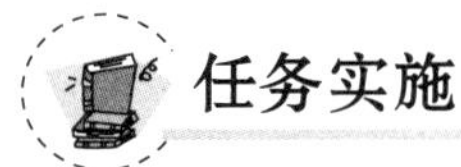

## 任务实施

见表6-4。

**表6-4　任务实施方案**

| 工序/工步 | 工序/工步名称及内容 |
| --- | --- |
| **1** | **D1修** |
| 牵引电机外观 | （1）各紧固件状态及其防松标识状态良好。<br>（2）检查螺栓有无松动情况，机座和端盖不许有裂纹、损伤，电机铭牌完好、清晰、牢固。<br>（3）下部排水孔不许堵塞。<br>（4）外观清洁，轴承附近区域不许有积油或大片油渍。<br>（5）油嘴不许有松动及破损，油道畅通。<br>（6）传感器插座紧固牢靠，电缆不许有破损，电缆护套不许有裂纹；固定夹齐全，固定可靠 |
| **2** | **D2修（季度）、D2修（半年）、D2修（年度）** |
| 牵引电机外观 | （1）各紧固件状态及其防松标识状态良好。<br>（2）检查螺栓有无松动情况，机座和端盖不许有裂纹、损伤，电机铭牌完好、清晰、牢固。<br>（3）下部排水孔不许堵塞。<br>（4）外观清洁，轴承附近区域不许有积油或大片油渍。<br>（5）油嘴不许有松动及破损，油道畅通。<br>（6）传感器插座紧固牢靠，电缆不许有破损，电缆护套不许有裂纹；固定夹齐全，固定可靠 |
| 轴承 | 电机轴承（N端）补充润滑脂 |
| **3** | **D3修** |
| 牵引电机外观 | （1）各紧固件状态及其防松标识状态良好。<br>（2）检查螺栓有无松动情况，机座和端盖不许有裂纹、损伤，电机铭牌完好、清晰、牢固。<br>（3）下部排水孔不许堵塞。<br>（4）外观清洁，轴承附近区域不许有积油或大片油渍。<br>（5）油嘴不许有松动及破损，油道畅通。<br>（6）传感器插座紧固牢靠，电缆不许有破损，电缆护套不许有裂纹；固定夹齐全，固定可靠 |
| 轴承 | 电机轴承（N端）补充润滑脂 |
| 定子 | 测量定子对地绝缘电阻；测量定子冷态直流电阻 |
| **4** | **D4修** |
| 牵引电机外观 | 清洗并解体 |
| 电机解体前检查 | 测量绕组绝缘电阻、轴承运行状态，检查电机振动情况 |

续表

| 工序/工步 | 工序/工步名称及内容 |
| --- | --- |
| 转子 | （1）检查端环、导条表面状况。<br>（2）检查导条与端环焊接情况。<br>（3）检查平衡块紧固状态，转子须做动平衡试验。<br>（4）检查轴承挡的直径、轴伸端锥面跳动量。<br>（5）对轴进行磁粉探伤。<br>（6）对转子进行清洁 |
| 轴承 | 更换轴承 |
| 定子 | （1）定子清洁。<br>（2）机座不许有裂纹，螺纹不许有损坏，表面油漆良好。<br>（3）检查定子线圈接头部位的状态、定子线圈外部绝缘状态，连接线的绝缘或接头如损坏则应更换。<br>（4）测量线圈对地绝缘电阻、冷态直流电阻。<br>（5）做耐压试验 |
| 端盖 | （1）进行外观检查并清洁。<br>（2）检查端盖止口、通大气孔、轴承盖、封环状态。<br>（3）更换 O 形密封圈 |
| 速度传感器 | 绝缘强度检查，每转发送脉冲数检查 |
| 温度传感器 | 对地绝缘检查，电阻值测量 |
| 接线盒 | （1）接线盒盖板不许有变形、破损。<br>（2）开盖检查接线座、引出线，内部接线不许有放电、灼伤，内部清洁。<br>（3）接线盒盖表面密封胶须清除，安装接线盒盖前涂胶 |
| 组装、试验 | （1）直流电阻测量，绝缘电阻试验，绝缘耐压试验，空载试验。<br>（2）检查异常振动或异音及轴承温升，测量轴承装配游隙，检查轴伸径跳 |
| **5** | **D5 修和 D6 修** |
| 牵引电机外观 | 清洗并解体 |
| 电机解体前检查 | 测量绕组绝缘电阻、轴承运行状态，检查电机振动情况 |
| 转子 | （1）检查端环、导条表面状况。<br>（2）检查导条与端环焊接情况。<br>（3）检查平衡块紧固状态，转子须做动平衡试验。<br>（4）检查轴承挡的直径、轴伸端锥面跳动量。<br>（5）对轴进行磁粉探伤。<br>（6）对转子进行清洁 |
| 轴承 | 更换轴承 |
| 定子 | （1）定子清洁。<br>（2）机座不许有裂纹，螺纹不许有损坏，表面油漆良好。<br>（3）检查定子线圈接头部位的状态、定子线圈外部绝缘状态，连接线的绝缘或接头如损坏则应更换。<br>（4）测量线圈对地绝缘电阻、冷态直流电阻。<br>（5）做耐压试验 |

续表

| 工序/工步 | 工序/工步名称及内容 |
| --- | --- |
| 端盖 | （1）进行外观检查并清洁。<br>（2）检查端盖止口、通大气孔、轴承盖、封环状态。<br>（3）更换 O 形密封圈 |
| 速度传感器 | 更新 |
| 温度传感器 | 更新 |
| 接线盒 | （1）接线盒盖板不许有变形、破损。<br>（2）开盖检查接线座、引出线，内部接线不许有放电、灼伤，内部清洁。<br>（3）接线盒盖表面密封胶须清除，安装接线盒盖前涂胶 |
| 组装、试验 | （1）直流电阻测量，绝缘电阻试验，绝缘耐压试验，空载试验。<br>（2）检查异常振动或异音及轴承温升，测量轴承装配游隙，检查轴伸径跳 |

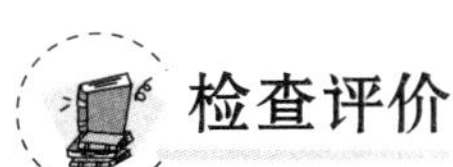

## 检查评价

见表 6–5。

**表 6–5　任务评价单**

| 序号 | 检查项目 | | 检查内容与评分标准 | 记录 | 评分 | 总分 |
| --- | --- | --- | --- | --- | --- | --- |
| 1 | 实践过程与规范（40 分） | 作业前准备（10 分） | （1） 检查作业服装是否穿戴整齐、安全帽是否佩戴。<br>（2） 检查检修工具校验日期是否在有效期内。<br>缺少任一项，扣除 5 分；缺少两项，扣除 10 分 | | | |
| | | 操作过程（30 分） | 按要求完成实践操作：<br>（1） D1 修检修内容；<br>（2） D2 修检修内容；<br>（3） D3 修检修内容；<br>（4） D4 修检修内容；<br>（5） D5 修检修内容；<br>（6） D6 修检修内容。<br>缺少任一项，扣除 10 分；缺少两项，扣除 30 分 | | | |
| 2 | 实践结果与质量（40 分） | 作业质量标准（40 分） | （1） 定子<br>对地绝缘电阻=________<br>冷态直流电阻=________<br>（2） 绕组<br>绝缘电阻=________<br>（3） 绝缘耐压试验<br>□良好　　□故障<br>（4） 空载试验<br>□良好　　□故障 | | | |

续表

| 序号 | 检查项目 | | 检查内容与评分标准 | 记录 | 评分 | 总分 |
|---|---|---|---|---|---|---|
| 3 | 职业素养（20 分） | 基本要求（10 分） | （1）作业环境确认，作业场所安全确认。<br>（2）“工完料净场地清”状态确认。<br>缺少任何一项，扣除 5 分；缺少两项，扣除 10 分 | | | |
| | | 任务要求（10 分） | （1）“安全无小事”的责任意识。<br>（2）精益求精的“大国工匠”精神 | | | |

## 反思与改进

见表 6–6。

**表 6–6　反思与改进记录单**

| 序号 | 项目 | 收获与不足 | 改进措施 |
|---|---|---|---|
| 1 | 牵引电机外观检查方法 | | |
| 2 | 绝缘电阻的测量方法 | | |
| 3 | 冷态直流电阻的测量方法 | | |
| 4 | 绝缘耐压试验、空载试验方法 | | |
| 5 | 专用工具的使用 | | |
| 6 | “安全无小事”的责任意识及精益求精的“大国工匠”精神 | | |

## 知识链接

### 牵引电机的结构与工作原理

牵引电机是机车进行机械能和电能相互转换的重要部件。它安装在机车转向架上，通过传动装置与轮对相连。机车在牵引状态时，牵引电机将电能转换成机械能，驱动机车运行。机车在制动状态时，牵引电机将列车的机械能转化为电能，产生列车的制动力。

CR200J 型动力集中型动车组采用的是 YQ–1430–1 型牵引电机，该牵引电机具有体积小、功率大、效率高、恒功范围宽、维护量小等优点。

在下列条件下，该牵引电机能按机车额定功率正常工作：

（1）海拔不超过 2 500 m。在海拔 1 400 m、环境温度 40 ℃，海拔 2 500 m、环境温度 32.5 ℃条件下，连续在最大功率状态下运行时不应出现功率限制。

（2）环境温度（遮荫处）−40～+40 ℃。

（3）月平均最大相对湿度为 95%（该月月平均最低温度不低于 25 ℃）。

（4）能承受风、雨、雪、盐雾、煤尘和偶有沙尘暴的侵袭。

YQ−1430−1 型牵引电机由定子、转子、端盖、轴承及总装零件等零部件构成。

**1. 牵引电机的结构**

1）定子

定子是牵引电机中静止不动的部分，主要由铁心、绕组和机座组成。铁心由电气绝缘硅钢片叠制而成，两端通过四块焊接筋板连接到定子压圈，形成定子机座。绕组嵌入铁心的槽内。这些槽通过槽楔密封。定子线圈的并头、定子线圈回路环和定子引出线均采用铜焊连接。定子引出线通过螺栓固定在接线盒内的接线座上，接线盒用盖板密封。定子及绕组真空浸渍，满足热等级 200 ℃的要求。

电机进风口在定子的 N 端。

2）转子

转子是牵引电机中的旋转部分，主要由转轴、铁心和绕组组成。铁心由电工绝缘硅钢片叠制而成，与左右各一个转子压圈一起热套在转轴上。转子具有轴向通风道，用于冷却。转子铜条嵌在铁心槽内。转子铜条与两端的端环钎焊在一起形成鼠笼绕组。转子护环热套在端环上，用于保护端环。测速齿盘安装在 N 端轴伸上。每个转子压圈有一个平衡块安装槽，槽内用螺钉固定有平衡块。使用这些平衡块保持整个转子的动态平衡。

转轴 D 端有一个锥形孔，联轴节安装在该锥形孔中。通过齿啮合将联轴节连接到小齿轮轴。预拉紧的大螺杆维持小齿轮轴传动装置的轴向锁定。

3）轴承、端盖及总装零件

小齿轮轴通过两个圆柱形滚子轴承支撑在 D 端端盖内。小齿轮轴的 D 端还装有一个四点轴承，可轴向定位转子。圆柱形滚子轴承和四点轴承通过齿轮润滑油润滑。电机内部 D 端通过一个迷宫式密封环实现密封。

N 端端盖为球墨铸铁结构，设有一个注油油路和一个尺寸适合使用的油脂室，安装通过油脂润滑的圆柱形滚子轴承，通过电机内部间隙密封件实现密封。在端盖下方开设有观察窗。

在非传动端轴承盖上装有转速传感器，转速传感器给出两路相差 90° 的速度信号，这两个信号用来测量电机转速以便对电机进行控制。

在定子铁心轭部安装有温度传感器 PT100，用于监测电机的温度，以及防止电机过热。

**2. 牵引电机工作原理**

定子通上三相交流电后，在气隙中产生旋转的磁场，该磁场切割转子导条后在转子导条中产生感应电流，带电的转子导条处于气隙旋转磁场中就要产生电动力，使转子朝定子旋转磁场的同一方向旋转。由于转子导条中的电流是因转子导条切割由定子绕组产生的气隙磁场才感应产生的，所以转子的转速只能低于气隙旋转磁场的转速，永远不可能与其同步，否则转子导条与气隙磁场同步旋转，转子导条不再切割磁场产生感应电流和电动力，转子也就不可能旋转了，所以称按这种原理运行的电机为异步电机，牵引电机就是这种异步电机。

1）调速原理

牵引电机调速采用变频变压调速技术。异步电机转速、电动势和电磁转矩公式如下：

$$\text{转速}\quad n=\frac{60f}{p}(1-s)$$

$$\text{电动势}\quad E_1=4K_1 f N_s K_{dp1}\Phi$$

$$\text{电磁转矩}\quad T_{em}=C\Phi I_r\cos\varphi$$

式中，$n$ 为转速；$f$ 为定子频率；$s$ 为转差率；$p$ 为电机极对数；$E_1$ 为电动势；$K_1$ 为波形系数；$N_s$ 为每相串联匝数；$K_{dp1}$ 为绕组系数；$\Phi$为磁通；$T_{em}$ 为电磁转矩；$C$ 为常数；$I_r$ 为转子电流；$\cos\varphi$为功率因数。

改变定子频率即可改变电机转速，随着定子频率的增加，电机转速相应增加，如果电压不增加，将导致电机磁场减弱，电机转矩将降低，当电机磁场降到很低时，电机不能输出足够的转矩，就无法满足负载要求。另外，当低频起动时，如果电压很高，将导致电机过分饱和。因此，异步电机变频时，电压也应在一定范围内保持一定比例的变化，这种调速方式称为变频变压调速。牵引电机变频调速主要采用了恒转矩变频调速、恒磁通变频调速、恒功率变频调速等方式。

2）牵引与再生制动原理

（1）在 $0<s<1$ 的范围内，电磁转矩与转子转向相同，它拖动转子旋转，牵引电机从逆变器吸收电能转换为机械能，克服机车阻力驱动机车运行，处于电动机运行状态。

（2）$s=1$ 为起动运行状态。

（3）在 $s<0$ 的范围内，转子转向与定子旋转磁场一致，转子转速 $n$ 大于电机同步转速 $n_1$，电磁转矩与转子转向相反，它阻碍转子旋转，电机将机车机械能转换为电能传送给逆变器，对机车产生制动转矩，电机处于发电机运行状态，称为再生制动。

YQ–1430–1 型牵引电机的参数如表 6–7 所示。

**表 6–7　YQ–1430–1 型牵引电机参数**

| 序号 | 参数 | 参数值 |
|---|---|---|
| 1 | 额定功率 | 1 430 kW |
| 2 | 短时功率 | 1 630 kW |
| 3 | 额定电压（基波） | 2 550 V |
| 4 | 额定电流（基波） | ≤415 A |
| 5 | 变流器标称中间电压 | 3 600 V |
| 6 | 最大起动电流（基波） | ≤480 A |
| 7 | 额定转矩 | 7 317 N·m |
| 8 | 起动转矩 | 8 283 N·m |

续表

| 序号 | 参数 | 参数值 |
| --- | --- | --- |
| 9 | 额定效率（基波） | 95.6% |
| 10 | 极数 | 4 极 |
| 11 | 绝缘等级 | 200 级 |
| 12 | 非传动端轴承 | NUB 219 |
| 13 | 润滑脂 | 美孚 SCH220 |
| 14 | 注油嘴 | DIN 71412−A M8×1×8 |

3）牵引电机控制

牵引电机控制采用基于磁场定向的矢量控制策略，采用磁链和电流闭环的控制方法和脉冲调制方式等。牵引逆变器采用成熟的矢量控制技术，将异步电机的模型通过坐标变换等效成直流电机模型，分别控制电机的励磁电流和转矩电流，极大地提高了电机的利用效率，同时使得逆变器输出转矩更加平稳。机车运行时，逆变器根据司机给出的手柄级位、机车速度等相关信息，自动计算每个轴应该承担的牵引力，通过防滑、防空转控制策略对每个轴输出的牵引力进行动态调节，保证每个轴在现有的黏着条件下发出最大的牵引力，而不会产生擦轮现象。

## 习　题

1. 试述 YQ−1430−1 型牵引电机的结构与特点。
2. 试述牵引电机的工作原理。
3. 试述牵引电机的三种工作状态。
4. 试述牵引电机 D4 修的检修内容及要求。
5. 试述牵引电机绝缘电阻的测量方法。
6. 试述牵引电机冷态直流电阻的测量方法。

# 任务 6.2　牵引电机的更正性维修

## 教学目标

1. 掌握牵引电机常见故障的查找方法，具备处理问题的能力；
2. 掌握牵引电机常见故障的具体处理方法和流程；
3. 培养学生“安全无小事”的责任意识和精益求精的“大国工匠”精神；
4. 培养学生民族自信心、自豪感、集体荣誉感。

## 任务描述

通过对牵引电机常见故障查找及处理的实训，使学生进一步熟悉牵引电机的结构，掌握牵引电机的故障处理方法和流程，学会使用专业工具开展更正性维修，树立“安全无小事”的责任意识和质量意识。表 6–8 为本任务的任务清单。

**表 6–8　任务清单**

| 序号 | 任务内容 | 任务要求 |
| --- | --- | --- |
| 1 | 牵引电机故障查找及处理 | 能够对牵引电机常见故障进行查找并处理 |
| 2 | 牵引电机关键部件的更换 | 能够对牵引电机的关键部件进行更换 |
| 3 | 牵引电机拆解后具体维修内容 | 能够对拆解后的各部件进行检修 |

## 任务分析

见表 6-9。

**表 6-9　知识/技能点确认单**

| 序号 | 知识/技能点 | 答案 | 自我评价 |
| --- | --- | --- | --- |
| 1 | 简述牵引电机故障查找及处理方法 | | |
| 2 | 设计牵引电机关键部件更换计划 | | |
| 3 | 详细设计拆解后各部件的具体检修流程和检修内容 | | |

## 制订计划

见表 6–10。

**表 6–10　小组决策单**

**1. 计划参与人**

负责人：________________小组成员：________________________________

**2. 讨论决策及方案**

（1） 人员分工

________________________________________________

________________________________________________

（2）工量具、工装

| 序号 | 名称 | 数量 | 规格/型号 |
| --- | --- | --- | --- |
| 1 | | | |
| 2 | | | |
| 3 | | | |
| 4 | | | |
| 5 | | | |
| 6 | | | |

（3）安全事项

________________________________________________

________________________________________________

________________________________________________

________________________________________________

（4） 工艺方案

________________________________________________

________________________________________________

________________________________________________

________________________________________________

**3. 小组互换决策**

| 优点 | 缺点 | 综合评价/A B C D E |
| --- | --- | --- |
| | | |

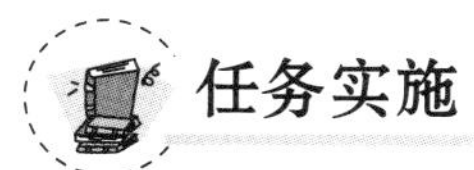

## 任务实施

见表 6–11。

**表 6–11　任务实施方案**

| 工序/工步 | 工序/工步名称及内容 |
|---|---|
| 1 | **定子线圈的更换** |
|  | 当定子线圈上层边绝缘局部损伤时，允许局部修理；当定子线圈出现异常和烧损严重情况时，须按下列顺序更换全部线圈：<br>（1） 将定子清扫干净。<br>（2） 切断定子线圈两端绑扎带并取出绑扎带。<br>（3） 将定子放进烘箱进行加热，加温至 130 ℃保持 8 h。<br>（4） 将定子从烘箱中取出，用专用工具打出槽楔并迅速将定子线圈从铁心槽中拔出。<br>（5） 清扫铁心槽内部。<br>（6） 将新的定子线圈嵌进所更换的铁心槽中。<br>（7） 将定子槽楔用专用工具打入槽内。<br>（8） 对定子线圈两端进行绑扎。<br>（9） 对定子进行真空压力浸漆。<br>（10）对定子进行干燥烘焙。<br>（11）进行匝间耐压检查和对地耐压检查 |
| 2 | **轴承的更换** |
|  | （1） 按照知识链接中介绍的要求和顺序将牵引电机解体。<br>（2） 按照知识链接中介绍的方法将轴承内圈从转轴上拔出。<br>（3） 按照知识链接中介绍的方法将轴承外圈从端盖上拔出。<br>（4） 检查新轴承的型号、尺寸，并将其清洗干净，按要求填充润滑脂。<br>（5） 清洗转轴、油封、端盖等相关部件，按要求填充润滑脂。<br>（6） 用液压装置将 N 端轴承压入 N 端内轴承盖，再将轴承与 N 端内轴承盖一起压入转轴。<br>（7） 用液压装置将 D 端轴承外圈安装到端盖轴承室内，将 D 端轴承内圈用手推入转轴。<br>（8） 按要求将电机组装好，检查轴承装配游隙和转子轴向窜动量。<br>（9） 电机空转 30 min，检查电机振动和轴承发热情况 |
| 3 | **温度传感器的更换** |
|  | （1）将温度传感器紧固螺栓拧出，然后取出温度传感器探头。<br>（2）按要求对温度传感器进行检测。<br>（3）将新温度传感器探头装入安装孔，注意安装到位，拧紧紧固螺栓。<br>（4）装好线卡，拧紧紧固螺栓。<br>（5）按要求检测对地绝缘电阻 |

## 检查评价

见表 6–12。

**表 6–12　任务评价单**

<table>
<tr><th>序号</th><th colspan="2">检查项目</th><th>检查内容与评分标准</th><th>记录</th><th>评分</th><th>总分</th></tr>
<tr><td rowspan="2">1</td><td rowspan="2">实践过程与规范（40 分）</td><td>作业前准备（10 分）</td><td>（1）检查作业服装是否穿戴整齐、安全帽是否佩戴。<br>（2）检查检修工具校验日期是否在有效期内。<br>缺少任一项，扣除 5 分；缺少两项，扣除 10 分</td><td></td><td></td><td></td></tr>
<tr><td>操作过程（30 分）</td><td>按要求完成实践操作：<br>（1）定子线圈的更换；<br>（2）轴承的更换；<br>（3）温度传感器的更换。<br>缺少任一项，扣除 10 分；缺少两项，扣除 30 分</td><td></td><td></td><td></td></tr>
<tr><td>2</td><td>实践结果与质量（40 分）</td><td>作业质量标准（40 分）</td><td>（1）定子线圈的更换<br>□良好　□差<br>（2）轴承的更换<br>□良好　□差<br>（3）温度传感器的更换<br>□良好　□差</td><td></td><td></td><td></td></tr>
<tr><td rowspan="2">3</td><td rowspan="2">职业素养（20 分）</td><td>基本要求（10 分）</td><td>（1）作业环境确认，作业场所安全确认。<br>（2）“工完料净场地清”状态确认。<br>缺少任何一项，扣除 5 分；缺少两项，扣除 10 分</td><td></td><td></td><td></td></tr>
<tr><td>任务要求（10 分）</td><td>（1）严谨的工作态度；<br>（2）精益求精的“大国工匠”精神</td><td></td><td></td><td></td></tr>
</table>

## 反思与改进

见表 6–13。

**表 6–13　反思与改进记录单**

| 序号 | 项目 | 收获与不足 | 改进措施 |
|---|---|---|---|
| 1 | 定子线圈的更换 | | |
| 2 | 轴承的更换 | | |
| 3 | 温度传感器的更换 | | |
| 4 | 专用工具的使用 | | |
| 5 | 严谨的工作态度及精益求精的“大国工匠”精神 | | |

## 牵引电机的清洁与维修

### 1. 牵引电机的清洁

根据污垢类型，建议使用下列清洁用具：

（1）机械工具：刷子和木棒（不适合绕组）。

（2）压缩空气，最大压力 500 kPa。

如果污染严重，必须使用合适的弹性轴状物和刷子清理定子和转子冷却风道、注油孔、回流孔、迷宫式密封环的油脂管道、盖板、半轴瓦、端盖（N 端）、迷宫式密封环（齿轮）、D 端端盖、轴承盖、齿轮箱及迷宫式密封环（齿轮内部），然后用压缩空气将污垢吹出。如果只有少许灰尘，则直接吹出即可。

### 2. 定子的维修

维修内容包括：检查电机机械部分的外部损坏情况，清洁定子绕组表面灰尘及油污，对损坏的油漆部分进行补漆。具体要求如下：

（1）检查所有部件的配合表面和支座表面是否处于完好状态。

（2）检查连接引线是否损坏。

（3）检查温度传感器工作情况。

（4）检查定子绕组（包括绕组连接器）是否存在机械损坏和电气损坏。

（5）使用 10 A 直流电源，测量每对端子之间的绕组电阻值。

（6）在端子 U1−U2/V1−V2/W1−W2 之间施加试验电压。

（7）在 20 ℃温度下，测得电阻值应为典型值 0.059 064 Ω 的±5%。

### 3. 转子的维修

转子维修的具体内容如下：

（1）检查轴（特别是轴承支座）、联轴节、铁心和鼠笼绕组是否存在机械损伤。

（2）检查所有铜焊接头，特别检查是否有热过载（短路）引起的变色迹象。

（3）检查铁心，保证所有电机硅钢片均压紧在一起，特别是最后的迭片结构的槽齿，应压紧在一起。不允许有凸出的迭片结构，因为凸出部分可能导致绕组损坏。

（4）如果电机运转不平稳，应检查转子的平衡质量。技术要求参见厂家提供的转子装配图纸。

（5）检查鼠笼绕组是否破损，在任何情况下鼠笼绕组都不能破损。

### 4. 轴承的维修

在机车运行 1 000 000 km 后的全面维修期内应更换电机轴承。建议每次拆下转子后更换轴承，即使只有几千千米的短运行距离。在运行很短的距离就拆下转子维修准备重复使用轴承时，例如非计划拆卸后，不应将轴承从端盖或轴承座中压出，且不应将 N 端轴承内环从轴上拉出。此时，应使用对应清洁剂彻底清理轴承，然后在 100 ℃温度下烘干。之后，轻轻地在滚动元件和滚道上涂一层油。只有确认轴承处于完好状态下才能再次使用。还需要检查轴承绝缘，应完好。

牵引电机常见故障查找及处理方法如表 6–14 所示。

**表 6–14　牵引电机常见故障查找及处理方法**

| 序号 | 故障现象/信息 | 可能的原因 | 检查方法 | 修复方法 |
| --- | --- | --- | --- | --- |
| 1 | 无接地 | 与机座无接触，等电位连接不够 | 检查接地座、接触面是否腐蚀，紧固件是否松动 | 清洁，拧紧螺栓 |
| 2 | 接地故障信号 | 连接导线及接地接触损耗 | 检查连接导线和电缆密封套 | 更换连接导线；检查导线是否有锋利边缘和擦破现象，有则修复 |
| | | 绕组绝缘破损 | 检查绝缘电阻 | 检查电机内是否有异物，有则进行处理 |
| | | 机座的“接线区”有水 | 退出转子及轴承防护板（N 端） | 干燥机座；检查排水孔 |
| 3 | 冒烟及烧焦气味 | 绕组绝缘破损 | 检查绕组及绝缘电阻 | 检查电机内是否有异物，有则进行处理 |
| | | 轴承损耗 | 轴承盖变色；轴承变色或变形；轴承损坏，只有拆卸后才能确定是否损坏 | 拆除轴承；确定原因，如卡滞、润滑失效、过载、润滑不够等，做针对性修复 |
| | | 连接导线破损或中断 | 检查连接导线 | 更换连接导线；检查导线是否有锋利边缘和擦破现象，有则进行处理 |
| 4 | 咔嗒声 | 轴承损坏 | 拆卸轴承盖，测量振动 | 检查电机中是否存在碎片、转子铁心是否接触到定子铁心，做针对性处理 |
| 5 | | 驱动联轴节松动或破裂 | 检查螺纹连接，目视检查 | 螺栓拧紧到规定扭矩 |
| 6 | 径向振动 | 轴承损坏 | 拆卸轴承盖，测量振动 | 检查电机中存在碎片，转子铁心接触到定子铁心，做针对性处理 |
| 7 | 无电机扭矩输出 | 连接导线损坏 | 检查连接导线 | 更换连接导线；检查导线是否有锋利边缘和擦破现象，有则修复 |
| | | 绕组与线鼻子连接松动 | 拆下接线盒盖板 | 检查连接情况，做针对性处理 |
| 8 | 变化的速度信号 | 转速传感器的连接导线中断 | 检查连接导线，检查插头连接 | 更换连接导线，修复插头连接 |
| | | 速度传感器松动 | 检查紧固情况 | 固定传感器 |
| | | 速度传感器故障 | 检查传感器 | 更换传感器 |
| 9 | 油脂泄漏 | 轴承过润滑 | 拆下轴承盖 | 清除多余油脂，清洁所用油管，固定所用油脂盖板 |
| 10 | 油脂污染或过早老化 | 轴承内有电流 | 拆卸后目测检查 | 确定电流产生的原因并采取适当的措施 |
| 11 | 油泄漏 | 过量填充，破损，螺栓松动 | 检查油位，检查螺栓是否紧固，检查油管是否破损 | 纠正油位，如果破损应更换，如果松动应拧紧螺栓 |

# 习　题

1. 试述牵引电机定子维修内容。
2. 试述牵引电机转子维修内容。
3. 试述为牵引电机轴承加注油脂的方法和注意事项。
4. 试述牵引电机速度传感器更换流程。
5. 试述牵引电机接地故障信号出现的原因及处理方法。

# 任务 6.3　牵引风机的检修

## 教学目标

1. 掌握牵引风机检修的作用、参数及工作原理，具备牵引风机外观检查能力；
2. 掌握牵引风机的维修计划及具体维修内容，具备故障查找与处理能力；
3. 培养学生“安全无小事”的责任意识和精益求精的“大国工匠”精神；
4. 培养学生民族自信心、自豪感、集体荣誉感。

## 任务描述

通过对牵引风机开展检修实训，使学生进一步熟悉牵引风机的结构，掌握牵引风机的维修等级、计划及具体维修内容，学会使用专业工具开展维修，树立学生“安全无小事”的责任意识和质量意识。表 6-15 为本任务的任务清单。

**表 6-15　任务清单**

| 序号 | 任务内容 | 任务要求 |
| --- | --- | --- |
| 1 | 牵引风机的维修等级 | 能够详细描述牵引风机各级修的检修内容 |
| 2 | 牵引风机的维修计划设计 | 能够设计牵引风机的维修计划 |
| 3 | 不同维修等级的具体维修内容、故障查找与处理 | 能够详细设计具体维修内容与要求，并能对故障进行查找与处理 |

## 任务分析

见表 6–16。

**表 6–16　知识/技能点确认单**

| 序号 | 知识/技能点 | 答案 | 自我评价 |
|---|---|---|---|
| 1 | 简述牵引风机的结构、工作原理 | | |
| 2 | 设计牵引风机的维修等级与维修计划 | | |
| 3 | 详细设计具体维修内容与要求，查找和处理典型故障 | | |

## 制订计划

见表 6–17。

**表 6–17 小组决策单**

**1. 计划参与人**

负责人：＿＿＿＿＿＿小组成员：＿＿＿＿＿＿＿＿＿＿＿＿

**2. 讨论决策及方案**

（1） 人员分工

＿＿＿＿＿＿＿＿＿＿＿＿＿＿＿＿＿＿＿＿＿＿＿＿

＿＿＿＿＿＿＿＿＿＿＿＿＿＿＿＿＿＿＿＿＿＿＿＿

（2）工量具、工装

| 序号 | 名称 | 数量 | 规格/型号 |
|---|---|---|---|
| 1 | | | |
| 2 | | | |
| 3 | | | |
| 4 | | | |
| 5 | | | |
| 6 | | | |

（3）安全事项

＿＿＿＿＿＿＿＿＿＿＿＿＿＿＿＿＿＿＿＿＿＿＿＿

＿＿＿＿＿＿＿＿＿＿＿＿＿＿＿＿＿＿＿＿＿＿＿＿

＿＿＿＿＿＿＿＿＿＿＿＿＿＿＿＿＿＿＿＿＿＿＿＿

＿＿＿＿＿＿＿＿＿＿＿＿＿＿＿＿＿＿＿＿＿＿＿＿

（4） 工艺方案

＿＿＿＿＿＿＿＿＿＿＿＿＿＿＿＿＿＿＿＿＿＿＿＿

＿＿＿＿＿＿＿＿＿＿＿＿＿＿＿＿＿＿＿＿＿＿＿＿

＿＿＿＿＿＿＿＿＿＿＿＿＿＿＿＿＿＿＿＿＿＿＿＿

＿＿＿＿＿＿＿＿＿＿＿＿＿＿＿＿＿＿＿＿＿＿＿＿

**3. 小组互换决策**

| 优点 | 缺点 | 综合评价/A B C D E |
|---|---|---|
| | | |

## 任务实施

见表 6–18。

**表 6–18　任务实施方案**

<table>
<tr><th>工序/工步</th><th colspan="2">工序/工步名称及内容</th></tr>
<tr><td>1</td><td colspan="2">D1 修</td></tr>
<tr><td></td><td>牵引风机外观</td><td>（1）检查风机法兰面是否漏风、漏水，风机紧固螺栓是否松动，风机表面是否干净，无积尘、污物等。<br>（2）对风机各部件进行外观检查，检查密封垫是否有损坏，各部件是否有开裂变形，有的话需更换</td></tr>
<tr><td>2</td><td colspan="2">D2 修（季度）、D2 修（半年）</td></tr>
<tr><td></td><td>电机轴承</td><td>按风机外表面注油标识信息和《$FXD_1$ 风机注油作业指导书》对电机两轴承补充润滑脂</td></tr>
<tr><td>3</td><td colspan="2">D2 修（年度）</td></tr>
<tr><td>3.1</td><td>风机接线盒</td><td>检查接线盒，接线板与引出线应无松动，盒内应无积尘</td></tr>
<tr><td>3.2</td><td>紧固件</td><td>检查各紧固螺栓是否有松动现象，松动螺栓必须使用定扭矩电扳手按相应扭矩标准紧固</td></tr>
<tr><td>4</td><td colspan="2">D3 修</td></tr>
<tr><td>4.1</td><td>风机绝缘</td><td>用摇表测量风机整体绝缘电阻是否符合要求：风机绝缘电阻 $\geqslant$10 MΩ</td></tr>
<tr><td>4.2</td><td>接线板组装</td><td>（1）检查接线板组装、应无油污、破损、放电痕迹，零件齐备。<br>（2）清洗接线板组装，补齐零件</td></tr>
<tr><td>5</td><td colspan="2">D4 修</td></tr>
<tr><td>5.1</td><td>叶轮</td><td>检查叶轮是否存在变形及开裂，清扫叶轮，对叶轮进行动平衡检查</td></tr>
<tr><td>5.2</td><td>进风道，风筒</td><td>检查是否存在变形及开裂，清扫各部，如变形则矫正或更换</td></tr>
<tr><td>5.3</td><td>软管及接头</td><td>更换软管及接头</td></tr>
<tr><td>5.4</td><td>密封垫、绝缘垫</td><td>更换密封垫、绝缘垫</td></tr>
<tr><td>5.5</td><td>牵引风机电机轴承</td><td>更换牵引风机、电机轴承</td></tr>
<tr><td>5.6</td><td>叶轮轴端止动垫圈</td><td>更换叶轮轴端止动垫圈</td></tr>
<tr><td>6</td><td colspan="2">D5 修</td></tr>
<tr><td>6.1</td><td>风机轴端螺母</td><td>更换风机轴端螺母</td></tr>
<tr><td>6.2</td><td>接线板、接地线</td><td>更换接线板、接地线</td></tr>
<tr><td>7</td><td colspan="2">D6 修</td></tr>
<tr><td></td><td>电机绕组</td><td>更换电机绕组</td></tr>
</table>

## 检查评价

见表 6-19。

**表 6-19 任务评价单**

| 序号 | 检查项目 | | 检查内容与评分标准 | 记录 | 评分 | 总分 |
|---|---|---|---|---|---|---|
| 1 | 实践过程与规范（40 分） | 作业前准备（10 分） | （1）检查作业服装是否穿戴整齐、安全帽是否佩戴。<br>（2）检查检修工具校验日期是否在有效期内。<br>缺少任一项，扣除 5 分；缺少两项，扣除 10 分 | | | |
| | | 操作过程（30 分） | 按要求完成实践操作：<br>（1）D1 修检修内容及要求；<br>（2）D2 修检修内容及要求；<br>（3）D3 修检修内容及要求；<br>（4）D4 修检修内容及要求；<br>（5）D5 修检修内容及要求；<br>（6）D6 修检修内容及要求。<br>缺少任一项，扣除 10 分；缺少两项，扣除 30 分 | | | |
| 2 | 实践结果与质量（40 分） | 作业质量标准（40 分） | （1）牵引风机外观<br>□良好 □故障<br>（2）风机绝缘<br>绝缘电阻=________<br>（3）电机轴承更换<br>□良好 □差<br>（4）电机绕组更换<br>□良好 □差 | | | |
| 3 | 职业素养（20 分） | 基本要求（10 分） | （1）作业环境确认，作业场所安全确认。<br>（2）“工完料净场地清”状态确认。<br>缺少任何一项，扣除 5 分；缺少两项，扣除 10 分 | | | |
| | | 任务要求（10 分） | （1）“安全无小事”的责任意识；<br>（2）精益求精的“大国工匠”精神 | | | |

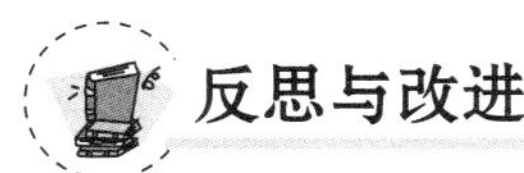

## 反思与改进

见表 6–20。

表 6–20　反思与改进记录单

| 序号 | 项目 | 收获与不足 | 改进措施 |
|---|---|---|---|
| 1 | 外观检查方法 | | |
| 2 | 绝缘电阻的测量方法 | | |
| 3 | 电机轴承更换方法 | | |
| 4 | 电机绕组更换方法 | | |
| 5 | 专用工具使用方法 | | |
| 6 | “安全无小事”的责任意识及精益求精的“大国工匠”精神 | | |

## 知识链接

### 牵引风机的技术参数与特点

#### 1. 牵引风机的技术参数

牵引风机是一种轴向离心通风机，安装在机车机械室内，冷却空气从进风道进入牵引风机由叶轮加压后，经牵引风机支架和软风道，从牵引电机非传动端的进风口进入牵引电机，冷却牵引电机后，从牵引风机传动端排向大气。牵引风机如图 6–1 所示，其技术参数如表 6–21 所示。

图 6–1　牵引风机

表 6-21　牵引风机技术参数

| 项目 | | 技术参数 |
|---|---|---|
| 牵引风机型号 | | THTF5.5B |
| 风机 | 风机型式 | 轴向离心式 |
| | 风量 | 1.8 $m^3/s$（1±5%）（标准大气压、15 ℃状态下） |
| | 全压 | 4 300 Pa（1±5%）（标准大气压、15 ℃状态下） |
| | 转速 | 2 920 rpm |
| 电动机 | 电机型式 | 三相交流异步电动机 |
| | 型号 | JD326G 电机（注油） |
| | 额定功率 | 15 kW |
| | 极数 | 2 |
| | 电压 | 3 AC 80～380 V（波动范围+10%～−10%） |
| | 绝缘等级 | IP55 |
| 振动 | | 运行过程中，其振动速度≤2.8 mm/s，峰值不大于 4.5 mm/s |
| 设计质量 | | 160 kg（1±2%） |
| 噪声 | | 50 Hz 时 $103^{+3}_{0}$ dB（A） |

### 2. 牵引风机的特点

牵引风机的主要特点是：

（1）采用离心式叶轮。为提高风机性能和效率，叶轮修正为两面修正。

（2）风机机壳及电机机壳均采用高强度铝合金材料，在保证结构强度的同时减轻重量。

（3）风机电机轴承采用注油脂可维护轴承。

### 3. 牵引风机的结构组成

牵引风机为轴向离心式风机，主要由进风道、叶轮、风筒、三相异步电动机、电缆软管及接头、油管等零部件组成。其主要特点是：压力高，流量大，安装方便。风机的驱动电机为三相异步交流电动机，防护等级为 IP55，具有良好的防水、防尘效果。电机通过螺栓安装在风机风筒中，安装方便、牢固、振动小。牵引风机结构如图 6-2 所示。

机车顶部的冷空气经进风道引入风机进口。空气沿轴向进入叶轮区，经过叶轮加速后径向吹出。气流在风筒的导向作用下改变为轴向流出，进入风机出风道。冷空气经风机出风道进入牵引电机，将牵引电机运转时产生的热量带至机车外。牵引风机使空气的压力升高，克服空气入口阻力、牵引风机自身阻力、风道阻力和牵引电机的阻力，并使空气流量达到散热的要求。

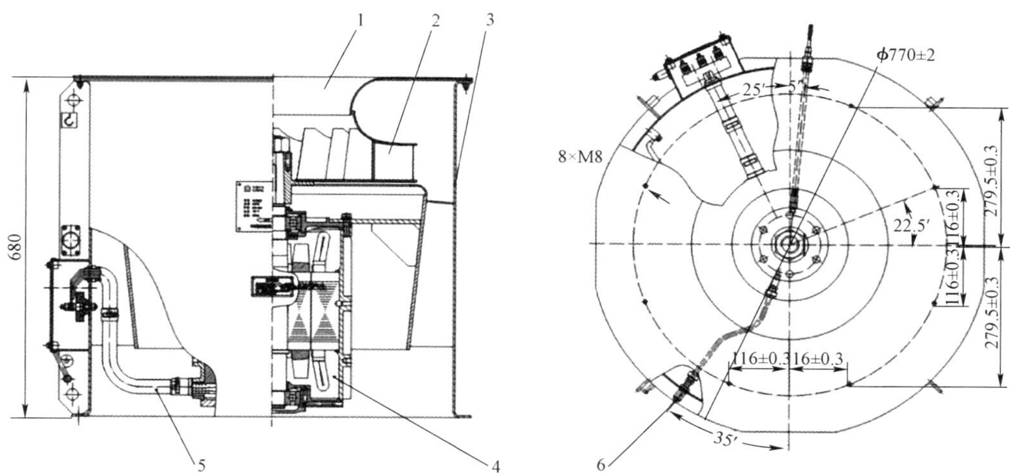


1—进风道；2—叶轮；3—风筒；4—三相异步电动机；5—电缆软管及接头；6—油管。

**图6–2　牵引风机结构图**

牵引风机常见故障查找与处理方法如表6–22所示。

**表6–22　牵引风机常见故障查找与处理方法**

| 序号 | 故障信息 | 可能原因 | 处理方法 |
|---|---|---|---|
| 1 | 不能起动<br>叶轮卡死 | 用手拨动叶轮，检查是否无法转动 | 拆下进风道，清除阻碍物 |
| 2 | 异常声音<br>风机叶轮与进风道摩擦声 | 检查叶轮与进风道是否接触；<br>检查进风道是否变形；<br>检查叶轮是否变形 | 拆掉进风道进行检查，更换变形部件 |
| 3 | 异常声音<br>轴承异音 | 拆下电机，检查轴承是否损坏、是否足够润滑 | 补充润滑脂；<br>更换电机轴承 |
| 4 | 异常振动<br>整机振动大 | 检查风机安装螺栓是否紧固 | 紧固风机安装螺栓 |
| 5 | 风机下法兰面漏风、漏水 | 检查密封垫是否完好、安装螺栓是否紧固 | 更换密封垫；<br>紧固风机安装螺栓 |
| 6 | 检查接线盒内漏风、漏水 | 检查接头是否完好、螺母是否紧固 | 更换接头；<br>紧固螺母 |
| 7 | 风机流量减小，电机功率明显降低 | 检查进风道、出风道是否有障碍物 | 清除障碍物 |
| 8 | 轴承烧损 | 拆下电机，检查轴承是否损坏 | 更换轴承 |
| 9 | 电机线圈烧损 | 拆下电机，检查线圈是否损坏 | 更换线圈 |

# 习　题

1. 试述牵引风机的作用及特点。
2. 试述牵引风机的结构和技术参数。
3. 试述牵引风机外观检查方法。
4. 试述牵引风机绝缘绕组的测量方法。
5. 试述牵引风机轴承更换方法。

# 参考文献

[1] 中国国家铁路集团有限公司．动力集中型动车组运用维修规则：铁机辆〔2023〕55 号［S］，2023．
[2] 中国中车集团．时速 160 公里动力集中型动车组牵引电机使用维护说明书：CR200J-002080111［Z］，2019．
[3] 中国中车集团．时速 160 公里动力集中型动车组 TBQ60-6752/25A 型牵引变压器使用维护说明书：CR200J-008080211．01［Z］，2019．
[4] 中国中车集团．时速 160 公里动力集中型动车组 L1D 牵引变压器使用维护说明书：CR200J-008080211．02［Z］，2019．
[5] 中国中车集团．时速 160 公里动力集中型动车组牵引变流器维护使用说明书：CR200J-002080311［Z］，2019．
[6] 中国中车集团．时速 160 公里动力集中型动车组牵引风机使用维护说明书：CR200J-002080411［Z］，2020．
[7] 中国中车集团．时速 160 公里动力集中型动车组软风道使用维护说明书：CR200J-002080511［Z］，2019．
[8] 中国中车集团．时速 160 公里动力集中型动车组 LQT-024 冷却塔使用维护说明书：CR200J-002080611［Z］，2020．
[9] 中国中车集团．时速 160 公里动力集中型动车组 LQT-024 冷却塔使用维护说明书：CR200J-002080711［Z］，2020．
[10] 中国中车集团．时速 160 公里动力集中型动车组 TSG20 受电弓使用维护说明书：CR200J-002120111［Z］，2019．
[11] 中国中车集团．时速 160 公里动力集中型动车组 LMZ3-0.72 高压电流互感器使用维护说明书：CR200J-002120211［Z］，2019．
[12] 中国中车集团．时速 160 公里动力集中型动车组避雷器使用维护说明书：CR200J-002120311．01［Z］，2019．
[13] 中国中车集团．时速 160 公里动力集中型动车组避雷器使用维护说明书：CR200J-002120311．02［Z］，2019．
[14] 中国中车集团．时速 160 公里动力集中型动车组 LMZ4-0.72 型接地电流互感器使用维护说明书：CR200J-002120511［Z］，2019．
[15] 中国中车集团．时速 160 公里动力集中型动车组网侧柜使用维护说明书：CR200J-002120611［Z］，2019．

［16］中国中车集团. 时速 160 公里动力集中型动车组高压接地开关使用维护说明书：CR200J–002120611．02［Z］，2019.
［17］中国中车集团. 时速 160 公里动力集中型动车组 GSEFB 25 F 型高压电压互感器使用维护说明书：CR200J–002120611．03［Z］，2019.
［18］中国中车集团. 时速 160 公里动力集中型动车组避雷器使用维护说明书：CR200J–002120611．04［Z］，2019.
［19］中国中车集团. 时速 160 公里动力集中（鼓形）动车组真空断路器使用维护说明书：CR200J（GX）–002120611．01［Z］，2021.